Großes Übungsbuch Französisch NEU

Grammatik

Nicole Laudut
Catherine Patte-Möllmann

Hueber Verlag

Das Werk und seine Teile sind urheberrechtlich geschützt.
Jede Verwertung in anderen als den gesetzlich zugelassenen
Fällen bedarf deshalb der vorherigen schriftlichen Einwilligung
des Verlags.

Hinweis zu § 52a UrhG: Weder das Werk noch seine Teile
dürfen ohne eine solche Einwilligung überspielt, gespeichert
und in ein Netzwerk eingespielt werden. Dies gilt auch für
Intranets von Firmen, Schulen und sonstigen
Bildungseinrichtungen.

Eingetragene Warenzeichen oder Marken sind Eigentum des
jeweiligen Zeichen- bzw. Markeninhabers, auch dann, wenn
diese nicht gekennzeichnet sind. Es ist jedoch zu beachten,
dass weder das Vorhandensein noch das Fehlen derartiger
Kennzeichnungen die Rechtslage hinsichtlich dieser
gewerblichen Schutzrechte berührt.

3. 2. 1.	Die letzten Ziffern
2018 17 16 15 14	bezeichnen Zahl und Jahr des Druckes.

Alle Drucke dieser Auflage können, da unverändert,
nebeneinander benutzt werden.
1. Auflage
© 2014 Hueber Verlag GmbH & Co. KG, München, Deutschland
Umschlaggestaltung: creative partners gmbh, München
Umschlagfoto: Frau © fotolia/Dmitry Lobanov, Boulekugeln © Thinkstock/iStock/helendol
Redaktion: Jürgen Frank, Hueber Verlag, München; Valerio Vial, München
Layout + Satz: Sieveking · Agentur für Kommunikation, München
Druck und Bindung: Firmengruppe APPL, aprinta druck, Wemding
Printed in Germany
ISBN 978-3-19-107904-8

VORWORT

Das **Große Übungsbuch Französisch** richtet sich an Lernende mit Grundkenntnissen, die sich die französische Grammatik intensiv aneignen und sie vertiefen wollen. Das Buch lädt außerdem zur Auffrischung und Wiederholung ein.

Das **Große Übungsbuch Französisch** kann sowohl im Selbststudium als auch kursbegleitend in Schulen, Sprachenschulen, Volkshochschulen und Hochschulen eingesetzt werden.

Das **Große Übungsbuch Französisch** umfasst alle wichtigen Themen der französischen Gegenwartsgrammatik, die in 320 kompakten Übungen abgehandelt werden. Das Buch geht dabei gezielt auf die Probleme und Schwierigkeiten ein, die sich einem Französischlernenden stellen.

Das **Große Übungsbuch Französisch** bietet eine Vielzahl unterhaltsamer, didaktisch sinnvoller Übungstypen, die je nach Thema gezielt ausgewählt wurden: Lückentexte, Satzrekonstruktionen, Zuordnungsübungen, Vervollständigung von Tabellen, Multiple Choice, Übersetzungen.

Anschauliche Beispiele zeigen, wie bestimmte Übungen funktionieren. Neue, dem Alltagsleben entnommene Vokabeln werden automatisch über die Übungen vermittelt.

Jede Lerneinheit beginnt mit einer knappen einleitenden Erklärung zu dem jeweiligen Grammatikthema. Die angehängte Wortschatzliste am Ende jeder Übung erspart ein langes Nachschlagen in Wörterbüchern.

Selbstverständlich enthält das Buch auch die Lösungen zu allen Übungen und eine Liste der gebräuchlichsten grammatischen Fachbegriffe.

Das **Große Übungsbuch Französisch** bietet Ihnen so die Möglichkeit, Ihr Französisch konsequent zu verbessern.

Die Autorinnen und die Redaktion wünschen Ihnen viel Vergnügen, Ausdauer und Kurzweil.

Bonne chance!

LERNTIPPS

Wie arbeiten Sie optimal mit diesem Buch?

- Sie möchten Übungen zu einem Thema machen, das Sie schon kennen?
  Lesen Sie zunächst die Einleitung am Anfang einer Lerneinheit und wiederholen Sie dadurch Ihr Grundwissen. Bearbeiten Sie dann die dazugehörigen Übungen und vergleichen Sie anschließend Ihre Lösungen mit dem Schlüssel im Buch.

- Sie möchten Übungen zu einem Thema machen, das Sie noch nicht kennen?
  Studieren Sie hierzu das Thema zuallererst ausführlich in Ihrem Grammatikbuch. Nehmen Sie anschließend ihr **Großes Übungsbuch Französisch** zur Hand und lesen Sie aufmerksam die Grammatik-Erklärungen zu dem von Ihnen ausgewählten Thema durch. Dann bearbeiten Sie die zu dem jeweiligen Thema passenden Übungen. Überprüfen Sie anschließend Ihre Lösungen anhand des Schlüssels im Buch. Eventuell müssen Sie eine Übung mehrmals machen. Auch ist es sinnvoll, eine gewisse Zeit verstreichen zu lassen, bis sich die Lerninhalte „gesetzt haben", und dann eine Übung zu einem späteren Zeitpunkt noch einmal zu machen.

- Sie möchten sich den Wortschatz zu den Übungen einprägen?
  Da es sinnvoller ist, Vokabeln im Kontext zu lernen, empfiehlt es sich, zuerst die Übung zu machen. Lesen Sie danach die dazugehörige Vokabelliste zwei bis drei Mal durch. Dann decken Sie die deutsche Spalte ab und versuchen, die französischen Wörter zunächst ins Deutsche zu übersetzen. Später decken Sie die französische Spalte ab und verfahren umgekehrt. Wiederholen Sie diesen Vorgang ruhig mehrmals. Gehen Sie auch die Vokabeln von unten nach oben durch, um sie nicht immer in derselben Reihenfolge zu üben. Schließlich markieren Sie die Wörter, die Ihnen am meisten Schwierigkeiten bereiten, und wiederholen diese gesondert.

- Beachten Sie auch den folgenden Hinweis:
  Im gesamten Übungsbuch wird auf die *Große Lerngrammatik Französisch* von Hueber mit der Abkürzung *GrLGr* verwiesen.

INHALTSVERZEICHNIS

Aussprache und Schreibung 7

Das Substantiv 12

Der Artikel 16

Das Adjektiv 23

Die Possessivbegleiter 30

Die Demonstrativbegleiter 33

Die Indefinitbegleiter 35

Die Personalpronomen 40

Die Adverbialpronomen 49

Die Possessivpronomen 54

Die Demonstrativpronomen 56

Die Indefinitpronomen 59

Die Relativpronomen 65

Die Interrogativa 75

Der Indikativ Präsens 79

Die Zeiten der Vergangenheit
Das *passé composé* (Perfekt) 82
Das *imparfait* (Imperfekt) 91
Imparfait – Passé composé 92
Das *passé simple* 96
Das *plus-que-parfait* (Plusquamperfekt) 99
Das *passé antérieur* 101

Das Futur 102

Das *conditionnel* 107

Der *subjonctif* 111

Der Imperativ 117

Die Zeitenfolge
Der irreale Bedingungssatz 122
Die indirekte Rede 124
Die indirekte Frage 126

Infinite Verbformen
Der Infinitiv 129
Das Partizip Präsens 135
Das Partizip Perfekt 138
Das *gérondif* 143

Die reflexiven Verben 147

Das Passiv 150

Besonderheiten bei Verben
Verbalperiphrasen 154
Modalverben 156
Unpersönliche Verben und Ausdrücke 160
Verbergänzungen 162

Satzbau und Satzgefüge
Stellung der Satzglieder im Satz 167
Die Verneinung 169
Der Ausrufe- und der Fragesatz 173

Das Adverb 176

Die Präpositionen 182

Die Konjunktionen
Koordinierende Konjunktionen 189
Subordinierende Konjunktionen 191

Zahlen und Zeitangaben 197

Die Wortbildung 201

Lösungen 204

Register 224

Grammatische Fachbegriffe 226

AUSSPRACHE UND SCHREIBUNG

→ GrLGr S. 20 ff., 49 ff.

> Mon oncle Jean prend un bon bain. [mɔ̃ nɔ̃klə ʒɑ̃ pʀɑ̃ ɛ̃ bɔ̃ bɛ̃]

In diesem Kapitel können Sie einige Besonderheiten der französischen Aussprache und Schreibung üben, wie z. B.

- die Nasallaute: [ɑ̃] wie *croissant*, [ɔ̃] wie *bonbon* und [ɛ̃] wie *teint*;
- die Halbvokale [ɥi] wie *huit*, [wa] wie *trois* und [j] wie *yeux*, die im Deutschen keine Entsprechung haben;
- die Aussprache von *g* und *c*;
- die Aussprache von *s*;
- die Unterscheidung von wichtigen homophonen Wörtern;
- die drei *accents* des Französischen.

1 **Markieren Sie die Wörter, die einen Nasallaut enthalten. Ordnen Sie sie anschließend dem entsprechenden Nasallaut zu.**

a) Jean m'a donné un conseil utile.
b) On prend le train, c'est plus rapide.
c) Le peintre range ses pinceaux.
d) Pendant la nuit, j'ai entendu du bruit.
e) J'aime les tons chauds de l'automne.
f) Marion est partie lundi à onze heures.

[ɑ̃] wie *croissant*	[ɔ̃] wie *bonbon*	[ɛ̃] wie *teint*
Jean	conseil	un
....	....	....
....	....	....
....	....	....

le peintre	der Maler	le bruit	der Lärm
le pinceau	der Pinsel	le ton	der Farbton

→ GrLGr S. 20 ff., 49 ff.

Es gibt im Französischen drei Halbvokale (auch Halbkonsonanten genannt). Sie treten in Kombination mit einem anderen Vokal auf.

2 **Die Halbvokale: Ein Wort in jeder Reihe enthält nicht den vorgegebenen Laut. Streichen Sie es durch. Lesen Sie die anderen Wörter laut.**

a) [ɥi] wie *huit*: minuit – suite – ruine – grenouille – ennuyer
b) [wa] wie *trois*: poêle – recevoir – mouillé – bonsoir – oie
c) [j] wie *yeux*: papillon – ville – travail – rayé – fille

la suite	die Folge	une oie	eine Gans
la grenouille	der Frosch	le papillon	der Schmetterling
la poêle	die Pfanne	rayé	gestreift
mouillé	nass		

Die Aussprache der Buchstaben *c* und *g* hängt vom darauf folgenden Vokal ab:
- Vor *a*, *o* und *u* wird *c* wie [k] gesprochen (*caméra*).
- Vor *e*, *i* und *y* wird *c* wie [s] gesprochen (*merci*).
- Vor *a*, *o* und *u* wird *ç* (*c cédille*) ebenfalls wie [s] gesprochen (*ça va*).
- Vor *a*, *o* und *u* wird *g* wie [g] gesprochen (*gare*).
- Vor *e*, *i* und *y* wird *g* wie [ʒ] gesprochen (*gentil*).

Die Aussprache des Buchstabens *s* hängt ebenfalls von der lautlichen Umgebung ab:
- Am Wortanfang und als Doppelkonsonant *ss* wird *s* stimmlos [s] (wie in „Gra**s**") gesprochen: *salade* [salad], *chasse* [ʃas].
- Zwischen Vokalen und vor stimmhaften Konsonanten wird *s* dagegen stimmhaft [z] (wie in „**S**ommer") gesprochen: *vase* [vaz], *Strasbourg* [stʁazbuʁ].

Die genaue Differenzierung zwischen dem Laut [s] und dem Laut [z] ist im Französischen sehr wichtig, weil sie in vielen Fällen bedeutungsunterscheidend ist, wie z. B. bei *poisson* [pwasɔ̃] (Fisch) und *poison* [pwazɔ̃] (Gift).

3 **Ordnen Sie die folgenden Wörter dem Laut [g] oder [ʒ] zu.**

guirlande • augmenter • gilet • goûter • étagère • guêpe • gala • gentil • rougeole • gorille • nageoire • mangeai

[g] wie in gut	[ʒ] wie in *garage*

→ GrLGr S. 20 ff., 49 ff.

augmenter	zunehmen	la rougeole	die Masern
la guêpe	die Wespe	la nageoire	die Flosse
le gilet	die Weste		

4 **Markieren Sie die Wörter, in denen das c wie [s] (z. B. in *merci*) gesprochen wird.**

remercier • abricot • escargot • façade • comment • renoncer • morceau • sourcil • féroce • canard • maçon • aperçu • force • cadeau • école • garçon

renoncer	verzichten	le maçon	der Maurer
le sourcil	die Augenbraue	apercevoir → aperçu	bemerken → bemerkt
féroce	wild	la force	die Kraft

5 **Ordnen Sie die folgenden Ausdrücke dem Laut [s] oder [z] zu. Markieren Sie dann jeweils den / die betreffenden Laute in den Wörtern.**

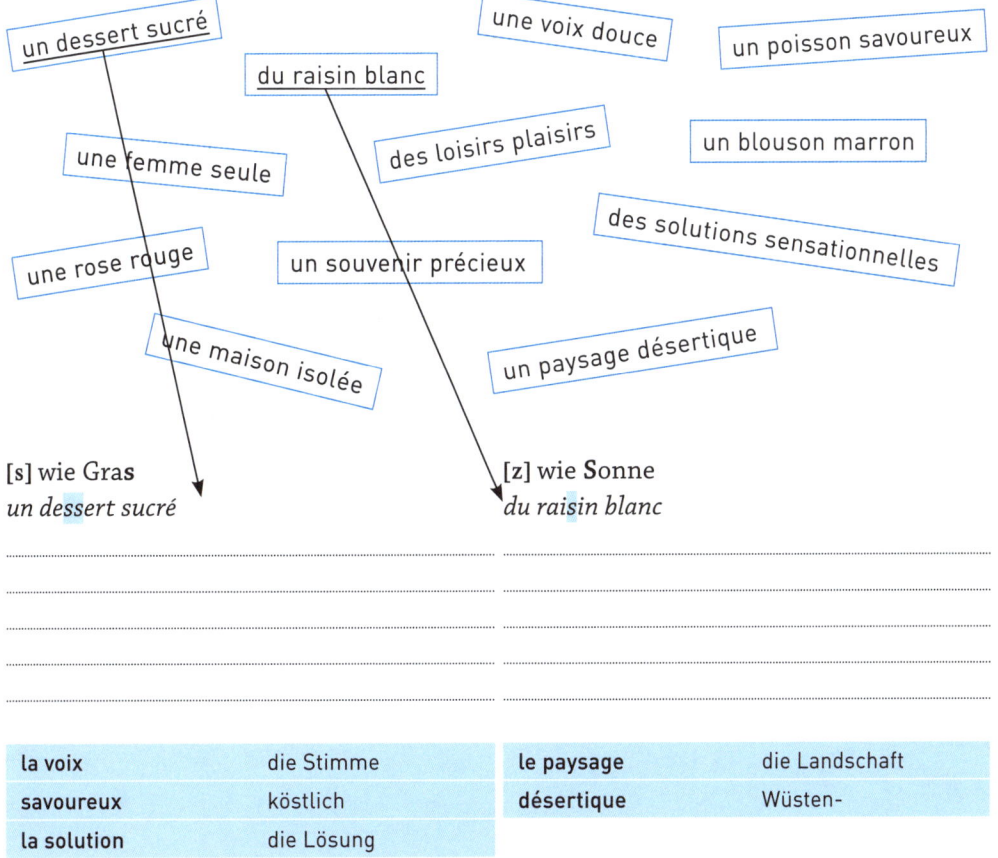

[s] wie Gra**s**
*un de**ss**ert **s**ucré*

[z] wie **S**onne
*du rai**s**in blanc*

la voix	die Stimme	le paysage	die Landschaft
savoureux	köstlich	désertique	Wüsten-
la solution	die Lösung		

→ GrLGr S. 20 ff., 49 ff.

> Le **ver vert** va **vers** le **verre**. [lə vɛʀ vɛʀ va vɛʀ lə vɛʀ]

Im Französischen gibt es viele Homophone, d. h. Wörter, die trotz unterschiedlicher Schreibung und Bedeutung gleich ausgesprochen werden, wie z. B. *le rein* (die Niere) oder *le Rhin* (der Rhein), die beide [ʀɛ̃] gesprochen werden.

In der nächsten Übung geht es um einige wichtige grammatisch relevante homophone Wörter.

6 **Was passt wo? Ergänzen Sie die Sätze.**

a) *on / ont* → En général, _____ apprécie les gens qui _____ de l'humour.
b) *son / sont* → Le menuisier et _____ apprenti _____ dans l'atelier.
c) *regarder / regardé* → Elle avait _____ sans _____ vraiment.
d) *ça / sa* → _____ ne va plus du tout avec _____ femme.
e) *a / à* → Ma mère _____ offert une montre _____ ma sœur.
f) *ou / où* → Je ne sais pas _____ aller en vacances : en Italie _____ en Espagne ?
g) *ce / se* → _____ problème ne _____ réglera pas tout seul.
h) *ses / ces* → Il nous a parlé de _____ nombreux voyages dans _____ terres lointaines de l'Arctique.
i) *s'est / c'est* → _____ en faisant du ski qu'il _____ cassé la jambe.
j) *et / est* → L'automne _____ de retour _____ les feuilles des arbres jaunissent.

| **apprécier** | lieben, schätzen | **un apprenti** | ein Lehrling |
| **le menuisier** | der Schreiner | **jaunir** | gelb werden |

> IL EST INTERNE = il est interne / il est interné ?

Ist er Arzt (*interne*) oder Patient (*interné*)? Akzente sind wichtig und sollten auch bei Großbuchstaben nicht fehlen.
Es gibt im Französischen drei *accents*, die einen Vokal begleiten können:
den *accent aigu* (´), den *accent grave* (`) und den *accent circonflexe* (^).
Diese *accents* können die Aussprache eines Vokals beeinflussen: *marche* [maʀʃ] Marsch ↔ *marché* [maʀʃe] Markt oder haben eine bedeutungsunterscheidende Funktion: *sur* auf ↔ *sûr* sicher.

→ GrLGr S. 20 ff., 49 ff.

7 **Ein Text ohne *accents* ist schwer zu lesen. Setzen Sie die fehlenden *accents*.**

Chaque dimanche, ils se voyaient dans le square. Elle s'asseyait toujours sur le même banc pour lire. Il faisait son jogging et se reposait toujours après sur la pelouse près de l'endroit où elle était assise. Un jour, il a osé l'aborder et lui a demandé s'il pouvait s'asseoir à côté d'elle. Elle a dit oui et c'est ainsi qu'ils ont fait connaissance. Ils se sont retrouvés chaque dimanche. Un soir, il l'a invitée à dîner et elle a accepté. Et ils ont commencé à se voir très souvent.

☺ Au bout de quelques années, ils ont acheté un appartement, ils se sont mariés et ils ont eu un fils qu'ils ont appelé Jérôme. Ils ont vécu très heureux ensemble.

☹ Mais un jour, il a dû, pour des raisons professionnelles, partir en Suède, à Stockholm. Ils étaient désespérés quand ils se sont quittés sur le quai de la gare. Là-bas, il a rencontré une autre fille. Ils ne se sont jamais revus mais ils ne se sont jamais oubliés.

s'asseoir → elle s'asseyait	sich setzen → sie setzte sich	oser	sich trauen
se reposer	sich ausruhen	aborder quelqu'un	jemanden ansprechen
la pelouse	der Rasen	au bout de	nach
être assis	sitzen		

DAS SUBSTANTIV
➔ GrLGr S. 69 ff.

> **le** marchand → **la** marchand**e**

Französische Substantive sind maskulin oder feminin.
Bei Lebewesen entspricht das Genus dem natürlichen Geschlecht. Neben der Genusmarkierung durch Anhängen eines *-e* an die maskuline Form gibt es noch die Möglichkeit, von einigen Suffixen, die maskuline Substantive kennzeichnen (wie z. B. *-er* oder *-teur*), die feminine Form abzuleiten.

8 **Substantive natürlichen Geschlechts. Vervollständigen Sie die Tabelle, indem Sie die maskuline bzw. feminine Form der Berufsbezeichnungen bilden.**

maskulin	feminin	maskulin	feminin
a) pharmacien		g) avocat	
b)	patronne	h) député	
c)	boulangère	i)	serveuse
d) acteur		j)	architecte
e) saxophoniste		k) étudiant	
f)	sportive	l)	infirmière

> **La** bouche (**der** Mund) / **le** nez (**die** Nase)

Das Genus eines französischen Substantivs, das kein Lebewesen bezeichnet, wird vom Sprachgebrauch festgelegt. Aus diesem Grund stimmt es oft nicht mit dem des entsprechenden deutschen Substantivs überein.

In einigen Fällen ist das Genus des Substantivs jedoch an charakteristischen Endungen erkennbar (z. B. *-age, -isme* für maskuline, *-ade, -ette* für feminine Substantive). Einige Bedeutungskategorien sind ebenfalls auf ein Genus festgelegt, z. B. sind alle Autonamen im Französischen feminin *(la Renault, la Jeep)* und alle Bäume maskulin *(le chêne, le sapin).*

→ GrLGr S. 69 ff.

9 Ob ein Substantiv männlich oder weiblich ist, hängt in einigen Fällen von der Endung ab.

a. Markieren Sie die maskulinen Endungen.

-ment	-isme	-ité	-ie	-eau	-ence
-age	-ette	-ier	-ail	-tion	-ade
-euil	-ude	-ise	-aille	-oir	

b. *Le* oder *la*? Ergänzen Sie den Artikel in der Tabelle und in der Vokabelliste.

a) _____ comité
b) _____ tragédie
c) _____ patience
d) _____ vernissage
e) _____ pouvoir
f) _____ balade

g) _____ révolution
h) _____ tempérament
i) _____ festival
j) _____ solitude
k) _____ romantisme
l) _____ baguette

_____ **patience**	die Geduld
_____ **pouvoir**	die Macht

_____ **balade** (fam)	der Spaziergang

10 Die folgenden Substantive gehören bestimmten Bedeutungskategorien an. Setzen Sie *le* oder *la* ein.

a) _____ français est une des langues officielles de l'Union européenne.
b) _____ cerisier est un arbre vénéré au Japon.
c) _____ printemps, cette année, a été plutôt frais.
d) _____ Twingo de ma sœur a été volée.
e) _____ France a-t-elle une frontière commune avec _____ Luxembourg ?
f) Il est obligatoire de réserver quand on prend _____ TGV.

_____ **cerisier**	der Kirschbaum
vénéré	verehrt
voler	stehlen

la frontière	die Grenze
_____ **TGV** (train à grande vitesse)	der ICE

> Nous avons fait **le tour** de **la tour**.

In der folgenden Übung geht es um Substantive, die nur über das Genus unterschieden werden, wie z. B. *le* tour (die Tour) → *la* tour (der Turm).

Das Substantiv 13

→ GrLGr S. 69 ff.

11 Maskulin oder feminin?

a. Tragen Sie *le* oder *la* in die Tabelle ein.

a) _____ livre — das Pfund
b) _____ page — die Seite
c) _____ vase — der Schlamm
d) _____ poste — die Stelle
e) _____ moule — die Miesmuschel
f) _____ tour — der Turm
g) _____ somme — das Schläfchen
h) _____ mousse — der Schaum
i) _____ manche — der Ärmel
j) _____ voile — der Schleier

b. Markieren Sie die richtige Möglichkeit und ergänzen Sie die Artikel in der Vokabelliste.

a) Mettre la pâte dans (le / la) moule.
b) Nous avons gagné (le / la) deuxième manche.
c) Elle a (un / une) mémoire d'éléphant.
d) Je suis chaque année (le / la) Tour de France à la télé.
e) J'ai mis tes fleurs dans (le / la) vase.
f) Assieds-toi près (du / de la) poêle si tu as froid.

la pâte	der Teig	suivre → je suis	(ver)folgen → ich (ver)folge
___ moule	die Backform		
___ manche	Satz (beim Sport)	s'asseoir → assieds-toi	sich setzen → setz dich
___ mémoire	das Gedächtnis		
___ poêle	der Ofen		

Die meisten Substantive bilden den Plural auf *-s*, einige jedoch auf *-x*. Substantive auf *-s*, *-x* oder *-z* sind unveränderlich.

12 Bilden Sie den Singular bzw. Plural der folgenden Substantive.

Singular	↔	Plural
a) un _____	←	des voisins
b) un pays	→	des _____
c) une _____	←	des noix
d) un haricot	→	des _____
e) une merguez	→	des _____
f) un prix	→	des _____
g) un château	→	des _____
h) un éventail	→	des _____
i) un _____	←	des genoux
j) un vitrail	→	des _____

le haricot	die Bohne	un éventail	ein Fächer
la merguez	scharfe Wurst aus Rind- oder Lammfleisch	le vitrail	das Kirchenfenster

13 **Besonderheiten bei der Pluralbildung. Leiten Sie die Pluralform ab.**

Singular
a) le mal de vivre
b) un impossible aveu
c) le détail des opérations
d) le journal d'Anne Frank
e) le bijou fantaisie
f) le travail à la chaîne
g) le lieu du crime
h) le trou de la Sécu

Plural
les _____ de tête
les _____ du suspect
Je n'entrerai pas dans les _____.
les _____ du soir
un coffret à _____
les 12 _____ d'Hercule
des _____ communs
les _____ de mémoire

un aveu	ein Geständnis	le lieu du crime	der Tatort
le travail à la chaîne	die Fließbandarbeit	le lieu commun	der Gemeinplatz
le bijou	das Schmuckstück	le trou de la Sécu (Sécurité Sociale)	das Defizit der Krankenkasse

> un libre-service → **des** libre**s**-service**s** / un tire-bouchon → **des** tire-bouchon**s**

Bei der Pluralbildung der zusammengesetzten Substantive werden nur Substantive und Adjektive angeglichen.

14 **Bilden Sie zusammengesetzte Substantive, indem Sie ein Element der linken Spalte mit einem der rechten Spalte verbinden. Setzen Sie dann das zusammengesetzte Substantiv in den Plural.**

EXEMPLE	belle	sœur	→	*des belles-sœurs*	Schwägerinnen
a)	longue	bonheur	→	_____	Fernrohre
b)	couvre	marguerite	→	_____	Tagesdecken
c)	station	dit	→	_____	Tankstellen
d)	porte	vue	→	_____	Glücksbringer
e)	timbre	lit	→	_____	Briefmarken
f)	on	poste	→	_____	Gerüchte
g)	reine	service	→	_____	Margeriten

DER ARTIKEL

→ GrLGr S. 86 ff.

Der Artikel zeigt das Genus und den Numerus des Substantivs an. Man unterscheidet zwischen dem bestimmten Artikel *(le, la, l', les)*, dem unbestimmten Artikel *(un, une, des)* und dem Teilungsartikel *(du, de la, de l')*.

15 **Markieren Sie im Text alle Artikel.**

Offre d'emploi

> Nous sommes **un** groupe industriel spécialisé dans la location, l'entretien d'articles textiles et d'équipements sanitaires. Nous intervenons dans les domaines de la santé, de l'industrie, de l'hôtellerie et de la restauration.
>
> Nous recherchons
> **UN(E) AGENT DE MAÎTRISE EN PRODUCTION**
>
> ✔ Vous intégrez une équipe de cinq personnes
> ✔ Vous assurez le suivi des projets auprès de votre équipe et la gestion des plannings en tenant compte de la polyvalence
> ✔ Vous avez une expérience minimum de cinq ans en management d'équipe
>
> Adressez votre lettre de motivation et votre CV à …

une offre d'emploi	ein Stellenangebot	assurer	gewährleisten
la location	das Mieten	la proximité	die Nähe
l'entretien, *m*	die Instandhaltung	le suivi	die Abwicklung
les équipements sanitaires	die sanitären Einrichtungen	la gestion	die Verwaltung
intervenir	tätig sein	tenir compte de	berücksichtigen
un agent de maîtrise	technischer Angestellter	la lettre de motivation	das Bewerbungsschreiben

L'Allemagne est le premier client de **la France**.

Der bestimmte Artikel wird weitgehend wie im Deutschen verwendet. Es gibt jedoch einige Abweichungen, z. B. bei geografischen Namen, Zeitangaben oder Körperteilen.

→ GrLGr S. 86 ff.

> **Le temps**, c'est **de l'argent.**

Anders als im Deutschen wird im Französischen bei verallgemeinernden Aussagen und bei Stoffnamen der bestimmte Artikel verwendet.

16 **Bestimmter Artikel oder nicht? Entscheiden Sie.**

a) Cette année les vacances c'est soit _____ Cuba, soit _____ Réunion.
b) _____ moutons sont des herbivores, _____ cochons des omnivores.
c) _____ mardi, nous partons en _____ vacances.
d) _____ nuit, tous _____ chats sont gris.
e) On invoque _____ Saint Antoine pour retrouver des objets perdus.
f) Il a _____ oreilles décollées.
g) _____ veinard ! Il a gagné _____ gros lot.
h) Canicule ! _____ Nord de l'Europe ne sera pas épargné.
i) _____ Prince Charles deviendra un jour _____ roi d'Angleterre.
j) _____ Noël, c'est avant tout une fête de famille.
k) _____ enfants sont souvent très conformistes.
l) _____ Garonne, _____ fleuve européen, prend sa source en _____ Espagne.

soit ... soit	entweder ... oder	le gros lot	das große Los
un herbivore	ein Pflanzenfresser	la canicule	die Hitzewelle
un omnivore	ein Allesfresser	être épargné	verschont bleiben
invoquer	anrufen	une oreille décollée	ein abstehendes Ohr
le veinard	der Glückspilz	prendre sa source	entspringen

> Nous allons **au** concert, ce soir.

Folgt auf die Präpositionen *à* und *de* der bestimmte Artikel *le* oder *les*, so verschmelzen Präposition und Artikel zu *au / aux* bzw. *du / des*. Man spricht dann vom zusammengezogenen Artikel (*article contracté*).

17 **Ergänzen Sie den bestimmten oder zusammengezogenen Artikel.**

a) J'ai raté _____ début _____ film.
b) Tout est fait dans _____ règles de _____ art.
c) Nous aimerions connaître l'avis _____ public.
d) J'ai mal _____ dos.

→ GrLGr S. 86 ff.

e) Découvrez _____ joies _____ jardinage.
f) Je cherche _____ bureau _____ responsable marketing.
g) Il en a fait _____ expérience au fil _____ années.
h) Voici les informations relatives _____ modalités d'inscription.
i) Qui joue _____ échecs avec moi ?
j) Suivre la voix _____ cœur ou celle de _____ raison.

rater le début	den Anfang verpassen	le fil	der Lauf
le / la responsable	der / die Verantwortliche	relatif à	betreffend
		les échecs	das Schachspiel

J'ai acheté **des pommes**.

Der unbestimmte Artikel (*un*, *une*) hat im Französischen eine Pluralform (*des*), die eine unbestimmte Menge bezeichnet.

18 **Übersetzen Sie die folgenden Sätze. Denken Sie an den unbestimmten Artikel im Plural.**

a) Hast du ein Ziel im Leben? Pläne, Träume?
b) Haben Sie Freunde, die Ihnen helfen können?
c) Wo kann man hier Briefmarken kaufen?
d) Benutzen Sie Sparbirnen?
e) Es sind Versprechen, die er nicht halten wird.
f) Habt ihr Pilze gefunden?

le but	das Ziel	une ampoule de faible consommation	eine Sparbirne
le projet	der Plan		
aider	helfen	utiliser	benutzen
le timbre	die Briefmarke	tenir une promesse	ein Versprechen halten
		le champignon	der Pilz

Wie im Deutschen weist der bestimmte Artikel im Französischen auf etwas Bekanntes oder bereits Erwähntes hin. Der unbestimmte Artikel führt dagegen ein neues Substantiv ein:

*Vous connaissez **un** bon restaurant ? – Oui, **le** restaurant « Chez Michel », près de la gare.*

→ GrLGr S. 86 ff.

19 Bestimmter oder unbestimmter Artikel? Markieren Sie die passende Möglichkeit.

a) (Un / Le) véhicule de la police a été dépassé, sur (une / la) RN 10, par (une / la) voiture roulant à 190 km/h sur (une / la) portion de route limitée à 90 km/h. Poursuivi par (des / les) policiers, (un / l') automobiliste est monté à 240 km/h. (Le / Un) conducteur, (un / le) Bordelais de 25 ans, circulait (à un / au) volant (d'une / de la) voiture volée.

b) Les douaniers de la brigade de Colmar ont contrôlé (une / la) voiture sur (une / l') autoroute A 35 entre Colmar et Mulhouse. Ils ont découvert (des / les) paquets de cigarettes cachés dans (un / le) coffre de la voiture. (Une / La) voiture a été dirigée vers (un / le) service technique des douanes à Mulhouse. (Un / Le) démontage a permis de mettre (une / la) main sur d'autres paquets cachés dans (des / les) portières et (des / les) ailes arrière.

dépasser	überholen
la RN (route nationale)	die Bundesstraße
limité à 90 km/h	beschränkt auf 90 km/h
poursuivre	verfolgen
le conducteur	der Fahrer
la voiture volée	das gestohlene Fahrzeug

le douanier	der Zollbeamte
découvrir → découvert	entdecken → entdeckt
caché	versteckt
le coffre	der Kofferraum
mettre la main sur	beschlagnahmen
la portière	die Autotür
une aile	ein Kotflügel

> Est-ce qu'il y a **du courrier** aujourd'hui ?

Der Teilungsartikel drückt eine unbestimmte Menge oder Anzahl aus. Er hat im Deutschen keine Entsprechung (*du courrier* = Post). Er wird bei nicht zählbaren Substantiven, z. B. Stoffnamen oder Abstrakta, verwendet.

20 Setzen Sie den Teilungsartikel ein. Das Genus des Substantivs ist mit (m) für maskulin und (f) für feminin angegeben.

a) Il faut vraiment avoir _____ patience (f) avec lui.
b) Il a _____ classe (f), _____ charme (m) et _____ élégance.
c) J'aime acheter _____ qualité (f).
d) Pardon, vous avez _____ feu (m), s'il vous plaît ?
e) Je prends _____ vitamine C (f). Ça me donne _____ énergie (f).
f) Enfant, je devais manger _____ épinards une fois par semaine.
g) C'est _____ repos (m) qu'il vous faut, Monsieur.
h) J'ai oublié d'acheter _____ pain (m).

→ GrLGr S. 86 ff.

la patience	die Geduld	il vous faut	Sie brauchen / ihr braucht
les épinards	der Spinat		
le repos	die Ruhe		

Der Teilungsartikel (*du, de la, de l'*) hat die gleichen Formen wie der mit der Präposition *de* zusammengezogene bestimmte Artikel, wird jedoch anders verwendet und übersetzt:

Je voudrais du pain.   Ich möchte Brot. (Teilungsartikel)
C'est le fils du professeur.   Das ist der Sohn **des** Lehrers. (bestimmter Artikel)

Beim Übersetzen eines Textes ist diese Unterscheidung besonders wichtig.

21   **Übersetzen Sie.**

a) Vous prenez des somnifères ?
b) Il y a encore de la confiture de fraises.
c) Le coq des voisins me réveille tous les matins.
d) Nous avons rencontré des gens très sympathiques.
e) J'ai oublié le titre du dernier roman d'Anna Gavalda.
f) Il rentre du travail vers 17 heures.
g) Elle a toujours eu de la chance.

le somnifère	das Schlafmittel	le coq	der Hahn
la confiture de fraises	die Erdbeermarmelade	réveiller	wecken

> Vous prenez **un** / **du** sucre ? – Non, merci. Je ne prends **pas de** sucre.

Teilungsartikel und unbestimmter Artikel werden mit *ne ... pas de/d'* verneint.

> **C'est un** pull ? – Non, **ce n'est pas un** pull, c'est une chemise.

Werden *c'est un / une* (das ist ein / eine) oder *ce sont des* (das sind) verneint, so bleibt der unbestimmte Artikel erhalten.

→ GrLGr S. 86 ff.

22 **Ergänzen Sie die Tabelle.**

EXEMPLE Il a du talent.   Elle *n'a pas de talent*.

Lui   **Elle**
a) Il a des amis en France.   Elle _____.
b) Il a un chat.   Elle _____.
c) C'est un grand sportif.   Ce _____.
d) Il _____.   Elle ne fait pas de randonnée.
e) C'est un chanceux.   Ce _____.
f) Il _____.   Elle n'a pas d'argent.
g) Il _____.   Elle n'a pas d'enfants.
h) C'est un bon vivant.   Ce _____.

| le chat | die Katze | la randonnée | die Wanderung |
| le sportif | der Sportler| le chanceux | der Glückspilz |

Das Fehlen des Artikels (= Null-Artikel) ist im Französischen viel seltener als im Deutschen. Vergleichen Sie:
Frankreich   *la* France
Bücher   *des* livres

23 **Artikel oder nicht? Ergänzen Sie, wenn nötig, den passenden Artikel.**

a) Ce soir, je reste à _____ maison.
b) Nous habitons depuis trois mois _____ rue Joseph Bara.
c) Ce n'est pas _____ CD, c'est _____ CD-ROM.
d) Tu ne prends jamais _____ temps de te reposer.
e) Je suis déjà allé _____ Portugal, en _____ Espagne, mais jamais en _____ Italie.
f) Cette montre vient de _____ Suisse, c'est une montre de _____ qualité.
g) J'ai acheté _____ fruits et _____ légumes.
h) Tu as _____ faim ? – Non, je n'ai pas _____ faim, mais j'ai _____ soif.
i) Il a de _____ argent, mais peu de _____ temps pour le dépenser.
j) Elle est _____ allemande et elle vient _____ Fribourg, _____ ville _____ sud-ouest de _____ Allemagne.

| depuis | seit | la montre | die Uhr |
| se reposer | sich ausruhen | les légumes | das Gemüse |

> GrLGr S. 86 ff.

24 **Ergänzen Sie, wenn nötig, die Artikel.**

Plan d'attaque pour la semaine
a) Vérifier si Paul a remis _____ essence dans _____ réservoir de _____ voiture.
b) Téléphoner à Bernadette pour lui demander _____ nouvelles de son fils.
c) Acheter _____ sel, _____ farine, _____ kilo _____ pommes et _____ demi-livre _____ beurre.
d) Nous n'avons plus de _____ savon et plus beaucoup de _____ produit vaisselle.
e) Téléphoner _____ dentiste pour déplacer _____ rendez-vous _____ 13 avril à cause _____ spectacle de Stéphanie.
f) Nettoyer _____ chambre d'amis avant l'arrivée _____ beaux-parents.
g) Ne pas piquer de _____ crise quand _____ enfants rentrent avec leurs bulletins.
h) Mardi : regarder _____ infos de 16 heures pour voir si on parle de _____ entreprise de Paul.
i) Arroser _____ plantes _____ voisins.
j) Donner _____ litière fraîche _____ hamster.

le réservoir	der Tank	le bulletin (scolaire)	das (Schul-)Zeugnis
le savon	die Seife	une entreprise	ein Unternehmen
le produit vaisselle	das Spülmittel	arroser	gießen
à cause de	wegen	la litière	die Streu

DAS ADJEKTIV
→ GrLGr S. 104 ff.

> Un **bon** conseil / de **bons** conseils / une **bonne** idée / de **bonnes** idées

Das Adjektiv (= Eigenschaftswort) richtet sich in Genus und Numerus nach dem Substantiv, das es begleitet.
Bei der Ableitung der femininen Form und bei der Pluralbildung gelten die gleichen Regeln wie für das Substantiv.
Nur wenige Adjektive bilden die feminine Form unregelmäßig.

25 Vervollständigen Sie die Tabelle, indem Sie die maskuline bzw. feminine Form der Adjektive ableiten.

maskulin	feminin
a) un prix correct	une tenue _____
b) un chanteur _____	une chanteuse anglaise
c) un accueil chaleureux	une ambiance _____
d) un Noël _____	une chemise blanche
e) un problème délicat	une situation _____
f) un clin d'œil _____	une voisine discrète
g) un garçon naïf	une peinture _____
h) un geste _____	une attitude provocatrice
i) un restaurant parisien	une boutique _____
j) l'alphabet _____	une salade grecque

un accueil chaleureux	ein warmherziger Empfang	la tenue	die Kleidung
		le clin d'œil	das Augenzwinkern

26 Vervollständigen Sie den folgenden Wetterbericht mithilfe der in Klammern stehenden Adjektive. Denken Sie daran, die Adjektive anzugleichen.

a) (sec – élevé – torride – passager – violent)

Dans le sud du pays le temps reste _____, les températures sont _____, voire même _____. On s'attend à quelques pluies _____, mais _____ en soirée.

Das Adjektiv 23

→ GrLGr S. 104 ff.

b) (hivernal – bas – diluvien – froid)

Dans les Alpes, c'est le retour de températures _____, même à _____ altitude. En raison des pluies _____ en matinée, les températures restent _____ pour la saison.

c) (fréquent – bref – net)

En Bretagne averses _____ mais _____, _____ amélioration en fin d'après-midi.

élevé	hoch	diluvien	sintflutartig
voire même	sogar	une altitude	eine Höhe
torride	sehr heiß	bref	von kurzer Dauer
passager	vorübergehend	une amélioration	eine Besserung

Je me suis acheté **un pull** et **une veste bleus**.

Bezieht sich ein Adjektiv auf mehrere Substantive, so steht es auf jeden Fall im Plural. Bei Substantiven verschiedenen Geschlechts steht das Adjektiv im Maskulinum Plural. Beziehen sich mehrere Adjektive auf dasselbe Substantiv, so werden alle Adjektive angeglichen.

27 Ergänzen Sie, wenn nötig, die Endungen der Adjektive. Kleinanzeigen:

a) A VENDRE : superbe____ voiture blanc____, premier____ main, non accidenté____, bien entretenu____, options divers____, pneus neuf____, vitres électrique____ et teinté____.

b) A LOUER : 2 petit____ appartements dans maison coquet____. Salon et chambres ensoleillé____ et spacieux____, cuisine américain____, terrasse et balcon couvert____, vue splendide____ sur le lac, parking et jardin privatif____. Piscine privé____ et chauffé____.

accidenté	Unfall-	teinté	getönt
entretenir → entretenu	warten → gewartet	coquet	hübsch, nett
		spacieux	geräumig

→ GrLGr S. 104 ff.

> Une revue **anglaise**

Die meisten Adjektive werden nachgestellt, insbesondere alle Farbadjektive und Adjektive zur Angabe der Herkunft sowie längere Adjektive. Nur wenige kurze Adjektive stehen immer vor dem Substantiv: *Une petite maison* ein kleines Haus.

28 Finden Sie in dieser Buchstabenreihe 10 Adjektive, die in der Regel vor dem Substantiv stehen.

PAGRANDPOMAUVAISURBEAUAVIPETITGOURGROSLA

INBONMEHHAUTLDORJOLITOILONGMOINVIEUXLIM

29 Setzen Sie die Adjektive an der richtigen Stelle ein und gleichen Sie sie an. Kennen Sie diese Filme?

EXEMPLE La vie est un *long* fleuve *tranquille* — long / tranquille

a) La poursuite du _____ diamant _____ — vert
b) _____ baisers _____ de Russie — bon
c) Le _____ Blond _____ avec une _____ chaussure _____ — grand / noir
d) Les _____ liaisons _____ — dangereux
e) L'_____ auberge _____ — espagnol
f) La _____ maison _____ dans la prairie — petit
g) La _____ éducation _____ — mauvais
h) Les _____ poupées _____ — russe

| la poursuite | die Verfolgung | une auberge | ein Wirtshaus |
| le baiser | der Kuss | la poupée | die Puppe |

> Un **vieux** monsieur / une **vieille** dame / un **vieil** homme

Nur wenige Adjektive bilden die feminine Form unregelmäßig.
Die Adjektive *beau*, *nouveau* und *vieux* haben zwei verschiedene maskuline Formen im Singular. Die Wahl der einen oder anderen Form hängt vom Anfangsbuchstaben des darauf folgenden Substantivs ab.

Das Adjektiv 25

→ GrLGr S. 104 ff.

30 Bilden Sie Nominalgruppen. Achten Sie dabei auf Stellung und Angleichung des Adjektivs.

EXEMPLE	une robe	nouveau	→	*une nouvelle robe*
a)	une ville	vieux	→	
b)	une église	beau	→	
c)	une veste	long	→	
d)	une chevelure	roux	→	
e)	une fille	rigolo	→	
f)	une boisson	frais	→	
g)	une voix	doux	→	

la chevelure	das Haar	rigolo	lustig

31 Adjektive mit zwei maskulinen Formen: Wählen Sie die jeweils passende Form.

a) (vieux) → un _____ ami
b) (beau) → un _____ hôtel
c) (nouveau) → un _____ concept
d) (beau) → un _____ homme
e) (vieux) → un _____ proverbe
f) (nouveau) → un _____ élève

le concept	der Begriff, die Idee	le proverbe	das Sprichwort

> Une histoire **triste** / une **triste** histoire

Ob es sich um eine „traurige Geschichte" (*histoire triste*) oder eine „schlimme Geschichte" (*triste histoire*) handelt, entscheidet in diesem Fall die Stellung des Adjektivs.

Einige Adjektive können vor oder nach dem Substantiv stehen. Nachgestellt behalten sie in der Regel ihre wörtliche Bedeutung, vorangestellt haben sie eine übertragene, oft wertende Bedeutung.

32 Übersetzen Sie.

a) (grand) une _____ eine große Dame
b) (seul) la _____ die einzige Lösung
c) (pauvre) une _____ ein bedauernswertes Mädchen

→ GrLGr S. 104 ff.

d) (curieux) une _____ eine merkwürdige Gewohnheit
e) (propre) une _____ eine saubere Stadt
f) (sale) une _____ eine schlimme Geschichte
g) (drôle) un _____ ein lustiger Film

> **des** coussin**s orange**

Einige Adjektive sind unveränderlich, z. B. viele Farbadjektive, die einem Substantiv entsprechen oder durch ein weiteres Wort ergänzt werden, und Adjektive, die einer anderen Sprache entliehen sind.

> des situations **tragi-comiques**

Von den verschiedenen Bestandteilen eines zusammengesetzten Adjektivs wird nur das Adjektiv angeglichen.

33 Gleichen Sie, wenn möglich, die Adjektive an.

a) des chaussures marron_____ clair_____
b) des gens sympathique_____
c) des yeux noisette_____
d) des pulls angora_____
e) des fleurs rose_____
f) des rideaux orange_____

| **la noisette** | die Haselnuss | **le rideau** | der Vorhang |

34 Gleichen Sie, wenn möglich, die zusammengesetzten Adjektive an.

a) (gréco-romain) → pendant la période _____
b) (bleu marine) → Il ne porte que des pulls _____.
c) (ivre-mort) → Je l'ai trouvée _____.
d) (châtain foncé) → des cheveux _____
e) (avant-dernier) → arriver en _____ position

| **ivre-mort** | sturzbetrunken | **châtain foncé** | dunkelbraun |

Das Adjektiv 27

→ GrLGr S. 104 ff.

> Léo est **plus** grand **que** Louis.
> Louis est **aussi** grand **que** Marc.
> Marc est **moins** grand **que** Léo.

Die meisten Adjektive bilden den Komparativ und Superlativ regelmäßig. Denken Sie daran: Der Vergleichspartikel heißt im Französischen immer *que*.
Anders als im Deutschen ist die Komparativ-Form mit *moins* sehr gebräuchlich.

35 Bilden Sie Vergleichssätze wie im Beispiel.

EXEMPLE (+) La Loire – la Garonne – long → *La Loire est plus longue que la Garonne.*

a) (=) le livre / le film / intéressant → _____.
b) (+) la santé / l'argent / important → _____.
c) (–) l'Aveyron / la Côte d'Azur / touristique → _____.
d) (+) l'alpinisme / le yoga / dangereux → _____.
e) (–) la bière / le pastis / alcoolisé → _____.
f) (=) l'allemand / le français / difficile → _____.

| la santé | die Gesundheit | le pastis | Anisschnaps |
| l'alpinisme (m) | das Bergsteigen | | |

36 Der Superlativ: Bringen Sie die Sätze in die richtige Reihenfolge.

a) de France ? / belle / Quelle est, / la plus / pour vous, / région
b) la plus / du monde ? / chère / la ville / Quelle est
c) le plus lu / « Femme actuelle » / en France. / le magazine / est
d) Rennes / de France / est / la plus petite / équipée d'un métro. / ville
e) Quelle est / nulle ? / l'émission de télévision / pour vous / la plus
f) le plus / C'est / scandale / de l'histoire / gros / du football.

| le magazine | die Zeitschrift | une émission de télévision | eine Fernsehsendung |
| être équipé de | verfügen über | | |

→ GrLGr S. 104 ff.

Nur drei Adjektive (*bon*, *mauvais* – in der Bedeutung von „schlimm" – und *petit* – in der Bedeutung von „unwichtig") bilden den Komparativ und Superlativ unregelmäßig. Es lohnt sich auf jeden Fall, diese Formen auswendig zu lernen.

37 **Die Superlative in meinem Leben. Ergänzen Sie.**

a) (grand)   Le *plus grand* handicap : la peur
b) (mauvais)   Le _____ défaut : l'égoïsme
c) (beau)   Le _____ jour : aujourd'hui
d) (bon)   Mes _____ professeurs : mes amis
e) (beau)   La _____ chose du monde : l'amour
f) (petit)   Le _____ de mes soucis : le qu'en-dira-t-on

| le défaut | der Fehler | le qu'en-dira-t-on | das Gerede der Leute |
| le souci | die Sorge | | |

38 **Übersetzen Sie.**
In der folgenden Anzeige sucht eine weibliche Katze ein neues Zuhause. Achten sie besonders auf Form und Stellung der Adjektive.

> **Ondine, 6 Jahre alt**
> Vor zwei Jahren ausgesetzt hat sich diese hübsche, kleine, weiße Katze mit wunderschönen, haselnussfarbenen Augen niemals an die Menschen gewöhnt. Ondine (tätowiert, geimpft, sterilisiert) ist unabhängig, exzentrisch und manchmal auch etwas launisch. Sie ist zärtlich, wenn sie will, lebhaft, intelligent und sie braucht ruhige, verständnisvolle und aufmerksame Menschen.

il y a deux ans	vor zwei Jahren	tendre	zärtlich
abandonné	ausgesetzt	vif	lebhaft
s'habituer à	sich gewöhnen an	avoir besoin de	brauchen
tatoué	tätowiert	(des) personnes	*hier* Menschen
vacciner	impfen	compréhensif	verständnisvoll
capricieux	launisch	attentif	aufmerksam

Das Adjektiv

DIE POSSESSIVBEGLEITER

→ GrLGr S. 125 ff.

> **Mon** livre, **ta** maison, **ses** amis

Die Possessivbegleiter geben ein Besitzverhältnis an. Ihre Form hängt von der Person des Besitzers und vom Genus und Numerus des Besitzobjektes ab.
Die femininen Formen *(ma, ta, sa)* werden zur Aussprache-Erleichterung durch die maskulinen Formen *(mon, ton, son)* ersetzt, wenn das darauf folgende Wort mit Vokal oder „stummem *h*" beginnt: *une amie* → *mon amie*.

39 **Markieren Sie die Possessivbegleiter.**

Courrier de nos lecteurs – J'aimerais connaître vos réactions :
Ma fille est en instance de divorce. Le pédiatre qui s'occupe de son fils est contre la garde alternée pour un enfant si jeune. Mon petit-fils a 2 ans et les visites de son père se passent très bien. Il ne semble pas vivre sa nouvelle situation comme un rejet de la part de ses parents. Ma fille et mon gendre aimeraient préserver le plus possible leur enfant. Avez-vous fait une expérience de ce genre ? J'aimerais connaître votre avis !

être en instance de divorce	in Scheidung leben	le rejet	die Ablehnung
		le gendre	der Schwiegersohn
la garde alternée	das geteilte Sorgerecht	préserver	schonen

40 **Setzen Sie den passenden Possessivbegleiter ein. Hier gibt es nur einen Besitzer.**

a) Je l'avoue, la gourmandise, c'est .... péché mignon.
b) Elle n'a rien dit, mais tout le monde est au courant de .... liaison.
c) .... générosité te perdra.
d) Il est très stressé. .... travail empiète de plus en plus sur .... vie privée.
e) Dites-moi, M. Longe, quel est .... numéro de portable ?
f) Je vous en prie, Madame Mercier, nous n'avons pas besoin de .... conseils. C'est .... problème.

la gourmandise	die Näscherei	perdre	zum Verhängnis werden
le péché mignon	die Schwäche		
être au courant	Bescheid wissen	empiéter sur	übergreifen
la générosité	die Großzügigkeit	le portable	das Handy

→ GrLGr S. 125 ff.

41 *Notre / nos, votre / vos* oder *leur(s)*? Setzen Sie den passenden Possessivbegleiter ein.

a) Ils ont perdu cette partie mais ils prendront _____ revanche.
b) Testez _____ connaissances en répondant au questionnaire suivant.
c) Nos parents sont âgés. Ils ont besoin de toute _____ affection.
d) La monotonie tue. Mettez du piment dans _____ vie.
e) Nous sommes à découvert. Nous vivons au dessus de _____ moyens.
f) Ces deux femmes ont réalisé tous _____ rêves.

avoir confiance	Vertrauen haben	être à découvert	sein Konto überziehen
tuer	töten	vivre au dessus de ses moyens	über seine Verhältnisse leben
l'affection, f	die Zuneigung, die Liebe		
mettre du piment	eine Sache etwas spannender machen		

C'est **son** ami.

Ob es sich um **seinen** Freund oder **ihren** Freund handelt, erfahren wir in diesem Satz nicht. Anders als im Deutschen spielt das Geschlecht des Besitzers keine Rolle bei der Wahl des Possessivbegleiters der 3. Person Singular: *son* und *sa* können sowohl „sein" als auch „ihr" bedeuten, *ses* „seine" oder „ihre".

42 *Son*, *sa* oder *ses*?

Dans le T.G.V Paris Lyon j'ai rencontré un homme bizarre. En cinq minutes il m'a raconté toute _____ vie. Il m'a parlé de _____ femme, m'a montré des photos de _____ enfants, m'a expliqué _____ travail, m'a raconté tous _____ ennuis et m'a même fait part de _____ projets d'avenir. _____ gestes étaient nerveux, _____ voix tremblante. Il y avait comme de la tristesse dans _____ regard. En me quittant il m'a laissé toutes _____ coordonnées, _____ carte de visite, avec _____ numéro de téléphone, _____ adresse e-mail. Il a oublié _____ lunettes et _____ parapluie en sortant. J'ai l'impression qu'il m'a pris pour _____ psy.

un ennui	ein Problem	les coordonnées, f	die Daten
faire part de	mitteilen	une impression	ein Eindruck
tremblant	zitternd, ängstlich	le psy (psychologue)	der Psychiater / Psychologe
le regard	der Blick		

→ GrLGr S. 125 ff.

Die Possessivbegleiter werden weitgehend wie im Deutschen verwendet.
In der folgenden Übung begegnen Ihnen einige Ausnahmen.

43 Possessivbegleiter oder nicht? Übersetzen Sie.

a) Viele Grüße, Ihre Inge Bär. → ....
b) Ich bin dran. → ....
c) Ich habe freiwillig gehandelt. → ....
d) An seiner Stelle hätte ich anders reagiert. → ....
e) Was ist in meiner Abwesenheit passiert? → .... ?
f) Meiner Meinung nach hat er recht. → ....

autrement	anders	un avis	eine Meinung
une absence	eine Abwesenheit	avoir raison	recht haben

DIE DEMONSTRATIVBEGLEITER

→ GrLGr S. 131 ff.

> J'aime beaucoup **ce** CD et surtout **cette** chanson.
> **Cet** arbre a cent cinquante ans.
> **Ces** gens-**là** m'amusent.

Die Demonstrativbegleiter (*ce / cet, cette, ces*) richten sich in Genus und Numerus nach dem Substantiv, vor dem sie stehen. Sie haben einfache und durch *-ci* oder *-là* verstärkte Formen. Die verstärkten Formen auf *-ci* und *-là* sind meistens austauschbar.

44 **Markieren Sie im folgenden Text die Demonstrativbegleiter.**

Mesdemoiselles, cette situation devient intolérable. Arrêtez cette musique. C'est un bureau ici ! Et cet ordinateur est un outil de travail ! Alors, finis ces chats, ces blogues et tout le reste. Je pense que cette revue de mode n'a rien à faire ici. Vous pourriez peut-être vous occuper de ce dossier si « urgent » ?

intolérable	unerträglich	s'occuper de	sich kümmern um
un outil	ein Werkzeug	le dossier	die Akte

45 **Setzen Sie die passende Form des Demonstrativbegleiters ein.**

EXEMPLE un jardin → *ce* jardin

a) des animaux → .... animaux
b) un handicap → .... handicap
c) une place → .... place
d) une horreur → .... horreur
e) un exercice → .... exercice
f) une angoisse → .... angoisse
g) des passions → .... passions

le handicap	die Behinderung	une angoisse	eine Angst
une horreur	eine Abscheu	la passion	die Leidenschaft

→ GrLGr S. 131 ff.

> Il a beaucoup plu, **ce** mois-**ci**. / **Ce** matin-**là**, il pleuvait.

In einigen Fällen können die verstärkten Formen auf *-ci* und *-là* jedoch in Opposition treten. In diesem Fall weisen die Formen auf *-ci* auf Näheres, die Formen auf *-là* auf Entfernteres hin. Der Bedeutungsunterschied entspricht der Opposition zwischen „dieser" und „jener".

46 Ergänzen Sie die Demonstrativbegleiter mit *-ci* oder *-là*.

a) Je crois que cette fois-_____, elle a compris.
b) Dans ces moments-_____ on ne réfléchit pas.
c) Je ne suis pas en forme ces temps-_____.
d) On était en Bretagne. Cette fois-_____ il n'a pas plu.
e) Ce matin-_____ il partit plus tôt que d'habitude.
f) Elle n'a rien de prévu pour ces jours-_____.
g) Elle savait que, ces jours-_____, il ne fallait surtout pas le déranger.

être en forme	fit sein	prévoir → prévu	planen → geplant
d'habitude	gewöhnlich	déranger	stören

DIE INDEFINITBEGLEITER

→ GrLGr S. 137 ff.

> J'ai répondu à **plusieurs** lettres, mais je n'ai eu **aucune** réponse.

Indefinitbegleiter bezeichnen nicht näher bestimmte Personen, Sachen, Begriffe oder Mengen. Sie sind in Form und Gebrauch sehr unterschiedlich. Sie stehen, wie alle Begleiter, vor dem Substantiv, auf das sie sich beziehen. Im Folgenden haben Sie die Möglichkeit, die wichtigsten zu üben.

47 Markieren Sie im Text die Indefinitbegleiter.

Après un hold-up : interrogatoire du premier témoin.

- Pouvez-vous nous donner quelques précisions ?
- Je pense que je ne vous serai d'aucune aide. Je n'ai presque rien vu. J'étais allongé tout le temps par terre.
- Combien y avait-il de clients dans la banque ?
- Euh … il y avait quelques personnes. Oui, c'est ça, il y avait plusieurs personnes, une dizaine environ.
- Et comment ont réagi ces « quelques » personnes ?
- Certains clients ont tout de suite compris la situation et se sont allongés sur le sol. D'autres clients ont continué à faire la queue au guichet.
- Et les gangsters ?
- Ils étaient deux. Le plus petit a crié à plusieurs reprises : « Que personne ne bouge. C'est un hold-up ! ». L'autre gangster, lui, n'a pas prononcé un seul mot.
- Quel âge avaient-ils, à votre avis ?
- Je dirais qu'ils avaient à peu près le même âge.
- Le même âge, c'est-à-dire ?
- Ben … un certain âge. Je ne sais pas, moi. Ils portaient une cagoule.
- D'accord, merci. Je crois que je vais interroger un autre témoin.

le hold-up	der Überfall	une dizaine	ca. zehn
le témoin	der Zeuge	faire la queue	Schlange stehen
une aide	eine Hilfe	le guichet	der Schalter
être allongé	liegen	porter une cagoule	vermummt sein

→ GrLGr S. 137 ff.

48 **Markieren Sie die richtige Möglichkeit. Richten Sie sich nach der deutschen Übersetzung.**

a) J'ai invité (quelques / plusieurs) amis. *Ich habe einige Freunde eingeladen.*
b) On pourrait se retrouver (n'importe où / quelque part) en ville. *Wir könnten uns irgendwo in der Stadt treffen.*
c) (Toute / Telle) occasion est bonne à prendre. *Man sollte jede Gelegenheit ergreifen.*
d) Je vous l'ai dit (chaque / maintes) fois. *Ich habe es euch etliche Male gesagt.*
e) Qui t'a raconté une (autre / telle) bêtise ? *Wer hat dir einen solchen Unsinn erzählt?*
f) (La plupart des / Tous les) invités portaient des cravates. *Alle Gäste trugen Krawatten.*
g) Lors d'un remue-méninges, on accepte d'abord (certaines / toutes les) idées. *Bei einem Brainstorming werden zunächst alle Ideen akzeptiert.*
h) Pensez-vous qu'un (tel / autre) projet soit réalisable ? *Denken Sie, dass ein solches Projekt realisierbar ist?*
i) (La plupart des / Certaines) personnes interrogées ont accepté de répondre. *Die meisten der befragten Personen waren bereit zu antworten.*
j) Ils nous ont proposé (diverses / quelques) options. *Sie haben uns verschiedene Optionen vorgeschlagen.*

49 **Ergänzen Sie die Indefinitbegleiter mit Hilfe der Übersetzung.**

| chaque • maints • la même • certain • d'autres • la plupart • quelques • plusieurs |

a) Cet homme a un .... charme, je trouve. *Dieser Mann hat einen gewissen Charme, finde ich.*
b) Je dois avouer qu'il a raison à .... égards. *Ich muss gestehen, dass er in mancher Hinsicht recht hat.*
c) Nous vous proposons deux versions de .... chanson. *Wir bieten Ihnen zwei Versionen desselben Liedes.*
d) Le marché aux puces a lieu .... troisième samedi du mois. *Der Flohmarkt findet jeden dritten Samstag des Monats statt.*
e) J'ai reçu .... coups de téléphone. *Ich habe mehrere Anrufe bekommen.*
f) Quittez les sentiers battus. Osez .... pistes ! *Verlassen Sie die ausgetretenen Wege. Probieren Sie andere Wege!*
g) .... des membres n'ont pas encore payé leur cotisation. *Die meisten Mitglieder haben ihren Beitrag noch nicht bezahlt.*
h) Il a passé .... années en prison. *Er hat einige Jahre im Gefängnis verbracht.*

→ GrLGr S. 137 ff.

Aucun / aucune, nul / nulle und *pas un / pas une* (kein) bezeichnen eine Nullmenge. Sie werden mit der Verneinungspartikel *ne* verwendet. Sie stehen im Singular und sind nur im Genus veränderlich. Vor Substantiven, die keine Singularform haben, stehen *aucun* und *nul* im Plural:
Je n'ai pris **aucunes** / **nulles** vacances cette année.

50 Ergänzen Sie die passende Form des Indefinitbegleiters *aucun*.

a) Ils n'ont pu nous donner _____ renseignement.
b) _____ plainte n'a été enregistrée.
c) Il est arrivé chez nous sans _____ bagages.
d) Désolé, mais vous n'avez _____ excuse.
e) Tout cela n'a _____ sens.
f) Je n'ai _____ envie de le rencontrer.

| la plainte | die Klage | les bagages, *m* | das Gepäck |

Tous mes amis / **Toutes** mes amies

Der Indefinitbegleiter *tout* wird meist mit einem anderen Begleiter verwendet: *Tout / toute* hat im Singular die Bedeutung „ganz": *J'ai fait tout l'exercice.* Ich habe die ganze Übung gemacht.
Tous / toutes hat im Plural die Bedeutung „alle": *J'ai fait tous les exercices.* Ich habe alle Übungen gemacht.

51 Setzen Sie die passende Form des Indefinitbegleiters *tout* ein.

Ciné-Semaine
A la Une de _____ les journaux ce matin, Ciné-Semaine ! Vous y trouverez la liste de _____ les salles ouvertes 24h sur 24. _____ la journée et _____ la nuit vous pourrez voir ou revoir _____ vos films préférés ! Un programme spécialement conçu pour _____ public ! Pour _____ les séances et _____ les films, un seul prix : 3 euros ! Une action unique proposée dans _____ les grandes villes de France !
_____ le monde peut profiter de cette offre exceptionnelle !

Ciné-Semaine	Kino-Woche	concevoir → conçu	erarbeiten → erarbeitet
la Une	die Titelseite		
		la séance	die Vorstellung

→ GrLGr S. 137 ff.

Autre wird im Singular mit einem anderen Begleiter verwendet, im Plural meistens ohne. *Autre* wird im Deutschen unterschiedlich wiedergegeben.

52 **Setzen Sie *un / une autre* oder *d'autres* ein.**

a) J'ai _____ proposition à vous faire.
b) Vous avez _____ modèles de ce genre ?
c) _____ personnes vous diront peut-être le contraire, mais moi je prétends que ce médicament est efficace.
d) Ce sera pour _____ fois.
e) Il aura trouvé _____ moyen pour régler le problème.
f) J'ai l'intention de consulter _____ agences.
g) Elle sait tout ça et bien _____ choses encore.

la proposition	der Vorschlag	efficace	wirksam
le contraire	das Gegenteil	le moyen	das Mittel
prétendre	behaupten	avoir l'intention de	beabsichtigen

Même wird mit einem anderen Begleiter verwendet und richtet sich in Genus und Numerus nach dem Substantiv, das es begleitet.

53 **Wählen Sie zwischen *le / la / les même/-s*.**

a) Ils ont _____ goûts et ils s'habillent de _____ façon.
b) Nous habitons dans _____ ville, dans _____ quartier mais pas dans _____ rue.
c) J'ai eu _____ idée que toi.
d) Nous avons fait _____ expérience mais nous n'avons pas obtenu _____ résultats.
e) Nous avons _____ mère mais pas _____ père.
f) On reprend _____ vin ?

le goût	der Geschmack	le résultat	das Ergebnis
faire une expérience	einen Versuch machen		

Certains / certaines wird in der Regel im Plural mit der Bedeutung „einige / manche" verwendet. Im Singular wird *certain / certaine* mit dem unbestimmten Artikel in der Bedeutung „ein gewisser / ein bestimmter" gebraucht.

→ GrLGr S. 137 ff.

54 **Ergänzen Sie den Indefinitbegleiter *certain*.**

a) Cela m'a pris un _____ temps.
b) Il est préférable de ne pas aborder _____ sujets avec lui.
c) Il a fait preuve d'une _____ autorité.
d) _____ erreurs auraient pu être évitées.

aborder un sujet	ein Thema ansprechen	une erreur	ein Fehler
faire preuve de	zeigen	éviter	vermeiden

N'importe quel / quels / quelle / quelles (irgendein / irgendwelche) und *tel / tels / telle / telles* (solch ein / solche) sind in Genus und Numerus veränderlich.

55 **Setzen Sie die passende Form von *n'importe quel* ein.**

a) Il lui a encore raconté _____ bêtises.
b) Vous trouverez cette crème dans _____ pharmacie.
c) Vous pouvez me joindre à _____ heure du jour et de la nuit.
d) Je suis prêt à payer _____ prix pour avoir ce tableau.
e) J'ai pris _____ livres.
f) Il achète _____ gadget.

la bêtise	die Dummheit	le gadget	die technische Spielerei
joindre	erreichen		
le tableau	das Gemälde		

56 **Setzen Sie die passende Form von *tel* ein.**

a) Qu'est-ce qui peut faire un _____ bruit ?
b) Pourquoi fais-tu toujours de _____ comparaisons ?
c) De _____ événements pourraient se reproduire bientôt.
d) Ne laissez pas passer une _____ chance.

la comparaison	der Vergleich	un événement	ein Ereignis

DIE PERSONALPRONOMEN
→ GrLGr S. 153 ff.

> Anne travaille bien. **Elle** est la première de sa classe. Je **l'**ai aperçu**e** hier et je vais **lui** téléphoner ce soir.

Personalpronomen ersetzen Nomen oder Nominalgruppen (Personen, Sachen, Begriffe, Sachverhalte) und können wie diese verschiedene Funktionen im Satz übernehmen: Subjekt (*elle*), direktes (*l'*) oder indirektes Objekt (*lui*).

57 **Markieren Sie alle Personalpronomen im Text.**

> Mon cher Pierre,
> J'espère que tu vas bien. Nous sommes actuellement à Berlin pour le congrès annuel. Dommage que tu ne puisses pas y participer. Les Lebrun ne sont pas là non plus. Je ne les ai pas vus depuis longtemps. As-tu de leurs nouvelles ?
> Je leur téléphonerai en rentrant. L'hôtel est très bien. Il est situé au centre ville et les organisatrices, elles, sont formidables. Elles nous gâtent vraiment.
> Malheureusement il pleut et il fait froid. On s'est réinscrit pour l'année prochaine. Peut-être seras-tu libre à cette époque ?
> Comment va Elsa ? Elle m'avait parlé de quelques ennuis de santé.
> On pense bien à elle. Transmets-lui nos salutations.
> Je me réjouis de te revoir très bientôt
> Amitiés
> Claire

annuel	jährlich, Jahres-	un ennui	ein Problem
participer	teilnehmen	transmettre	übermitteln
gâter	verwöhnen	la salutation	der Gruß
se réinscrire	sich wieder anmelden	se réjouir de	sich freuen

Die verbundenen Subjektpronomen (*je / j'*, *tu, il / elle, on, nous, vous, ils / elles*) vertreten ein Nomen, das Subjekt des Satzes ist.
Auf folgende Besonderheiten bei den Subjektpronomen sollten Sie achten:
- Beim Pronomen *on* in der Bedeutung von „wir" wird das Adjektiv oder *participe passé* sinngemäß dem Subjekt angeglichen. Im folgenden Beispiel handelt es sich um mehrere Frauen: *On est parties à minuit.*

→ GrLGr S. 153 ff.

- *Vous* (ihr / Sie) wird auch für die höfliche Anrede im Singular und Plural benutzt. Hierbei muss auf die Angleichung des Adjektivs oder des Partizip Perfekt geachtet werden:
Vous êtes fatigué, Monsieur Meier ?
Vous êtes fatiguées, Mesdames ?

58 **Verbinden Sie Subjektpronomen und Verbformen.**

vous	sommes	on	font
tu	parlez	j'	regardons
il	voudrait	elles	part
ils	aimes	vous	aime
je	savent	nous	es
nous	travaille	tu	faites

59 **Ersetzen Sie die Nominalgruppe (unterstrichen) durch das entsprechende Subjektpronomen.**

a) Les enfants ont raté leur bus. .... prendront le prochain.
b) Alain n'a pas participé à la réunion. .... avait un autre rendez-vous.
c) Les Dumont ont acheté une villa à Nice. .... emménageront bientôt.
d) Les actions stagnent en ce moment. Espérons qu' .... vont bientôt remonter.
e) Mon amie m'a annoncé qu' .... venait demain.
f) Ses collègues ne sont pas toujours performants. .... pourraient en faire plus.

| rater | verpassen |
| emménager | einziehen |

| stagner | stagnieren |
| performant | leistungsfähig |

60 **Gleichen Sie, wenn nötig, das Partizip oder das Adjektiv dem Subjekt an.**

a) Vous êtes prêt......., les enfants ?
b) Antoine est fatigué......., ces derniers temps.
c) Clara et moi, on est belge........
d) Mme Meier, vous êtes allemand....... ?
e) Tu parais très stressé......., ma chérie.
f) Chers collègues, vous semblez ému....... par cette nouvelle.
g) On est très exigant......., à cet âge.
h) Marc et moi, on est allé....... en ville cet après-midi.

| ces derniers temps | in letzter Zeit |
| paraître | scheinen |

| ému | bewegt, gerührt |
| exigeant | anspruchsvoll |

Die Personalpronomen

→ GrLGr S. 153 ff.

Dem deutschen Personalpronomen „es" entsprechen im Französischen verschiedene Pronomen:
- Die neutralen Demonstrativpronomen *ce / c'* vor dem Verb *être* (sein) und *cela / ça* vor allen anderen Verben: *C'est bien. Ça marche.*
- Das Subjektpronomen *il* bei unpersönlichen Verben und Wendungen: *Il est permis de se tromper.*
- Das direkte Objektpronomen *le / l'* mit Bezug auf einen Satz oder Sachverhalt: *Je le sais bien.*

61 Übersetzen Sie.

a) Es regnet und es ist kalt.
b) Es ist zu gefährlich.
c) Es schmeckt.
d) Es geht.
e) Ich habe es zu spät verstanden.
f) Es wird behauptet, dass er es wusste.

pleuvoir	regnen	prétendre	behaupten

Mes amis français, je ne **les** vois pas souvent.

Die direkten Objektpronomen (*me, te, le / la, nous, vous, les*) vertreten ein Nomen, das direktes Objekt (Akkusativobjekt) im Satz ist.
Vor Vokal oder „stummem *h*" werden *me* und *te* zu *m'* und *t'*, *le* und *la* zu *l'*:
Il ne m'a pas attendu.

62 Setzen Sie die entsprechenden direkten Objektpronomen ein.

a) Arthur est très têtu. Tu ne pourras pas _____ convaincre.
b) Où allez-vous ? Je _____ dépose en ville si vous voulez.
c) J'y vais. On _____ attend à la maison.
d) Nous _____ trouvons très originales, ces idées.
e) Nous _____ réveillons à six heures, si tu veux.
f) D'accord, c'était une erreur, je _____ reconnais.

têtu	dickköpfig	réveiller	wecken
convaincre	überzeugen	reconnaître	einsehen

→ GrLGr S. 153 ff.

63 Ersetzen Sie das direkte Objekt (unterstrichen) durch das entsprechende Objektpronomen der 3. Person (*le*, *la*, *l'* oder *les*). Gleichen Sie, wenn nötig, das Partizip Perfekt an (siehe hierzu Seite 44 und 86).

a) Où avez-vous appris <u>cette nouvelle</u> ? → Nous _____ avons appris _____ aux informations.
b) On vous a présenté <u>la nouvelle secrétaire</u> ? → Oui, on nous _____ a présenté _____.
c) Comment trouves-tu <u>ce travail</u> ? → Je _____ trouve excellent.
d) Tu as pris <u>les clés</u> de la voiture ? → Oui, je _____ ai pris _____.
e) Le plombier a réparé <u>la fuite d'eau</u> ? → Oui, il _____ a réparé _____.
f) Informerez-vous <u>les étudiants</u> du changement ? → Oui, nous _____ informerons.

| le plombier | der Klempner | la fuite d'eau | das Leck |

> A Fanny, je viens juste de **lui** envoyer un mail.

Die indirekten Objektpronomen (*me*, *te*, *lui*, *nous*, *vous*, *leur*) werden in Verbindung mit Verben verwendet, die ein indirektes Objekt (Dativobjekt) zulassen.
Me und *te* werden vor Vokal oder „stummem *h*" zu *m'* und *t'*:
Il **m'**a écrit récemment.
Lui vertritt sowohl ein Maskulinum als auch ein Femininum:
Il **lui** écrit souvent, mais elle ne **lui** répond jamais.

64 Ergänzen Sie die indirekten Objektpronomen.

a) Il est très amoureux de Marie. Il _____ téléphone sans arrêt.
b) Ses parents s'inquiètent. Elle _____ a promis de rentrer tôt.
c) Je ne _____ reproche rien. Tu es libre d'agir à ta guise.
d) Est-ce que l'heure _____ convient, Monsieur Martin ?
e) Je _____ ai envoyé un texto, mais il ne _____ 'a pas répondu.
f) Nous sommes déçus, il _____ avait juré de nous tenir au courant.
g) La voisine ? Je ne _____ pas encore parlé.

s'inquiéter	sich Sorgen machen	le texto	die SMS
reprocher	vorwerfen	jurer	schwören
agir à sa guise	nach seinem Gutdünken handeln	tenir quelqu'un au courant	jemanden auf dem Laufenden halten

Die Personalpronomen

> GrLGr S. 153 ff.

> **Je me** demande où il est passé.

Sind Subjekt und Objekt eines Satzes identisch, so verwendet man ein Reflexivpronomen (*me, te, se, nous, vous, se*).
Me, te und *se* werden vor Vokal oder „stummem h" zu *m', t'* und *s'*:
Je *m'*ennuie un peu ici.
Weitere Übungen zu den Reflexivpronomen finden Sie auf Seite 147 f.

65 Ergänzen Sie die Reflexivpronomen.

a) Tu ne _____ intéresses à rien.
b) On _____ distrait comme on peut.
c) Je ne _____ habitue pas à cette idée.
d) Vous pouvez _____ joindre à nous, si vous voulez.
e) Nous _____ sommes baignés tous les jours.
f) Ils ne _____ fient pas aux rumeurs.

se distraire	sich zerstreuen	se fier à	sich verlassen auf
se joindre à	sich anschließen	la rumeur	das Gerücht

> Les voisins, je ne **les** ai pas **vus** depuis longtemps.

Bei vorangestelltem direktem Objektpronomen (im Beispiel unterstrichen) wird das *participe passé* diesem direkten Objekt angeglichen.

66 Gleichen Sie das Partizip Perfekt, wo nötig, an.

a) C'est la sirène qui nous a réveillé_____.
b) Elles se sont adossé_____ au mur.
c) Ces bibelots, je les ai toujours détesté_____.
d) Nous leur avons demandé_____ des renseignements.
e) Ce sont des romans qu'elle a lu_____ plusieurs fois.
f) Ils ne vous ont jamais rien offert_____.
g) Montrez-moi les photos que vous avez pris_____.

s'adosser	sich anlehnen an	le bibelot	Nippes

> GrLGr S. 153 ff.

> Assieds-**toi** et écoute-**moi** bien.

Im bejahten Imperativsatz werden die Objekt- und Reflexivpronomen nachgestellt. In diesem Fall werden die betonten Formen *moi* und *toi* anstelle von *me* und *te* verwendet.

67 Bringen Sie die Sätze in Ordnung.

a) Ne / de ces histoires / parlez / me / plus
b) Adressez / au guichet / Nr 13 / vous
c) Quand / à quitter / décideras / te / cet appartement / tu / ?
d) invités / Nous / avons / souvent / les / à dîner
e) Ne / que / facile / pas / t' / c'est / imagine
f) Je / de / me / très bien / cette violente tornade / souviens
g) dès que / Téléphone / tu seras rentré / moi

> Je ne veux pas **le** voir.

Bei Infinitivkonstruktionen steht das Objektpronomen vor dem Infinitiv und außerhalb der Negationsklammer *ne ... pas*.
Bei Verben der Wahrnehmung wie z. B. *voir* (sehen) oder *entendre* (hören) steht das Pronomen vor der konjugierten Verbform:
Je ne l'entends jamais rentrer.   Ich höre **ihn** nie nach Hause kommen.

68 Setzen Sie die Objektpronomen an der richtigen Stelle ein.

a) Je _____ pourrais _____ voir ce soir.
b) _____ Arrête _____ au coin de la rue.
c) Il ne faut _____ pas _____ stresser.
d) Vous ne l'entendrez _____ jamais _____ plaindre.
e) _____ Regarde _____ bien en face.
f) Veut-elle _____ surprendre _____ ?
g) Anne, je ne _____ vois _____ pas souvent travailler.
h) Ces enfants, on _____ entend _____ rarement pleurer.

| vous |
| toi |
| le |
| se |
| moi |
| nous |
| la |
| les |

| s'arrêter | anhalten |
| stresser | stressen |

| se plaindre | klagen, sich beschweren |
| surprendre | überraschen |

Die Personalpronomen

→ GrLGr S. 153 ff.

Wie im Deutschen können in einem Satz zwei Objektpronomen miteinander kombiniert werden. Hier finden Sie die übliche Darstellung der Reihenfolge der Objektpronomen im Satz.

| me te se nous vous | (stehen vor) | le la les | (stehen vor) | lui leur | + Verb |

Steht das direkte Objektpronomen vor dem Verb (im Beispiel unterstrichen), wird das Partizip Perfekt diesem direkten Objekt angeglichen (siehe auch Seite 86 f.):
Ces films, je les ai vus plusieurs fois.

69 Markieren Sie die passende Pronomenkombination.

EXEMPLE Tu as rendu les livres à Léo ? → Oui, je (**les lui** / lui les) ai rendus.

a) Il a confié son chat aux voisins ? → Non, il ne (le leur / leur le) a pas confié.
b) Est-ce qu'on te donne souvent la parole ? → Oui, on (la me / me la) donne souvent.
c) A-t-il dédié son livre à son père ? → Oui, il (lui le / le lui) a dédié.
d) As-tu envoyé la lettre à ton avocat ? → Oui, je (la lui / lui la) ai envoyée.
e) A-t-elle raconté cette blague à ses copains ? → Non, elle ne (la leur / leur la) a pas racontée.
f) Il a offert ces roses à son amie ? → Oui, il (lui les / les lui) a offertes.

| confier | anvertrauen | un avocat | ein Rechtsanwalt |
| dédier | widmen | la blague | der Witz |

70 Antworten Sie und verwenden Sie dabei zwei Objektpronomen.

EXEMPLE As-tu donné le journal à la voisine ? – Oui, je *le lui ai donné*.

a) Elle a cédé sa place à la vieille dame ?
   – Oui, elle _____.
b) Donnerez-vous votre numéro de téléphone privé à M. Brun ?
   – Non, je _____.
c) As-tu rendu les livres à ton professeur ?
   – Non, je _____.

→ GrLGr S. 153 ff.

d) Avons-nous laissé l'adresse à Pauline ?
— Oui, nous _____ .

e) Avez-vous transmis mes salutations à votre mère ?
— Oui, je _____ .

f) Avez-vous envoyé les factures aux clients ?
— Non, je _____ .

céder sa place	seinen Platz geben / lassen	transmettre → transmis	*hier* ausrichten → ausgerichtet
rendre → rendu	zurückgeben → zurückgegeben	la salutation	der Gruß
		la facture	die Rechnung

Die unverbundenen (= betonten) Personalpronomen (*moi, toi, lui / elle, nous, vous, eux / elles*) werden in den folgenden Fällen verwendet:
- In verblosen Sätzen: *J'adore le jazz. Et toi ?* Ich liebe Jazz. Und du?
- Nach einer Präposition: *Tu viens avec moi ?* Kommst du mit mir?
- Zur Hervorhebung eines Subjektpronomens: *Toi, tu ne dis jamais rien.* Du sagst nie etwas.
- Im bejahten Imperativsatz: *Attends-moi ici.* Warte hier auf mich.
- Im Vergleichssatz: *Il est plus grand que moi.* Er ist größer als ich.

Die unverbundenen Personalpronomen haben als Subjekt oder Objekt dieselbe Form: *Moi* kann z. B. je nach Kontext „ich", „mich" oder „mir" bedeuten.

71 **Ergänzen Sie die unverbundenen Personalpronomen.**

a) Ils n'ont pas les mêmes goûts : _____, elle aime le calme et _____, il adore faire la fête.
b) Les médecins, _____, recommandent le vaccin contre la grippe.
c) _____, tu vas de ce côté-ci et _____, je vais par là. On se rejoint dans cinq minutes.
d) C'est toujours _____ qui faites des complications.
e) _____, on a décidé de prendre notre retraite à 60 ans.
f) _____ qui croyais que cela allait être facile, je me suis vraiment trompé.
g) Les garçons adorent les jeux vidéos, les filles, _____, préfèrent chatter.
h) On va à la piscine. Tu viens avec _____ ?

le vaccin	die Impfung	prendre sa retraite	in Rente gehen
se rejoindre	sich treffen	se tromper	sich irren

Die Personalpronomen 47

→ GrLGr S. 153 ff.

72 Übersetzen Sie.

a) Er hat uns seine Frau vorgestellt.
b) Er hat es ihr klar gesagt.
c) Alles um ihn herum war ruhig.
d) Erlauben Sie mir, mich zu setzen?
e) Sie hat uns betrogen. Wir sind wütend auf sie.
f) Er hat ihr versprochen, ihr Fahrrad zu reparieren.
g) Hast du ihnen das Geld zurückgegeben?
h) Diese Entscheidung hängt von dir ab.
i) Wie viel hat es euch gekostet?

présenter	vorstellen	furieux contre	wütend auf
autour de	um ... herum	promettre	versprechen
permettre de	erlauben zu	rendre à quelqu'un	jemandem zurück-geben
s'asseoir	sich setzen		
tromper	betrügen	dépendre de	abhängen von

DIE ADVERBIALPRONOMEN

→ GrLGr S. 175 ff.

> Vous êtes allés <u>au restaurant</u> hier ? – Oui, nous **y** sommes allés.

Das Adverbialpronomen *y* mit der Bedeutung „dort / dorthin" vertritt eine Ortsangabe (im Beispiel unterstrichen), die durch die Präpositionen *à*, *en*, *dans*, *chez* und *sur* eingeführt wurde.

> As-tu pensé <u>au journal</u> ? – Oui, j'**y** ai pensé.

Y vertritt auch ein indirektes Objekt (im Beispiel unterstrichen), das mit der Präposition *à* eingeführt wurde. In diesem Fall hängt der Gebrauch von *y* vom Verb ab. *Y* entspricht hier den deutschen Pronominaladverbien „daran / dafür / darauf" usw.

73 **Ersetzen Sie die unterstrichene Präpositionalgruppe durch *y*.**

a) Il va <u>à Paris</u> deux fois par mois. → Il _____.
b) Nous habitons <u>dans cette ville</u> depuis peu. → Nous _____.
c) Penses-tu <u>à tes examens</u> ? – Oui, _____.
d) A-t-elle renoncé <u>à son voyage</u> ? – Non, elle _____.
e) Avez-vous assisté <u>à la réunion</u> ? – Oui, nous _____.
f) Tu t'attendais <u>à cette réaction</u> ? – Non, je _____.

| depuis peu | seit kurzem | la réunion | die Besprechung |
| renoncer à | verzichten auf | s'attendre à | gefasst sein auf |

74 **Übersetzen Sie das folgende Rätsel. Verwenden Sie im ersten Teil *y*.**

a) Man bereitet dort das Essen zu. → In der Küche.
b) Man schläft darin. → In einem Bett.
c) Man denkt oft daran. → An Geld.
d) Man klebt Briefmarken darauf. → Auf den Umschlag.
e) Man kauft dort Kleider. → In einer Boutique.
f) Man geht hin, um sich operieren zu lassen. → Ins Krankenhaus.
g) Man geht hin, wenn man mit dem Zug fahren will. → Zum Bahnhof.
h) Man kann da Sport treiben. → In einer Sporthalle.

→ GrLGr S. 175 ff.

coller	kleben	se faire opérer	sich operieren lassen
le timbre	die Briefmarke	le gymnase	die Sporthalle
une enveloppe	ein Briefumschlag		

> Est-il rentré du travail ? – Oui, il **en** est rentré très fatigué.

En mit der Bedeutung „daher / von dort" vertritt eine Ortsangabe (im Beispiel unterstrichen), die durch die Präposition *de* (von / aus) eingeführt wurde (Frage: woher?).

> Il t'a parlé de ses vacances ? – Non, il ne m'**en** a pas parlé.

En vertritt ein indirektes Objekt (im Beispiel unterstrichen), das mit der Präposition *de* eingeführt wurde. In diesem Fall hängt der Gebrauch von *en* vom Verb oder Adjektiv ab. *En* entspricht hier den deutschen Pronominaladverbien „davon / daraus / darüber" usw.

> Tu as un chien ? – Oui, j'**en** ai **un**.

En vertritt ein direktes Objekt (im Beispiel unterstrichen), das durch den unbestimmten oder den Teilungsartikel eingeführt wurde. In diesem Fall bleibt *en* im Deutschen meistens unübersetzt.

75 **Verwenden Sie in Ihren Antworten *en*.**

EXEMPLE S'est-il aperçu de son erreur ? → Oui, il *s'en est aperçu*.
→ Non, il *ne s'en est pas aperçu*.

a) Vous avez des enfants ? → Non, nous _____.
b) Il a abusé de sa confiance ? → Oui, il _____.
c) Vous réjouissez-vous de cette bonne nouvelle ?
→ Oui, je _____.
d) Elle a peur de sa réaction ? → Non, elle _____.
e) Tu te souviens de cette chanson ? → Non, je _____.
f) Est-ce que tout dépend de cette décision ? → Oui, tout _____.
g) Est-ce que tu t'occupes des plantes ? → Oui, je _____.

→ GrLGr S. 175 ff.

abuser de la confiance de quelqu'un	jemandes Vertrauen missbrauchen	dépendre de	abhängen von
		la décision	die Entscheidung
se réjouir de	sich freuen über / auf	s'occuper de	sich kümmern um

76 **Verwenden Sie in Ihren Antworten *en* oder *y*.**

EXEMPLE Croyez-vous au bonheur ? – Oui, j'*y crois*.

a) Achetez-vous beaucoup de journaux ? – Oui, j'_____.
b) Jouez-vous au loto de temps en temps ? – Non, je _____.
c) As-tu besoin de la voiture demain ? – Non, je _____.
d) Avez-vous repensé au problème ? – Oui, j'_____.
e) Avez-vous un portable ? – Oui, j'_____.
f) Te souviens-tu de ton premier amour ? – Oui, je _____.
g) Voulez-vous un dessert ? – Non merci, je _____.
h) Arrives-tu à oublier cette histoire ? – Non, je _____.

repenser à	noch einmal nachdenken über	le portable	das Handy
		arriver à	gelingen

> Elle ne pense plus <u>à son mari</u>. → Elle ne pense plus **à lui**.
> Elle ne se souvient pas <u>de cet homme</u>. → Elle ne se souvient pas **de lui**.

Als indirektes Objekt vertreten *en* und *y* nur Sachen oder Begriffe. Ist das Bezugswort eine Person, so steht anstelle von *y* die Präposition *à* bzw. anstelle von *en* die Präposition *de* mit dem entsprechenden betonten Personalpronomen.
Diese Unterscheidung wird in der Umgangssprache nicht immer gemacht.

77 **Setzen Sie den passenden Ausdruck ein.**

a) (je m'en occupe / je m'occupe d'eux)
   Tu t'occupes des bagages ? – Oui, _____.
b) (ils en rêvent / ils rêvent de lui)
   Ils rêvent d'un avenir meilleur ? – Oui, _____.
c) (il y tient / il tient à elle)
   Tient-il vraiment à cette femme ? – Oui, _____.
d) (j'en ai parlé / j'ai parlé de lui)
   As-tu parlé de ton fils au médecin ? Oui, _____.

e) (elle s'en occupe / elle s'occupe d'eux)
   Elle s'occupe des enfants de sa sœur ? Oui, _____.
f) (j'y tiens / je tiens à lui)
   Tenez-vous à ce projet ? Oui, _____.

| tenir à | hängen an | un avenir | eine Zukunft |

> Je n'**en** <u>ai</u> pas envie et je ne veux plus **y** <u>penser</u>.

In der Regel stehen *en* und *y* direkt vor dem Verb, auf das sie sich beziehen (im Beispiel unterstrichen).
Treten beide Pronomen im Satz auf, so steht *y* vor *en*: *Il n'<u>y</u> en <u>a</u> pas.*
Wie alle Pronomen stehen *en* und *y* im bejahten Imperativsatz nach dem Verb (siehe hierzu auch Seite 119 f.):
Prends-en plusieurs si tu veux.
Vas-y, cela vaut la peine !

Zur Stellung der anderen Pronomen im Satz siehe Seite 146.

78 **Setzen Sie die richtige Kombination ein.**

EXEMPLE (en lui / lui en) → Je ne *lui en* ai pas encore parlé.

a) (en y / y en)   → Des solutions, il _____ _____ a toujours.
b) (m'y / y m')   → C'est lui qui _____ _____ a forcé.
c) (le te / te le)   → Je _____ _____ prouverai facilement.
d) (lui en / en lui) → Nous _____ _____ avons proposé plusieurs.
e) (le m' / me l')   → Elle _____ _____ a interdit.
f) (nous en / en nous) → Ils _____ _____ ont envoyé deux exemplaires.
g) (y nous / nous y) → Il _____ _____ a invités souvent.
h) (en m' / m'en)   → Il _____ _____ a beaucoup voulu.

la solution	die Lösung	interdire	verbieten
forcer	zwingen	en vouloir à quelqu'un	jemandem etwas übel nehmen
prouver	beweisen		
proposer	vorschlagen		

→ GrLGr S. 175 ff.

79 Übersetzen Sie die Rätsel und tragen Sie die Lösung ein. Verwenden Sie *en* oder *y*.

chez le dentiste • de la mort • de l'argent • à l'aéroport • au bureau de tabac • des lunettes • des ciseaux • en Californie • des revues • à l'université

a) Man geht hin, wenn man das Flugzeug nehmen will. →
b) Man benutzt sie, um Papier zu schneiden. →
c) Man braucht sie, wenn man schlecht sieht. →
d) Man findet dort Briefmarken und Zigaretten. →
e) Man kann dort studieren. →
f) Das Wetter ist dort immer schön. →
g) Man liest oft welche im Wartezimmer. →
h) Alle haben Angst davor. →
i) Niemand geht gern hin. →
j) Man arbeitet, um welches zu verdienen. →

se servir de	benutzen	faire des études	studieren
couper	schneiden	la salle d'attente	das Wartezimmer
y voir mal	schlecht sehen	avoir peur de	Angst haben vor
le timbre	die Briefmarke	gagner	*hier* verdienen

Die Adverbialpronomen

DIE POSSESSIVPRONOMEN

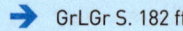 GrLGr S. 182 ff.

> Elle a <u>ses idées</u> et j'ai **les miennes**.

Die Possessivpronomen (= besitzanzeigende Fürwörter) vertreten ein Nomen oder eine Nominalgruppe mit Possessivbegleiter (im Beispiel unterstrichen). Wie die Possessivbegleiter verweisen sie auf den Besitzer und richten sich gleichzeitig in Genus und Numerus nach dem Besitzobjekt. Anders als im Deutschen (sein ↔ ihr) spielt das Geschlecht des Besitzers bei der Wahl des Possessivpronomens der 3. Person Singular keine Rolle.

80 **Vervollständigen Sie die Sätze mit einem Possessivpronomen.**

> EXEMPLE Mes parents vont bien, merci. Et *les vôtres* ?

a) Je n'ai pas mon portable. As-tu _____ ?
b) Vous avez vos problèmes et votre fille a _____ .
c) Nous défendons nos intérêts. Ils défendent _____ .
d) Ils ont leurs manies et nous avons _____ .
e) Peux-tu me prêter tes lunettes ? J'ai oublié _____ .
f) Il connaît ses défauts. Mais connaît-elle _____ ?
g) Elle a eu ses résultats, mais je n'ai pas encore _____ .
h) J'ai déjà déposé ma demande, tu devrais déposer _____ rapidement.

le portable	das Handy	oublier	vergessen
défendre ses intérêts	seine Interessen verteidigen	le résultat	das Ergebnis
prêter	leihen	déposer une demande	einen Antrag stellen

> J'ai pensé à son anniversaire, mais il n'a pas pensé **au** mien.

Der erste Teil des Possessivpronomens ist der bestimmte Artikel. Beim Zusammentreffen mit den Präpositionen *à* und *de* verschmelzen *le* und *les* mit den Präpositionen zu *au / aux* und *du / des*.

→ GrLGr S. 182 ff.

81 Ergänzen Sie die Sätze.

EXEMPLE Tout dépend de mon travail. Et *du tien*, bien sûr.

a) Je m'occupe de mes affaires. Et toi, tu t'occupes _____ .
b) Si vous demandez à vos collègues, je demanderai _____ .
c) Nous avons besoin de son soutien. Il a besoin _____ .
d) Tout le monde fait attention à sa santé. Faites donc attention _____ .
e) Vous apportez vos verres et nous apportons _____ .
f) Si vous ne parlez pas de vos projets, ils ne parleront pas _____ .
g) Il ne pense jamais à ses parents, mais moi je pense souvent _____ .

| dépendre de | abhängen von |
| s'occuper de ses affaires | sich um seine Angelegenheiten kümmern |

avoir besoin de	brauchen
le soutien	die Unterstützung
tout le monde	jeder, alle

82 Übersetzen Sie die folgenden Sätze.

a) Hier sind unsere Bücher. Wo sind eure?
b) Ich habe meinen Kuli vergessen. Kannst du mir deinen leihen?
c) Ich erinnere mich an deinen Namen. Erinnerst du dich an meinen?
d) Sagen Sie uns Ihre Bedingungen und wir sagen Ihnen unsere.
e) Ich habe meinen Mantel mit seinem verwechselt.
g) Dein Haus ist größer als seins.
h) Ich habe meinen Pass und die Kinder haben ihren.

le stylo	der Kuli
se souvenir de	sich erinnern an
la condition	die Bedingung
le manteau	der Mantel

| confondre → confondu | verwechseln → verwechselt |
| le passeport | der Pass |

Die Possessivpronomen

DIE DEMONSTRATIVPRONOMEN

→ GrLGr S. 188 ff.

> Donnez-moi ce modèle, **celui-ci** ne me plaît pas.

Die Demonstrativpronomen (= hinweisende Fürwörter) ersetzen in der Regel ein Substantiv oder eine Nominalgruppe mit Demonstrativbegleiter (im Beispiel unterstrichen). Sie richten sich in Genus und Numerus nach dem Nomen, das sie ersetzen. Die einfachen Formen *celui*, *celle*, *ceux* und *celles* können nicht allein verwendet werden.

83 *Celui-ci* oder *celui-là*?

a) *Dans une boutique.* **Setzen Sie** *celui-ci*, *celle-ci*, *ceux-ci* **oder** *celles-ci* **ein.**

EXEMPLE Ce pull est trop étroit. → *Essayez celui-ci.*

a) Cette robe est trop large. → ....
b) Ces chaussures sont trop grandes. → ....
c) Ce manteau est trop excentrique. → ....
d) Ces gants sont trop rouges. → ....
e) Cet imperméable est trop classique. → ....
f) Cette jupe est trop courte. → ....

| la robe | das Kleid | le gant | der Handschuh |
| un imperméable | ein Regenmantel | la jupe | der Rock |

b) *Dans une librairie. Celui-ci* **oder** *celui-là*? **Ergänzen Sie und gleichen Sie an.**

- Quel dictionnaire me conseillez-vous ?
- .... vient de sortir. Il est plus complet que ....
- Et ...., là-bas ? Ils sont bien ?
- Bien sûr, mais je ne conseille pas .... Il est déjà vieux. Et une encyclopédie, ça vous intéresse ? On vend beaucoup ....

| le dictionnaire | das Wörterbuch | sortir | herauskommen, erscheinen |
| conseiller | empfehlen | | |

→ GrLGr S. 188 ff.

84 Verbinden Sie die Satzteile in der ersten Spalte mit denjenigen in der zweiten zu sinnvollen Sätzen.

a) Cette écharpe, c'est — celle de ma fille.
b) Merci à tous
c) Ces clés, ce sont
d) Tu portes le nom de ton père ou
e) Mon emploi du temps est mieux que
f) Nous paierons la tournée à

- celui de l'année dernière.
- celui de ta mère ?
- ceux qui arriveront les premiers.
- ceux qui nous ont aidés.
- celle de ma fille.
- celles des voisins.

| une écharpe | ein Schal | payer la tournée | eine Runde zahlen |
| un emploi du temps | ein Stundenplan | le voisin | der Nachbar |

85 Ergänzen Sie die Demonstrativpronomen bei den folgenden humoristischen Äußerungen.

a) J'ai remarqué souvent que les gens qui sont en retard sont de bien meilleure humeur que _____ qui ont dû attendre. (André Roussin)
b) Un ministère est un lieu où _____ qui partent en avance croisent dans les escaliers _____ qui arrivent en retard. (Courteline)
c) Je n'aime pas tous mes amis, mais _____-là, je le déteste. (Jean Nohain)
d) La semaine du travailleur a 7 jours, _____ du paresseux 7 demains. (Anonyme)
e) Parfois le héros d'un film, c'est _____ qui reste jusqu'au bout dans son fauteuil. (W. Mizner)
f) Quand on écrit ses mémoires, on se fait deux sortes d'ennemis. _____ dont on parle. Et _____ dont on ne parle pas. (Charles Dullin)

être en retard	zu spät kommen	arriver en retard	zu spät kommen
être de meilleure humeur	besser gelaunt sein	croiser	begegnen
		le paresseux	der Faule
partir en avance	zu früh weggehen	le héros	der Held

> **Cela / Ça** ne fait rien.

Ceci, cela / ça und *ce* entsprechen den deutschen neutralen Pronomen „das / es".
Cela und seine verkürzte Form *ça* werden im heutigen Französisch häufiger gebraucht als *ceci*.

Die Demonstrativpronomen

→ GrLGr S. 188 ff.

86 Setzen Sie *ce* / *c'*, *cela* oder *ça* ein.

a) Ne crie pas comme _____.
b) _____ est absolument incroyable !
c) _____ ne me pose aucun problème.
d) Allons-y, _____ est l'heure !
e) _____ suffit comme _____.
f) _____ n'est pas pour vous ennuyer que je vous dis _____.

crier	schreien	poser	stellen
incroyable	unglaublich	ennuyer quelqu'un	jemanden ärgern

87 Übersetzen Sie.

a) Das ist nicht sehr wichtig.
b) Das regt mich auf.
c) Es geht mir viel besser.
d) Das ist eine Frage der Zeit.
e) Nimm das, das hilft gegen Kopfschmerzen.

énerver	aufregen	le mal de tête	die Kopfschmerzen
aider	helfen		

88 Übersetzen Sie die folgenden afrikanischen Sprichwörter. Jedes enthält ein Demonstrativpronomen.

a) Derjenige, der mit dem Strom rudert, bringt die Krokodile zum Lachen.
b) Derjenige, dessen Impotenz du geheilt hast, nimmt dir deine Frau.
c) Man wirft nicht den Fisch weg, den man in der Hand hat, um denjenigen zu fangen, den man unter dem Fuß hat.
d) Diejenigen, die wenig Tränen haben, weinen schnell um den Verstorbenen.

ramer dans le sens du courant	mit dem Strom rudern	soigner	heilen
		jeter	wegwerfen
faire rire quelqu'un	jemanden zum Lachen bringen	attraper	fangen
		la larme	die Träne
l'impuissance, f	die Impotenz	le défunt	der Verstorbene

DIE INDEFINITPRONOMEN

→ GrLGr S. 197 ff.

> **Chacun** pour soi et Dieu pour **tous**.

Indefinitpronomen (= unbestimmte Fürwörter), z. B. *chacun* (jeder), *quelques-uns* (einige), vertreten nicht näher bestimmte Personen, Sachen, Begriffe oder Mengen.

89 **Markieren Sie im Text die Indefinitpronomen.**

Un concours
Les étudiants sont tous inquiets, bien sûr. Quiconque passe un concours sait le stress que cela représente. Chacun connaît l'enjeu. Quelques-uns seulement seront reçus. Tous ont pris connaissance du sujet, le même pour tous dans toute la France. Les uns se mettent tout de suite au travail, les autres ont l'air de rêver encore. Certains rendront copie blanche au bout d'une heure. Mais la plupart resteront jusqu'au bout. A la sortie, chacun donnera ses impressions. On ne connaîtra les résultats que dans un mois. Il n'y a rien de plus inhumain que cette longue attente …

le concours	die Aufnahmeprüfung	un enjeu	ein Einsatz
inquiet	beunruhigt	au bout de	nach
rendre copie blanche	ein leeres Blatt abgeben	jusqu'au bout	bis zum Schluss
		inhumain	unmenschlich

90 **Verbinden Sie das französische Indefinitpronomen mit seiner deutschen Entsprechung.**

a)	Dis quelque chose !		keiner
b)	Je ne connais personne ici.		mehrere
c)	Nul ne te croiras.		nichts
d)	Tout va bien.		einige
e)	Il n'a pas une maison, il en a plusieurs.		etwas
f)	On fait ce qu'on peut.		man
g)	De la compréhension, je n'en ai aucune pour lui.		jemanden
h)	Des livres, je lui en ai prêté quelques-uns.		gar keine
i)	Je n'ai absolument rien entendu.		alles
j)	Avez-vous rencontré quelqu'un ?		jeder
k)	Chacun fait ce qu'il veut.		niemanden

→ GrLGr S. 197 ff.

| la compréhension | das Verständnis | prêter | leihen |

91 **Markieren Sie die richtige Alternative. Die Übersetzung hilft Ihnen dabei.**

a) (Quelque chose / Tout) était calme. *Alles war ruhig.*
b) (Aucun / Personne) ne pouvait dire ce qui s'était passé. *Niemand konnte sagen, was passiert war.*
c) (Quelque / Aucun) bruit ne parvenait de l'extérieur. *Kein einziges Geräusch kam von draußen.*
d) On ne voyait absolument (rien / tout). *Man sah absolut nichts.*
e) (Chacun / On) a accueilli les résultats avec enthousiasme. *Man hat die Ergebnisse mit Begeisterung aufgenommen.*
f) (Quelqu'un / Autrui) nous a rapporté les faits. *Jemand hat uns die Fakten mitgeteilt.*

> **Rien ne** marche ici et **personne ne** s'en occupe.

Personne (niemand) und *rien* (nichts) werden mit der Verneinungspartikel *ne* (ohne *pas*) verwendet.
In den zusammengesetzten Zeiten umschließt *ne … personne* beide Verbformen:
Je **n'**ai rencontré **personne**.

92 **Übersetzen Sie.**

a) Wir haben nichts gemacht.
b) Niemand widersteht ihm.
c) Nichts wird sie überzeugen können.
d) Ich bin für niemanden da.
e) Es ist nichts zu essen im Kühlschrank.
f) Es war niemand dort.
g) Wir haben nichts bekommen.
h) Er will niemanden sehen.

résister	widerstehen
convaincre	überzeugen
le réfrigérateur	der Kühlschrank

| recevoir → reçu | bekommen → bekommen |

→ GrLGr S. 197 ff.

Quelqu'un bedeutet „jemand" und ist unveränderlich.
Quelques-uns / quelques-unes bedeutet „einige" und richtet sich im Genus nach dem Substantiv, das es vertritt.
Als direktes Objekt wird *quelques-uns / quelques-unes* vom Adverbialpronomen *en* angekündigt: *Des journaux, j'en ai pris quelques-uns.*

93 **Übersetzen Sie. Vergessen Sie nicht, *en* zu verwenden.**

a) Jemand hat mir geholfen.
b) Wir haben alle Studenten angeschrieben. Einige haben schon geantwortet.
c) Alte Postkarten? Ich habe einige auf dem Flohmarkt gefunden.
d) Ist da jemand?
e) Hast du Zeitungen gekauft? – Ja, ich habe einige gekauft.
f) Haben Sie Informationen? – Ja, ich habe einige.

écrire à quelqu'un	jemanden anschreiben	la carte postale	die Postkarte
		le marché aux puces	der Flohmarkt

Im Singular ist *tout* unveränderlich und entspricht dem deutschen Neutrum „alles":
C'est tout. Das ist **alles**.
Im Plural bedeutet *tous* [tus] / *toutes* „alle" und richtet sich im Genus nach dem Substantiv, das es vertritt: *Ils sont tous venus.* Sie sind alle gekommen.
Sind *tout* oder *tous / toutes* direktes Objekt, so werden sie in Verbindung mit dem Objektpronomen *le / l' / les* verwendet.
In den zusammengesetzten Zeiten wird das Partizip Perfekt dann diesem direkten Objekt angeglichen. *Tout / tous* steht zwischen dem Hilfsverb und dem Partizip:
J'ai mangé tous les bonbons. → *Je **les** ai **tous** mangés.* Ich habe alle Bonbons gegessen.
→ Ich habe sie alle gegessen.

94 **Setzen Sie *tout*, *tous* oder *toutes* ein.**

a) _____ dépend de ce que vous faites.
b) Ses histoires, nous les connaissons _____ !
c) Elle s'inquiète de _____ .
d) _____ me conseillent de repasser mon examen.
e) Ne vous inquiétez pas, _____ ira bien.
f) Je les ai _____ appris par cœur, ces poèmes.

Die Indefinitpronomen

→ GrLGr S. 197 ff.

conseiller	raten
repasser	(Prüfung) wiederholen

s'inquiéter	sich beunruhigen
apprendre par cœur	auswendig lernen

Das Indefinitpronomen *tout / toute / tous / toutes* kann nicht allein direktes Objekt des Satzes sein – es muss durch *le, la, l'* oder *les* angekündigt werden:

Tu invites les voisins ? – Oui, je les invite tous.

95 **Ersetzen Sie die Nominalgruppe (unterstrichen) durch das Indefinitpronomen *tout*. Achten Sie dabei auf die Angleichung des Partizip Perfekt.**

EXEMPLE J'ai lu <u>tous tes livres</u>. → *Je les ai tous lus.*

a) Elle a mangé <u>toute la tarte</u>. →
b) Je connais <u>tous les noms des participants</u>. →
c) Elle a emporté <u>toutes ses affaires</u>. →
d) Je n'ai pas noté <u>tous les mots</u>. →
e) J'ai envoyé <u>tous les mails</u>. →
f) Je n'ai pas encore reçu <u>toutes les réponses</u>. →
g) <u>Tous nos amis</u> sont venus. →
h) J'aime <u>tous les films d'Hitchcock</u>. →

le participant	der Teilnehmer
emporter	mitnehmen

les affaires	die Sachen

Aucun / aucune und *pas un / une* werden mit der Verneinungspartikel *ne* verwendet. Sind *aucun / aucune* oder *pas un / une* direktes Objekt, so werden sie in Verbindung mit dem Adverbialpronomen *en* (davon) verwendet.

As-tu vu des ours dans les Pyrénées ? – Non, je n'en ai vu aucun. Hast du Bären in den Pyrenäen gesehen? – Nein, ich habe **keine** gesehen.

Dasselbe gilt für *plusieurs* (mehrere) und *certain(e)s*:

Des fous, j'en ai recontrés plusieurs dans ma vie. Verrückten bin ich **mehreren** in meinem Leben begegnet.

→ GrLGr S. 197 ff.

96 **Setzen Sie das jeweils passende Indefinitpronomen ein.**

un seul • aucun • aucune • certains • plusieurs • chacune • certaines • chacun

a) _____ se pose la même question.
b) Des solutions ? Il n'y en a pas. En tout cas, moi, je n'en vois _____.
c) Je suis allé aux champignons, mais je n'en ai pas trouvé _____.
d) Parmi toutes ces femmes, _____ paniquaient un peu.
e) Anne et Paula ont fait _____ un gâteau.
f) Tu as encore des doutes ? – Non, je n'en ai plus _____.
g) Ils sont venus à _____.
h) Ne jette pas tous ces livres, _____ sont encore en bon état.

la solution	die Lösung	le doute	der Zweifel
en tout cas	auf jeden Fall	jeter	wegwerfen
aller aux champignons	Pilze suchen gehen	en bon état	in einem guten Zustand
paniquer	in Panik geraten		

Als Pronomen wird *autre* meist mit einem Begleiter verwendet: *Il n'est pas comme* **les autres**. Er ist nicht wie **die anderen**.
Autre als direktes Objekt wird in Verbindung mit dem Adverbialpronomen *en* (davon) gebraucht: *Voulez-vous le même ? – Non, j'***en** *voudrais* **un autre**. Wollen Sie denselben? – Nein, ich möchte einen anderen.

L'un ... l'autre und *le / la même* verhalten sich wie Adjektive und richten sich nach dem Substantiv, das sie vertreten.

97 **Ergänzen Sie** *même* **oder** *l'un ... l'autre.*

a) Il a plein de CD mais il écoute toujours _____.
b) Les deux sœurs ne se ressemblent pas du tout : _____ est brune, _____ est blonde.
c) J'ai déjà commis cette erreur. Je ne veux pas refaire _____.
d) Ils ne sont jamais d'accord. Ce que _____ dit, _____ le conteste aussitôt.
e) Tu as des avantages. Je veux avoir _____.
f) Le bonheur _____ ne fait pas le malheur _____.
g) C'est la vie : _____ ont de la chance, _____ pas.
h) Bien que séparés, ils restent corrects _____ envers _____.

→ GrLGr S. 197 ff.

se ressembler	sich ähnlich sein	un avantage	ein Vorteil
commettre une erreur	einen Irrtum begehen	envers	gegenüber

98 **Übersetzen Sie.**

Ich habe überhaupt keine Pläne. Nichts interessiert mich. Ich glaube, dass ich die anderen nicht interessiere. Keiner meiner Freunde ruft mich an.
Die einen sind von ihrer Arbeit in Beschlag genommen, die anderen von ihrer Familie. Ich kann mich niemandem anvertrauen. Ich verbringe meine Tage allein, während die anderen sich amüsieren. Ich habe mehrere Anzeigen aufgegeben. Die meisten blieben unbeantwortet.
Erwarte ich zu viel von den anderen? Kann mir jemand einen Rat geben?

le projet	der Plan	passer une petite annonce	eine Anzeige aufgeben
croire que	glauben, dass		
être pris par	von etwas in Beschlag genommen sein	rester sans réponse	unbeantwortet bleiben
se confier à quelqu'un	sich jemandem anvertrauen	attendre trop de quelqu'un	zu viel von jemandem erwarten
passer	verbringen	donner un conseil	einen Rat geben
pendant que	während		

DIE RELATIVPRONOMEN

→ GrLGr S. 210 ff.

Die Relativpronomen haben eine zweifache Funktion: Sie vertreten ein Substantiv oder ein Pronomen (das Bezugswort) und leiten einen Nebensatz ein.

99 **Markieren Sie die Relativpronomen.**

EXEMPLE C'est le bruit de la mer **qui** m'a réveillé.

a) Remets cet objet là où tu l'as pris.
b) Voici l'école que j'ai fréquentée pendant toutes ces années.
c) J'aime beaucoup la façon dont elle se maquille.
d) C'est moi qui vous enseignerai la musique.
e) J'ai rencontré l'amie dont elle parle si souvent.
f) La sortie que nous avions prévue a été annulée.
g) Savez-vous vraiment ce que vous voulez ?
h) C'est l'année où Neil Armstrong a posé le pied sur la lune.

fréquenter une école	eine Schule besuchen	enseigner	unterrichten
se maquiller	sich schminken	prévoir → prévu	planen → geplant

> J'entends le bus **qui** arrive.
> C'est l'ami **à qui** j'ai vendu ma voiture.

Das Relativpronomen *qui* kann sowohl Subjekt als auch, in Verbindung mit einer Präposition, indirektes Objekt sein. In letzterem Fall kann es sich nur auf Personen beziehen.

100 **Bilden Sie aus beiden Sätzen einen Haupt- und einen Relativsatz.**

EXEMPLE C'est un ami. Je peux compter sur lui. → C'est un ami *sur qui* je peux compter.

a) C'est une autodidacte. Elle sait beaucoup de choses.
    → C'est une autodidacte _____ .
b) C'est une femme formidable. Je lui dois tout.
    → C'est une femme formidable _____ .
c) C'est un arriviste. Vous n'avez aucune chance contre lui.
    → C'est un arriviste _____ .

→ GrLGr S. 210 ff.

d) C'est un homme admirable. J'ai énormément de respect pour lui.
→ C'est un homme admirable _____.

e) Ce sont de très bons amis. On part souvent en vacances avec eux.
→ Ce sont de très bons amis _____.

compter sur	sich verlassen auf	l'arriviste	der / die Karrierist/-in
devoir	*hier* schulden	admirable	bewundernswert

> Le couscous, c'est un plat **que** j'adore.

Que als Relativpronomen (den, die, das) ist direktes Objekt (Akkusativobjekt) des Relativsatzes. Vor vokalischem Anlaut wird *que* zu *qu'*.
Denken Sie daran: Weil das direkte Objekt *que* vorangestellt ist, wird das Partizip Perfekt im Relativsatz mit *que* in Genus und Numerus dem Objekt angeglichen.

101 *Qui* **oder** *que***? Ergänzen Sie die Sätze.**

a) Il a examiné la carte de visite _____ je lui tendais.
b) C'est la chanson _____ sera le tube de l'été.
c) J'ai le cœur _____ bat quand je pense à lui.
d) C'est une lecture _____ je vous recommande.
e) Je viens juste de lire le texto _____ il m'a envoyé.
f) M'as-tu déjà rendu les livres _____ je t'ai prêtés ?
g) J'aime les gens _____ ont de l'humour.
h) C'est vraiment une chose _____ tout le monde peut se payer !

tendre	reichen	le texto	die SMS
le tube	der Hit	se payer	sich leisten

> C'est une amie **dont** j'aime beaucoup les parents.

Dont wird in der Bedeutung von „dessen / deren" und in Bezug auf eine Verb- oder Adjektivergänzung mit *de* verwendet: *La maison **dont** je parle vient d'être vendue.* Dont steht direkt nach seinem Bezugswort.

102 Verbinden Sie die beiden Sätze mit dem Relativpronomen *dont*.

> **EXEMPLE** Ils vendent la maison. Ils viennent d'hériter de cette maison.
> → *Ils vendent la maison dont ils viennent d'hériter.*

a) Voici le contrat. Vous devez en prendre connaissance.
→ ....

b) Ce sont les nouveaux modèles. Les clients en raffolent.
→ ....

c) Cet événement est dramatique. Toute la presse en parle.
→ ....

d) C'est une vieille histoire. Il ne s'en souvient plus.
→ ....

e) Il vient d'épouser une chanteuse d'opéra. Sa voix est magique.
→ ....

hériter de quelque chose	etwas erben	prendre connaissance de	Kenntnis nehmen von
le contrat	der Vertrag	raffoler de	schwärmen für

103 Setzen Sie *qui*, *à qui*, *avec qui*, *que*, *où* oder *dont* ein.

a) C'est un homme .... j'adore.
.... je donnerais tout ce que j'ai.
.... j'aimerais vivre.
.... ne m'aime pas, hélas, autant que je l'aime.
.... je ne sais pas grand chose, en fait.

b) Anne est une fille .... a beaucoup de chance.
.... tout réussit.
.... j'envie parfois un peu.
.... j'aimerais être l'amie.

c) C'est une ville .... se trouve dans le sud de la France.
.... j'ai vécu quelques années.
.... on parle peu dans les guides touristiques.
.... peu de gens connaissent.

d) J'ai un appartement .... est situé au centre ville.
.... le prix est raisonnable.
.... je peux être au calme.
.... je partage avec deux autres personnes.

→ GrLGr S. 210 ff.

pas grand chose	nicht viel	le guide touristique	der Touristenführer
en fait	eigentlich	raisonnable	vernünftig
envier	beneiden	partager	teilen

104 Übersetzen Sie die Relativsätze zu Ende und verwenden Sie dabei die Relativpronomen *qui*, *que*, *dont* oder *où*.

a) Ich habe die Stadt, in der ich geboren wurde und die ich mit 6 Jahren verließ, niemals wieder gesehen.
 → Je n'ai jamais revu la ville _____.

b) Das ist der Freund, von dem ich dir erzählt habe und den ich im Urlaub kennengelernt habe.
 → C'est l'ami _____.

c) Das ist ein Roman, den ich gerade gekauft habe und der sehr spannend ist.
 C'est un roman _____.

d) Ich habe eine Wohnung gefunden, in der ich Schlagzeug spielen kann.
 → J'ai trouvé un appartement _____.

e) Ich habe das Material, das ich für mein Referat brauche, nicht gefunden.
 → Je n'ai pas trouvé le matériel _____.

f) Das ist ein kompliziertes Gerät, das ich nicht bedienen kann und das viel zu teuer ist.
 → C'est un appareil compliqué _____.

parler de	erzählen von	un exposé	ein Referat
rencontrer quelqu'un	jemanden kennenlernen	avoir besoin de	brauchen
		se servir d'un appareil	ein Gerät bedienen
captivant	sehr spannend		
jouer de la batterie	Schlagzeug spielen		

> Avez-vous de **quoi** écrire ?

Das Relativpronomen *quoi* steht für unbestimmte Sachverhalte und wird immer in Verbindung mit einer Präposition verwendet. Bezugswort von *quoi* sind entweder das Demonstrativpronomen *ce*, ein Indefinitpronomen oder ein ganzer Satz.

→ GrLGr S. 210 ff.

105 Markieren Sie die richtige Alternative.

a) C'est de calme (de quoi / dont) il a besoin.
b) As-tu (de quoi / quoi) payer ?
c) Il n'y a pas (de quoi / de qui) en faire un drame.
d) Je ne connais pas la fille (de quoi / dont) tu parles.
e) Il n'y a plus rien (à quoi / à qui) elle s'intéresse.
f) C'est justement ce (à qui / à quoi) je réfléchissais.
g) C'est exactement ce (de qui / dont) je voulais t'informer.
h) Je n'ai trouvé personne (à qui / à quoi) m'adresser.

justement	gerade	s'adresser à	sich wenden an

Elle sait **ce qui** lui plaît et **ce qu'**elle veut.

Ce qui und *ce que / ce qu'* entsprechen dem deutschen neutralen Relativpronomen „was". *Ce qui* steht für das Subjekt und *ce que / ce qu'* für das Objekt des Relativsatzes.

106 Setzen Sie *ce qui* oder *ce que / ce qu'* ein.

a) Personne ne sait .... l'avenir nous réserve.
b) J'ai fait tout .... j'ai pu, ... ne m'a servi à rien.
c) .... me plaît chez lui, c'est sa patience.
d) Il n'a pas répondu, ... m'étonne beaucoup.
e) Voilà .... arrive quand on ne fait pas attention.
f) Il y a une grande différence entre .... les gens disent et .... ils font.

un avenir	eine Zukunft	étonner	wundern
servir à	zu etwas nützen	la différence	der Unterschied

107 Übersetzen Sie und verwenden Sie *ce qui* oder *ce que*.

a) Wenn du nicht das hast, was du magst, musst du das mögen, was du hast.
b) Hier ist alles, was nicht erlaubt ist, verboten.
c) Tue den Anderen das an, was du möchtest, das man dir antut.
d) Machen Sie, was Sie wollen, aber nicht, was unmöglich ist.
e) Was dich jetzt stört, ist nicht unbedingt das, was du später bereuen wirst.

Die Relativpronomen

→ GrLGr S. 210 ff.

permettre → permis	erlauben → erlaubt	déranger	stören
interdire → interdit	verbieten → verboten	forcément	unbedingt
faire à quelqu'un	jemandem antun	regretter quelque chose	etwas bereuen
autrui	die Anderen		

> Le témoin, **lequel** n'a pas été encore identifié, est prié de se présenter …

Lequel ist veränderlich und wird sowohl für Personen als auch für Sachen verwendet.

Der erste Teil von *lequel* ist der bestimmte Artikel: Beim Zusammentreffen mit den Präpositionen *à* und *de* verschmelzen die Formen *lequel* und *lesquelles* mit der jeweiligen Präposition zu *auquel / auxquel(le)s* und *duquel / desquel(le)s*.

108 Verbinden Sie die Elemente rechts und links zu sinnvollen Sätzen.

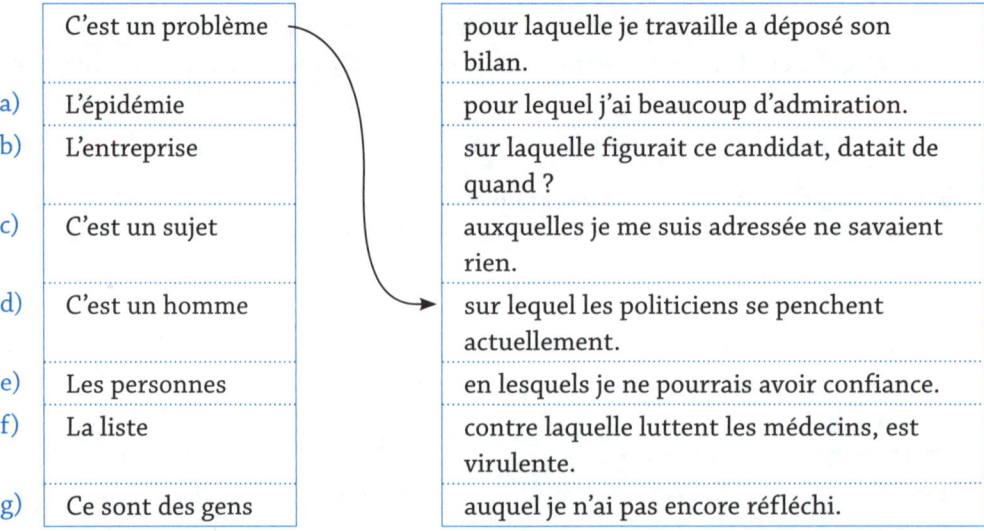

	C'est un problème	pour laquelle je travaille a déposé son bilan.
a)	L'épidémie	pour lequel j'ai beaucoup d'admiration.
b)	L'entreprise	sur laquelle figurait ce candidat, datait de quand ?
c)	C'est un sujet	auxquelles je me suis adressée ne savaient rien.
d)	C'est un homme	sur lequel les politiciens se penchent actuellement.
e)	Les personnes	en lesquels je ne pourrais avoir confiance.
f)	La liste	contre laquelle luttent les médecins, est virulente.
g)	Ce sont des gens	auquel je n'ai pas encore réfléchi.

une entreprise	ein Unternehmen	se pencher sur	sich befassen mit
déposer son bilan	Konkurs anmelden	avoir confiance	Vertrauen haben
une admiration	eine Bewunderung	lutter	kämpfen
s'adresser à	sich wenden an	virulent	ansteckend

→ GrLGr S. 210 ff.

> C'est le film pour **lequel** il a eu la Palme d'Or au Festival de Cannes.

In Verbindung mit einer Präposition bei Sachen (indirektes Objekt), nach den Präpositionen *entre* und *parmi* (bei Personen und Sachen) sowie zur Verdeutlichung des Bezugs ist der Gebrauch von *lequel* obligatorisch.

109 Markieren Sie die Sätze, in denen *lequel* durch *qui* ersetzt werden könnte.

a) L'amie à laquelle je pense pourrait peut-être t'aider.
b) Il y avait des tas de gens parmi lesquels j'aperçus une vieille amie.
c) Les deux personnes entre lesquelles j'étais assise étaient sinistres.
d) J'ai trouvé un appartement dans lequel tu pourrais avoir une chambre.
e) Je viens de voir un film, lequel m'a beaucoup plu.
f) Qui est cette femme pour laquelle il a tout quitté ?

le tas	der Haufen, die Menge	sinistre	düster

110 Übersetzen Sie.

a) Der Junge, von dem ich erzähle, heißt Antoine.
b) Die Leute, unter denen ich mich befand, waren mir alle unbekannt.
c) Die Abteilung, zu der ich gehörte, ist abgeschafft worden.
d) Mitten im Raum stand ein Tisch, unter dem ein großer Hund lag.
e) Das ist eine Erfahrung, von der wir alle profitiert haben.
f) Hier ist der Artikel, auf den er so stolz ist.

inconnu	unbekannt	au milieu de	mitten in
le service	die Abteilung	être couché	liegen
dépendre de	gehören zu	une expérience	eine Erfahrung
supprimer	abschaffen	être fier de	stolz sein auf

> C'est une personne **que j'aime beaucoup**.

Der Relativsatz ergänzt in der Regel ein Substantiv oder Pronomen im Hauptsatz. Im französischen Relativsatz wird die Wortstellung des Aussagesatzes beibehalten: Relativpronomen – Subjekt – Verb – Ergänzung.

Die Relativpronomen

→ GrLGr S. 210 ff.

111 Ersetzen Sie das Adjektiv durch einen Relativsatz, wie im Beispiel:

> EXEMPLE Il m'a fait une offre inacceptable.
> → Il m'a fait une offre *que je ne peux pas accepter*.

a) Il m'a raconté une histoire incroyable.
 → Il m'a raconté une histoire _____ .
b) J'ai acheté un aspirateur très bruyant.
 → J'ai acheté un aspirateur _____ .
c) Bach est mon compositeur préféré.
 → Bach est le compositeur _____ .
d) Ce sont des emballages recyclables.
 → Ce sont des emballages _____ .

incroyable	unglaublich	le compositeur	der Komponist
un aspirateur	ein Staubsauger	un emballage	eine Verpackung
bruyant	laut	recyclable	wieder verwertbar

Man unterscheidet zwischen notwendigen und nicht notwendigen Relativsätzen. Der notwendige Relativsatz, Träger der Hauptinformation, kann im Deutschen mit „der- / die- / dasjenige" wiedergegeben werden. Der nicht notwendige Relativsatz, der nur eine Zusatzinformation enthält, wird in der Regel durch Kommas vom Hauptsatz getrennt. Diese Unterscheidung ist beim Übersetzen von Bedeutung.

112 Welche Bedeutung haben die folgenden Sätze? Markieren Sie die richtige Übersetzung.

a) Les élèves, qui n'ont pas remis leurs devoirs à temps, seront sanctionnés.
 1. Alle Schüler haben ihre Arbeiten nicht rechtzeitig abgegeben und werden bestraft.
 2. Diejenigen Schüler, die ihre Arbeiten nicht rechtzeitig abgegeben haben, werden bestraft.

b) Les pneus qui n'étaient pas assez gonflés ont éclaté.
 1. Alle Reifen sind geplatzt, weil sie nicht genug Luft hatten.
 2. Nur die Reifen, die nicht genug Luft hatten, sind geplatzt.

c) Les éboueurs, qui étaient en grève depuis deux semaines, ont repris le travail hier.
 1. Alle Müllmänner, die seit zwei Wochen streikten, haben gestern die Arbeit wieder aufgenommen.
 2. Nur die Müllmänner, die seit zwei Wochen streikten, haben gestern die Arbeit wieder aufgenommen.

→ GrLGr S. 210 ff.

d) Les appareils qui présentent des anomalies seront repris et remplacés.
   1. Alle Geräte sind fehlerhaft und werden ersetzt.
   2. Nur die fehlerhaften Geräte werden ersetzt.

e) Les élèves qui n'ont pas cours ce matin doivent se rendre au CDI.
   1. Alle Schüler haben keinen Unterricht und müssen in die Bibliothek.
   2. Diejenigen Schüler, die keinen Unterricht haben, müssen in die Bibliothek.

113 Ergänzen Sie die Relativpronomen.

a) La femme _____ je parle s'appelle Marion. La ville dans _____ elle vit n'est pas très grande mais vraiment très agréable, avec ses deux grands parcs, _____ l'un est situé tout près de l'appartement dans _____ Marion habite. Marion est bibliothécaire, un métier _____ lui convient parfaitement parce qu'elle aime le calme et les livres. Elle adore Victor Hugo _____ elle connaît des tas de poèmes par cœur.

b) Elle a un ami _____ elle voit souvent, mais _____ n'habite pas avec elle. Pendant ses loisirs, Marion travaille à un roman _____ elle est vraiment fière. Elle essaie d'écrire dix pages par jours, après _____ elle s'installe devant la télé ou sort avec des amis.

c) Depuis trois mois Marion a de nouveaux voisins _____ lui empoisonnent la vie. Ce sont des gens _____ ne respectent pas les autres et _____ ne font que _____ 'ils veulent, _____ crée des tensions dans l'immeuble. Dans l'escalier, _____ Marion les croise souvent, ils disent à peine bonjour. Mais surtout, _____ Marion ne supporte plus, c'est le bruit _____ 'ils font : leurs pas _____ frappent le parquet, la musique _____ 'ils écoutent à tue-tête etc. L'appartement dans _____ ils logent est très mal insonorisé, ce _____ ils ne tiennent absolument pas compte.

convenir à	gut passen	à peine	kaum
savoir par cœur	auswendig können	le pas	der Schritt
s'installer	es sich bequem machen	à tue-tête	ganz laut
		mal insonorisé	schlecht isoliert
empoisonner la vie de quelqu'un	jemandem das Leben zur Hölle machen	tenir compte de quelque chose	etwas berücksichtigen
croiser quelqu'un	jemandem begegnen		

→ GrLGr S. 210 ff.

114 **Übersetzen Sie die folgenden Rätsel und tragen Sie die Lösung ein.**

> Le Louvre • Regensburg • la Suède • La main au collet • la bûche de Noël • Porsche Spyder 550 • Hitchcock

a) Das ist der Filmregisseur, der in jedem seiner Filme auftritt.
→ ....

b) Das ist das Museum, in dem die *Mona Lisa* ausgestellt ist.
→ ....

c) Das ist der Film, während dessen Dreharbeiten Grace Kelly ihren Traumprinzen kennenlernte.
→ ....

d) Das ist das Auto, mit dem James Dean seinen Unfall hatte.
→ ....

e) Das ist die Stadt, deren französischer Name *Ratisbonne* ist.
→ ....

f) Das ist das Land, aus dem die Gruppe ABBA kommt.
→ ....

g) So heißt der Kuchen, den die Franzosen zu Weihnachten essen.
→ ....

le réalisateur	der Filmregisseur	le prince charmant	der Traumprinz
être exposé/e	ausgestellt sein	faire connaissance	kennenlernen
le tournage	die Dreharbeiten	avoir un accident	einen Unfall haben

Die Relativpronomen

DIE INTERROGATIVA

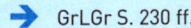
GrLGr S. 230 ff.

Die Interrogativa (= Fragewörter) leiten eine Ergänzungsfrage ein. Wie im Deutschen unterscheidet man im Französischen zwischen Entscheidungsfragen, die mit *oui* (ja), *si* (doch) oder *non* (nein) beantwortet werden, und Ergänzungsfragen, die ein Fragewort enthalten.

115 **In dieser Buchstabenfolge sind sieben Frageadverbien versteckt.**

a. Markieren Sie sie.

BECOMMENTPRUOÙNIQUEENPOURQUOIOCQUANDLIOCOMBIENPREQUIMO

b. Erfragen Sie mithilfe dieser Fragewörter das in der Antwort unterstrichene Element. Bilden Sie Inversionsfragen.

| EXEMPLE | 4 fois 4 font seize. | → | *Combien* font 4 fois 4 ? |

a) Le concert a lieu en plein air. → .... ?
b) Ils sont partis hier soir. → .... ?
c) La chambre coûte 90 euros. → .... ?
d) Il dit qu'il ne peut pas venir. → .... ?
e) L'avion a atterri en catastrophe. → .... ?
f) J'y vais à pied. C'est plus pratique. → .... ?
g) Sur le vélo. C'est mon frère. → .... ?

| en plein air | im Freien | atterrir en catastrophe | notlanden |

> **Quel** est votre nom et **quelle** est votre adresse ?

Das Fragewort *quel* begleitet ein Substantiv und richtet sich in Genus und Numerus nach diesem. Im Deutschen wird *quel* unterschiedlich übersetzt.

→ GrLGr S. 230 ff.

116 Setzen Sie die passende Form von *quel* ein.

Entretien d'embauche : 10 questions auxquelles vous n'échapperez pas.

a) _____ est votre cursus ?
b) _____ est votre niveau en anglais ?
c) _____ sont les caractéristiques de notre entreprise ?
d) _____ poste occupiez-vous auparavant ?
e) _____ sont vos objectifs professionnels ?
f) _____ est votre plus grande qualité ?
g) _____ sont vos points faibles ?
h) _____ est votre rémunération actuelle ?
i) _____ sont vos prétentions salariales ?
j) _____ sont vos aptitudes pour ce poste ?

un entretien d'embauche	ein Bewerbungs-gespräch	un objectif	ein Ziel
		la rémunération	der Lohn
échapper à	ausweichen, entkommen	la prétention salariale	der Lohnanspruch
le cursus	der Studiengang	une aptitude	eine Fähigkeit
auparavant	vorher		

> De ces deux vestes, **laquelle** préfères-tu ?

Lequel (welcher) ist ein Fragepronomen und richtet sich in Genus und Numerus nach dem Substantiv, das es vertritt.

117 Setzen Sie *lequel*, *laquelle*, *lesquels* oder *lesquelles* ein.

a) _____ de ces phrases n'est pas au passif ?
b) De toutes ces propositions, _____ ont été retenues ?
c) _____ de vos enfants fait des études au Japon ?
d) Il en a fait des efforts. _____ sont les plus méritoires ?
e) Parmi les présidents français, _____ est resté 14 ans au pouvoir ?
f) Chiens ou chats ? _____ sont les plus attachants ?

le passif	das Passiv	méritoire	lobenswert
retenir	berücksichtigen	attachant	liebenswürdig

Die Interrogativa

→ GrLGr S. 230 ff.

> C'est un livre **auquel** je tiens beaucoup.

Der erste Teil des Fragepronomens *lequel* ist der bestimmte Artikel. Beim Zusammentreffen mit den Präpositionen *à* und *de* verschmilzt der Artikel mit der jeweiligen Präposition zu *au / aux* bzw. *du / des*.

118 Ergänzen Sie die richtige Kontraktionsform von *à* bzw. *de* + *lequel*.

a) Nous avons des tensions dans l'entreprise. _____ faites-vous allusion ?
b) Tu as des requêtes. _____ aimerais-tu parler en premier ?
c) Beaucoup d'agences de voyage proposent « La Tunisie ». _____ faut-il que je m'adresse ?
d) Ses romans sont déprimants. _____ penses-tu exactement ?
e) L'amendement va être voté aujourd'hui. _____ s'agit-il ?
f) Tes amis de l'école primaire ? _____ te souviens-tu encore ?

| la tension | die Spannung | la requête | die Bitte |
| faire allusion à | eine Anspielung machen auf | voter un amendement | über einen Änderungsvorschlag abstimmen |

> **Qui est-ce qui** peut répondre ? / **Qu'est-ce qui** se passe ?

Beide Frageausdrücke fragen jeweils nach dem Subjekt:
Qui est-ce qui (wer) fragt nach Personen und ist mit *qui* austauschbar.
Qu'est-ce qui (was) fragt nach Sachen und kann nicht verkürzt werden.

119 Setzen Sie *qui est-ce qui* oder *qu'est-ce qui* ein.

a) _____ vous fait rire ?
b) _____ t'a dit ça ?
c) _____ a eu cette idée absurde ?
d) _____ lui est arrivé ?
e) _____ est chargé de cette mission ?
f) _____ fait rêver les gens ?

| faire rire | zum Lachen bringen | être chargé de | beauftragt werden mit |
| arriver | *hier* passieren | | |

Die Interrogativa

→ GrLGr S. 230 ff.

> **Qu'est-ce que** tu fais et **qu'est-ce qui** se passe ?
> → Il demande **ce que** tu fais et **ce qui** se passe.

Alle Fragewörter außer *que / qu'est-ce que* und *qu'est-ce qui* werden unverändert in der indirekten Frage übernommen. In der indirekten Frage werden *que / qu'est-ce que* zu *ce que* und *qui est-ce qui* zu *ce qui* (siehe auch Seite 126 ff.).

120 *Ce qui* **oder** *ce que***? Fügen Sie das passende Fragewort ein.**

Je me demande …

a) _____ tu fais.
b) _____ vous motive.
c) _____ on fait ici.
d) _____ t'intéresse.
e) _____ lui plaît.
f) _____ nous allons faire.

DER INDIKATIV PRÄSENS

→ GrLGr S. 251 ff.

> En ce moment, **je regarde** la télé.

Der Indikativ Präsens wird wie im Deutschen gebraucht. Er drückt Handlungen aus, die sich in der Gegenwart des Sprechenden abspielen.
Die Verben auf *-er* werden regelmäßig konjugiert. Nur bei einigen gibt es geringfügige Änderungen in der Schreibung und / oder Aussprache.

121 **Verben auf *-ger*, *-cer* und *-yer*. Ergänzen Sie die Verbformen.**

a) Aujourd'hui, **je** range la maison : je lave et j'essuie la vaisselle. J'essaie enfin mon nouvel aspirateur, je nettoie le sol, je trie et jette tous mes vieux vêtements. J'espère avoir fini ce soir.
  → Aujourd'hui, **nous** _____ la maison : nous _____ et nous _____ la vaisselle. Nous _____ enfin notre nouvel aspirateur, nous _____ le sol, nous _____ et _____ tous nos vieux vêtements. Nous _____ avoir fini ce soir.

b) **Nous** nous levons à 7 heures, nous commençons à travailler à 8h30. À midi, nous mangeons à la cantine. Nous essayons de ne pas faire une pause trop longue.
  → **Je** me _____ à 7 heures, je _____ à travailler à 8h30. À midi, je _____ à la cantine. J'_____ de ne pas faire une pause trop longue.

ranger	aufräumen	un aspirateur	ein Staubsauger
nettoyer	reinigen	jeter	wegwerfen
trier	sortieren		

122 **Verben mit stummem *-e-* oder mit *-é-* vor der Infinitivendung und Verben auf *-yer*: Beantworten Sie die Fragen und ergänzen Sie die Verben.**

a) Vous vous appelez comment ?
  Je m' _____ Anne Legrand. Nous nous _____ Lavoine.
b) Vous préférez quelle solution ?
  On _____ la première. Nous _____ aussi la première.
c) Vous payez comment ?
  Je _____ en espèces. Nous _____ par chèque.
d) Vous déménagez quand ?
  On _____ dans un mois. Nous _____ la semaine prochaine.

→ GrLGr S. 251 ff.

e) Où achetez-vous vos livres ?
Je les .... au supermarché.   Nous les .... à la librairie.
f) Où faut-il appuyer ?
Tu .... sur ce bouton.   Vous .... sur la touche verte.

payer en espèces	bar bezahlen	le bouton	der Knopf
déménager	umziehen	la touche	die Taste
appuyer	drücken		

> Vous **finissez** à quelle heure ? – Je **finis** à quatre heures.

Bei den meisten Verben auf *-ir* wird der Stamm im Plural bei allen Personen durch *-iss-* erweitert.
Bei einigen Verben auf *-ir* (wie z. B. *dormir* → *je dors*) verliert der Stamm im Singular seinen Endkonsonanten.
Einige wenige Verben auf *-ir* (wie z. B. *offrir* → *j'offre* oder *cueillir* → *je cueille*) werden im Präsens wie die Verben auf *-er* konjugiert.

123 **Markieren Sie die Verben, die keine Stammerweiterung im Plural haben.**

finir • choisir • mentir • grossir • s'endormir • réussir • obéir • sortir • partir • réagir • sentir • souffrir

mentir	lügen	obéir	gehorchen
s'endormir	einschlafen	souffrir	leiden
réussir	es schaffen		

124 **Tragen Sie die passende Verbform ein.**

dormir	je	....	elle	....	nous	....
choisir	on	....	nous	....	vous	....
vieillir	je	....	vous	....	ils	....
partir	il	....	vous	....	ils	....
ouvrir	j'	....	il	....	elles	....
applaudir	tu	....	on	....	nous	....
souffrir	je	....	vous	....	ils	....

vieillir	altern, alt werden	applaudir	Beifall klatschen

Der Indikativ Präsens

→ GrLGr S. 251 ff.

> Vous **buvez** quelque chose ? – Non merci, je ne **bois** rien.

Weitere Verben auf *-ir* (wie *vêtir*) sowie Verben auf *-oir* (*voir*) oder *-re* (*écrire*) sind unregelmäßig. Die meisten dieser Verben sind im Stamm unregelmäßig.

125 **Ergänzen Sie die Tabelle mit den jeweils fehlenden Formen.**

Infinitiv	1. Person Singular	2. Person Plural
a)	je	vous buvez
b) vivre	je	vous ....
c)	je	vous voyez
d) suivre	je	vous ....
e)	je sais	vous ....
f) mettre	je	vous ....
g) être	je	vous ....
h)	je vais	vous ....
i)	je	vous faites
j)	je reçois	vous ....

Der Indikativ Präsens

DIE ZEITEN DER VERGANGENHEIT • DAS *PASSÉ COMPOSÉ* (PERFEKT) → GrLGr S. 279 ff.

> Je **suis allé** au restaurant et j'**ai** très bien **mangé**.

Wie das deutsche Perfekt wird das *passé composé* mit dem Hilfsverb *être* oder *avoir* im Präsens und dem Partizip Perfekt (*participe passé*) des entsprechenden Verbs gebildet (zur Wahl von *être* oder *avoir* siehe auch Seite 85 f.).

126 Ergänzen Sie die Formen von *être* oder *avoir*.

a) Elles _____ sorties faire des courses.
b) Nous _____ fait une magnifique promenade au bord de l'eau.
c) Il _____ arrivé en retard.
d) J' _____ reçu une drôle de lettre ce matin.
e) Nous _____ allés en vacances en France, cette année.
f) Dans quel pays _____ -il né ?
g) Vous _____ passés par la ville ?
h) Il _____ pris l'avion.
i) Pourquoi n' _____ -tu rien dit ?
j) Les enfants _____ été malades toute la nuit.
k) _____ -vous compris cet exercice ?
l) Je _____ venu trois fois pour rien.

| faire des courses | einkaufen gehen | drôle | lustig |
| **magnifique** | wunderschön | **pour rien** | umsonst |

Das Partizip Perfekt hat regelmäßige und unregelmäßige Formen. Die regelmäßigen Formen enden auf *-é, -i* oder *-u*.
Wenn Sie ein Verb lernen, lernen Sie am besten sein Partizip mit.
Weitere Übungen zur Bildung des Partizip Perfekt finden Sie auf Seite 138 ff.

127 Partizip-Endungen:

a) Ordnen Sie die Verben nach ihren Partizip-Endungen.

> ~~écrire~~ • attendre • évaluer • grandir • répondre • recevoir • apprendre • conduire • dépasser • souffrir • mettre • dire • progresser • offrir • finir • découvrir • partir • comprendre

→ GrLGr S. 279 ff.

-é	-i	-u	-is	-it	-ert
				écrit	

b) **Ergänzen Sie nun die Formen des Partizip Perfekt.**

a) progresser → Helena a beaucoup .... ce trimestre.
b) attendre → Pourquoi ne m'avez-vous pas .... ?
c) apprendre → Elle a .... le français dans le pays.
d) découvrir → Comment a-t-il .... la vérité ?
e) recevoir → Je n'ai toujours pas .... ta lettre.
f) grandir → Ils ont .... dans une petite ville du sud de la France.
g) offrir → Mon oncle ne m'a jamais rien ....
h) mettre → Où ai-je .... mon sac ?

conduire	(Fahrzeug) fahren	recevoir	erhalten
dépasser	überholen	**souffrir**	leiden
découvrir	entdecken		

128 **Ergänzen Sie das Partizip Perfekt in den Sätzen. Notieren Sie in Klammern den Infinitiv des Verbs.**

eu • été • pris • lu • ouvert • vécu • assis • pu • plu (2x) • acquis

a) Je suis désolé, mais je n'ai pas .... téléphoner plus tôt. (pouvoir)
b) Il s'est .... sans rien dire. (................)
c) Qui a .... cette fenêtre ? (................)
d) J'ai .... malade tout le week-end. (................)
e) On a .... un verre ensemble. (................)
f) Elle n'a jamais .... peur de l'avenir. (................)
g) Il a .... toute la journée hier. (................)
h) Cet enfant n'a pas encore .... les bases de la lecture. (................)
i) Je n'ai pas .... le journal aujourd'hui. (................)
j) L'exposition Manet m'a beaucoup .... (................)
k) Nous avons .... trois ans au Japon. (................)

→ GrLGr S. 279 ff.

être désolé	leidtun	acquérir → acquis	erwerben
un avenir	eine Zukunft	plaire → plu	gefallen

J'**ai pris** des notes, mais je n'**ai** rien **compris**.

Anders als im Deutschen stehen Hilfsverb und Partizip in der Regel nebeneinander im Satz.

Getrennt werden Hilfsverb und Partizip von den Verneinungspartikeln (*pas*, *plus* usw.), von einigen Adverbien (*bien*, *mal*, *peu*, *beaucoup*) und von den Indefinitpronomen *tout* und *rien*.

129 **Ergänzen Sie die Verben im *passé composé*. Sagen Sie, was Mathilde in den Ferien alles nicht gemacht hat.**

EXEMPLE descendre vers le sud → Elle *n'est pas descendue* vers le sud.

a) (aller chez ses parents) → Elle _____ chez ses parents.
b) (voir la mer) → Elle _____ la mer.
c) (faire de la randonnée) → Elle _____ de randonnée.
d) (partir loin) → Elle _____ loin.
e) (rencontrer l'amour) → Elle _____ l'amour.
f) (bronzer) → Elle _____ .

faire de la randonneé	wandern	bronzer	braun werden

130 **Bringen Sie die Sätze in Ordnung.**

a) ont / emporté / les cambrioleurs / tout
b) ne / chez le dentiste / pas / je / allé /suis
c) ont / rapidement / l'incendie / les pompiers / éteint
d) à / m' / ont / ils / raccompagné / maison / la
e) pas / avons / n' / en Angleterre / mangé / nous / mal
f) pas / a / à ses parents / tout / il / n' / dit
g) compris / pas / ai / la question / je / n' / bien
h) beaucoup / avons / dormi / n' / nous / pas

le cambrioleur	der Einbrecher	un incendie	ein Brand
le pompier	der Feuerwehrmann	raccompagner	zurückbegleiten

→ GrLGr S. 279 ff.

> Nous **avons nagé** longtemps.

Die meisten Verben werden mit dem Hilfsverb *avoir* konjugiert. *Avoir* steht sogar bei Verben der Bewegung, die die Art und Weise der Fortbewegung angeben, wie z. B. *sauter* (springen), *courir* (laufen) usw.

> Nous **sommes allés** en Italie et **nous nous sommes** bien **amusés**.

Être wird verwendet bei Verben der Bewegungsrichtung (von einem zu einem anderen Ort) wie z. B. *aller* (gehen / fahren) oder *monter* (hinaufgehen / -fahren), ebenso bei Verben des Verbleibens wie z. B. *rester* (bleiben) und Verben der Zustandsänderung wie *naître* (geboren werden), *devenir* (werden).
Alle reflexiven Verben bilden das *passé composé* mit *être*.

> **Avez**-vous **monté** mes valises ?

Wie im Deutschen werden einige Verben der Bewegung, wie z. B. *monter* oder *descendre*, mit *avoir* konjugiert, wenn sie ein direktes Objekt bei sich haben.

131 **Markieren Sie die Verben, die das Perfekt mit dem Hilfsverb *être* bilden.**

> prendre • arriver • revenir • mourir • rester • écrire • devenir • être • sauter • reculer • repartir • naître • aller • courir • se laver • mentir • tomber • se souvenir • grandir

| reculer | rückwärts gehen / fahren | mentir | lügen |

132 ***Avoir* oder *être*? Markieren Sie die passende Möglichkeit.**

a) Tu (as / es) rentré tard hier soir.
b) Elle (a / est) devenue célèbre.
c) Il (a / est) sauté par dessus la barrière.
d) Nous nous (avons / sommes) acheté un nouveau canapé.
e) Il (a / est) descendu à la cave.
f) Tu (as / es) arrivé en retard.
g) Elle (a / est) repartie sans rien dire.

→ GrLGr S. 279 ff.

h) Nous (avons / sommes) été tous surpris.
i) Il (a / est) sorti en courant de la gare.
j) Nous (avons / sommes) marché longtemps.

la barrière	die Schranke	la cave	der Keller
célèbre	berühmt		

> **Elles** sont ven**ues** mais ne sont pas rest**ées** longtemps.

Mit *être* gleicht sich das Partizip Perfekt in Genus und Numerus dem Subjekt an.

133 Gleichen Sie, falls erforderlich, das Partizip Perfekt dem Subjekt an.

a) Ils sont parti___ ce matin, à 8 heures.
b) Elle a promis___ de m'écrire.
c) Anne n'est pas passé___ hier soir.
d) Les joueurs sont allé___ dans les vestiaires.
e) Nous avons installé___ notre ordinateur.
f) Valérie et sa soeur sont né___ à Nantes.
g) Elle s'est beaucoup ennuyé___.

le vestiaire	der Umkleideraum	s'ennuyer	sich langweilen
un ordinateur	ein Computer		

> La veste <u>que</u> tu as **achetée** me plaît beaucoup.

Mit *avoir* wird bei Voranstellung des direkten Objekts (im Beispiel unterstrichen) das Partizip Perfekt diesem direkten Objekt in Genus und Numerus angeglichen.

> Des livres, il **en** a achet**é** plein.

Ist *en* das vorangestellte Objekt, wird das Partizip Perfekt nicht angeglichen: Weitere Übungen hierzu finden Sie auf Seite 139 f.

→ GrLGr S. 279 ff.

134 Markieren Sie die richtige Möglichkeit.

a) Veux-tu voir les photos que j'ai (pris / prises) ?
b) Tu dois corriger les trois erreurs que tu as (fait / faites) dans ton devoir.
c) Ils ont (marché / marchés) toute la journée.
d) La solution que nous avons (choisi / choisie) est la bonne.
e) Elle s'est (enfui / enfuie) par la fenêtre.
f) Des nouvelles, il n'en a pas encore (donné / données).
g) Quelle émission as-tu (regardé / regardée) hier soir ?
h) Elles ont (ouvert / ouvertes) les paquets.

| une erreur | ein Fehler | s'enfuir | fliehen |
| le devoir | die Schulaufgabe | une émission | eine Sendung |

135 Vervollständigen Sie die Übersetzung.

a) Ich habe den Brief, den du mir gestern geschickt hast, schon bekommen.
   → J'ai déjà reçu la lettre que tu _____ .
b) Er hat mir seine Daten gegeben, aber ich habe sie verloren.
   → Il m'a donné ses coordonnées, mais _____ .
c) Dieses Theaterstück liebe ich: Ich habe es schon dreimal gesehen.
   → J'adore cette pièce de théâtre : je _____ .
d) Welche Weine hast du für unser Essen gekauft?
   → Quels vins _____ ?
e) Diese Jacke habe ich im Schaufenster gesehen.
   → Cette veste, je _____ .
f) Alle Freunde, die ich eingeladen habe, sind gekommen.
   → Tous les amis que _____ sont venus.

| envoyer | schicken | la vitrine | das Schaufenster |
| perdre → perdu | verlieren → verloren | inviter | einladen |

> Elle s'est **lavée**. / Elle s'est **lavé** les mains.

Bei reflexiven Verben wird das Partizip Perfekt nur angeglichen, wenn das Reflexivpronomen direktes Objekt ist.
Ist das Reflexivpronomen indirektes Objekt, wird das Partizip Perfekt nicht angeglichen.
In dem zweiten Beispiel ist *les mains* direktes Objekt und *s'* indirektes Objekt.

Die Zeiten der Vergangenheit • Das *passé composé* (Perfekt)

→ GrLGr S. 279 ff.

136 **Vervollständigen Sie die Übersetzung.**

a) Hier sind die CDs, die ich mir gebrannt habe.
   → Voici les CDs que je _____ .
b) Drei Gefangene sind heute Nacht ausgebrochen.
   → Trois prisonniers _____ cette nuit.
c) Hast du das Auto gesehen, das sie sich gekauft hat?
   → As-tu vu la voiture qu'elle _____ ?
d) Sie hat sich beim Putzen ein Bein gebrochen.
   → En faisant le ménage, elle _____ .
e) Sie hat sich auf dem Weg zur Arbeit verletzt.
   → _____ en allant au travail.
f) Wir sind lange im Park spazieren gegangen.
   → Nous _____ longtemps dans le parc.
g) Anne hat sich einen Kaffee gemacht und sich beim Trinken verbrannt.
   → Anne _____ et _____ en le buvant.

graver	brennen	se casser la jambe	sich ein Bein brechen
le prisonnier	der Gefangene	se promener	spazieren gehen
s'évader	ausbrechen		

Der Gebrauch des *passé composé* ist nicht mit dem des Perfekts im Deutschen identisch. Das *passé composé* kennzeichnet
- abgeschlossene Handlungen: *J'ai travaillé toute la matinée.*
- aufeinanderfolgende Handlungen: *Il s'est levé et il est sorti.*
- Handlungen, die sich noch auf die Gegenwart beziehen: *J'ai arrêté de fumer il y a 3 ans.*

137 **Stellen Sie die Chronologie der aufeinanderfolgenden Handlungen wieder her und verwenden Sie das** *passé composé***.**

EXEMPLE rentrer – rappeler un ami – écouter ses messages sur le répondeur
→ *Il est rentré, il a écouté ses messages sur le répondeur et il a rappelé un ami.*

a) descendre du train – appeler un taxi – se diriger vers la sortie
   → Il _____ .
b) faire venir le serrurier – sortir de la maison – perdre ses clés
   → Elle _____ .
c) commander un café – prendre un apéritif – manger le plat du jour
   → Nous _____ .

→ GrLGr S. 279 ff.

d) valider – insérer la carte – entrer le numéro de code
   → J' _____.
e) sortir du café – payer – laisser un pourboire
   → Elles _____.
f) ne rien acheter – entrer dans le magasin – essayer trois pantalons
   → Ils _____.

le répondeur	der Anrufbeantworter	insérer	einführen
le serrurier	der Schlosser	le numéro de code	das Passwort
valider	bestätigen	le pourboire	das Trinkgeld

138 Ergänzen Sie die Verben im *passé composé*.

Chère Maman,
Comment vas-tu ? Nous allons tous bien.
Nous _____ de vacances hier soir vers 23 heures. Notre voyage _____ très bien _____.
Thomas _____ pendant presque tout le trajet, ce qui nous _____ les questions du genre « C'est encore loin ? ». Sophie _____ ou _____ pendant tout le trajet, mais elle _____ mal au cœur du tout, ce qui m' _____.
Nous _____ donc _____ en Bretagne et il _____ beau tout le temps, nous _____ de 25 à 30 degrés tous les jours !
Notre chambre d'hôtel donnait sur la mer et nous _____ droit à de magnifiques couchers de soleil.
Le premier jour, nous _____ la ville et _____ une balade jusqu'à la mer.
Thomas _____ une crise quand nous _____ rentrer et faire à manger.
On lui _____ de revenir à la plage le lendemain, ce qu'on _____.
Nous _____ à la plage toute la journée.
Les jours suivants, nous _____ faire un peu de tourisme dans le coin : nous _____ de superbes promenades au bord de la mer ou dans la campagne environnante, et nous _____ Saint-Malo, Brest et Rennes. La ville que j' _____, c'est Saint-Malo.

rentrer
se passer
dormir
éviter
lire
dessiner
ne pas avoir
surprendre
aller
faire
avoir
avoir
visiter
faire
piquer
vouloir
promettre
faire
rester
pouvoir
faire
découvrir
préférer

→ GrLGr S. 279 ff.

Nous _____ _____ aussi au zoo, ce qui _____ beaucoup _____ aux enfants. Sophie _____ _____ les petits lions, Thomas _____ les ours et les singes. Ces vacances _____ _____ beaucoup trop vite et demain, on reprend le travail. Je te téléphone prochainement.
A bientôt
Affectueusement
Claire

P.S. : J' _____ _____ de poster la carte postale que je t' _____ _____ au début des vacances.

| aller – plaire |
| adorer |
| préférer |
| passer |

| oublier |
| écrire |

le trajet	die Fahrt
éviter	ersparen
avoir mal au cœur	reisekrank sein

| piquer une crise | die Krise kriegen |
| un ours | ein Bär |

139 **Übersetzen Sie.**

a) Er hat mir alles erklärt, aber ich habe nichts verstanden.
b) Ich habe mit den Kirschen, die du mir gebracht hast, Marmelade gemacht.
c) Sie sind bis zum Strand gerannt.
d) Wir haben uns noch niemals getroffen, aber oft miteinander telefoniert.
e) Ich habe die Jacke wieder gefunden, die du gestern vergessen hast.
f) Das Auto, das sie sich gekauft haben, ist sehr sparsam.
g) Hast du den Mülleimer hinunter getragen?
h) Hat sie sich verletzt? – Nein, sie hat sich nur den Ellbogen zerkratzt.

la cerise	die Kirsche	la poubelle	der Mülleimer
courir	rennen	se blesser	sich verletzen
économique	sparsam	s'égratigner	sich zerkratzen
descendre	hinuntertragen	le coude	der Ellbogen

DIE ZEITEN DER VERGANGENHEIT • DAS *IMPARFAIT* (IMPERFEKT) → GrLGr S. 294 ff.

> Il **faisait** beau ce jour-là et la mer **était** calme.

Die Bildung des *imparfait* ist recht einfach: Die Endungen (*-ais, -ais, -ait, -ions, -iez* und *-aient*) werden an den Stamm der 1. Person Plural Präsens angehängt. Nur *être* hat einen unregelmäßigen *imparfait*-Stamm: *ét-*.

140 **Bilden Sie das *imparfait* der folgenden Verben.**

a) regarder — je regardais — elle _____ — nous _____
b) manger — on _____ — nous _____ — vous _____
c) prendre — je _____ — vous _____ — ils _____
d) finir — il _____ — vous _____ — ils _____
e) crier — je _____ — il _____ — elles _____
f) avoir — j' _____ — vous _____ — ils _____
g) essayer — tu _____ — nous _____ — vous _____
h) être — j' _____ — nous _____ — vous _____

> Il **était** timide et n'**avait** pas beaucoup d'amis.

Das *imparfait* kennzeichnet ein vergangenes Geschehen und wird bei Beschreibungen, Gewohnheiten und nicht abgeschlossenen Handlungen verwendet. Das *imparfait* wird ebenfalls in der indirekten Rede und in Bedingungssätzen mit *si* in Verbindung mit dem *conditionnel présent* verwendet (siehe auch S. 124 und S. 122).

141 **Um welche Verwendung des *imparfait* handelt es sich in den folgenden Sätzen: Gewohnheit (a) oder Beschreibung (b)?**

a) Dès qu'il entendait un bruit, notre chien se mettait à aboyer. ☐
b) Elle écoutait toujours de la musique en travaillant. ☐
c) Une pluie fine et froide tombait inlassablement. ☐
d) L'homme était grand et paraissait fatigué. ☐

se mettre à aboyer	losbellen	inlassablement	unaufhörlich

DIE ZEITEN DER VERGANGENHEIT •
IMPARFAIT – PASSÉ COMPOSÉ → GrLGr S. 299 ff.

> **J'ai allumé** le chauffage parce que **j'avais** froid.

Imparfait und *passé composé* sind in Erzählungen meistens nicht austauschbar. Im oben stehenden Beispiel gibt das *imparfait* den Grund und das *passé composé* die Folge an.

Der unterschiedliche Gebrauch von *imparfait* und *passé composé* beruht nicht auf einem zeitlichen Unterschied, sondern auf einem Aspektunterschied, d. h. einem Unterschied in der Art und Weise, wie das Geschehen dargestellt wird: Das *imparfait* beschreibt das Geschehen in seinem Verlauf, das *passé composé* dagegen beschreibt das Geschehen als abgeschlossen.

Vergleichen Sie: *Il travaillait.* (Er arbeitete. → man erfährt nichts über Anfang und Ende der Handlung) ↔ *Il a travaillé deux heures.* (Er hat zwei Stunden gearbeitet. → jetzt arbeitet er nicht mehr.)

142 **Angabe des Grundes und der Folge.**

a. Nennen Sie zu jedem angefangenen Satz den Grund im *imparfait*. Verwenden Sie die folgenden Verben.

> avoir mal au dos • être myope • être malade • faire mauvais • avoir du travail

EXEMPLE être jaloux → **Elle a dit ça parce qu'***elle était jalouse*.

a) Il n'est pas sorti → parce qu' _____.
b) J'ai suivi une thérapie → parce que j' _____.
c) Je suis allé chez le kiné → parce que j' _____.
d) Il portait des lunettes → parce qu'il _____.
e) Nous avons écourté nos vacances → parce qu'il _____.

myope	kurzsichtig	les lunettes	die Brille
le kiné (= kinésithérapeute)	der Krankengymnast	écourter	kürzen

→ GrLGr S. 299 ff.

b. Nennen Sie zu jedem angefangenen Satz die Folge im *passé composé*. Verwenden Sie die folgenden Verben.

> se faire un sandwich • ouvrir la fenêtre • prendre un taxi • se coucher tôt • mettre à la poubelle

a) J'avais faim,   je _____.
b) J'étais en retard,   j' _____.
c) Elle était fatiguée,   **donc** elle _____.
d) Ce livre était très abîmé,   je l' _____.
e) Il faisait très chaud,   j' _____.

la poubelle	der Mülleimer	abîmé	beschädigt

143 In den folgenden Sätzen ist die Verwendung der beiden Zeiten nicht ganz korrekt. Verbessern Sie die Fehler.

> **EXEMPLE** Je n'ai pas répondu à ta lettre parce que ~~je ne la recevais pas~~.
> → *je ne l'ai pas reçue.*

a) J'ai cherché sur Internet, mais je ne trouvais rien. → _____.
b) Ce jour-là, je faisais la connaissance de celle qui devait devenir ma femme.
    → _____.
c) Quand j'étais enfant, j'ai eu beaucoup d'amis. → _____.
d) Tous les matins, à 5 heures, nous l'avons entendu partir au travail.
    → _____.
e) Pendant 15 ans, nous avons eu un chat qui s'est appelé Minou.
    → _____.
f) Il entrait dans la pièce et s'est dirigé vers moi. → _____.
g) J'ai été en retard parce qu'il y avait un bouchon sur la route.
    → _____.
h) Nous revoyions la maison de notre grand-mère. Nous nous sommes promenés dans le jardin. Tout a été comme avant. → _____.

faire la connaissance de	kennenlernen	se diriger vers quelqu'un	auf jemanden zugehen
la pièce	das Zimmer	le bouchon	der Stau

→ GrLGr S. 299 ff.

144 *Imparfait* oder *passé composé*? Ergänzen Sie die Verben.

Faits divers

a) procéder – relever – pouvoir – essayer
Hier soir, les gendarmes de la brigade de Clairac _____ à des opérations de contrôle d'alcoolémie. Ils _____ chez un conducteur un taux de 2,25 gr/l. Après une course poursuite les gendarmes _____ rattraper un autre conducteur, qui _____ d'échapper au contrôle.

procéder à	durchführen	le taux	der Wert
relever	messen	rattraper	einholen
une alcoolémie	ein Blutalkoholspiegel	la course poursuite	die Verfolgungsjagd

b) opposer – vouloir – sortir – blesser – pouvoir
Une altercation _____ deux individus qui _____ régler une histoire de dettes. L'un d'eux _____ un petit couteau et _____ son antagoniste. La police, appelée sur les lieux, _____ intervenir à temps.

| une altercation | ein Streit | un antagoniste | ein Gegner |
| la dette | die Schuld | intervenir à temps | rechtzeitig eingreifen |

145 *Imparfait* oder *passé composé*? Ergänzen Sie die Verben.

Eine Lebensgeschichte

Raymond _____ orphelin. Ginette et André Leblanc, ses parents adoptifs _____ de lui dès les premières années de sa vie. Comme tous les enfants, il _____ à l'école où il _____ à lire, écrire et compter. Raymond _____ doué pour les études mais il n'_____ pas l'école. Il _____ traîner en ville ou aller au cinéma.
Dès qu'il _____ , c'est à dire à 16 ans, Raymond _____ l'école et il _____ à Paris. Là-bas, il _____ très vite de nouveaux amis : Raymond _____ intelligent, _____ vite et il _____ bientôt le meilleur cambrioleur de la ville.
Personne ne l'_____ jamais _____ entrer dans une maison ni en sortir. Il _____ ainsi pendant de nombreuses années et la police ne l'_____ jamais _____ .

| être |
| s'occuper |
| aller – apprendre |
| être |
| aimer – préférer |
| |
| pouvoir – quitter |
| partir – se faire |
| être – apprendre |
| devenir |
| voir |
| travailler |
| attraper |

→ GrLGr S. 299 ff.

un orphelin	ein Waise	traîner	sich herumtreiben
doué	begabt	le cambrioleur	der Einbrecher

146 **Übersetzen Sie das Ende der Geschichte.**

a) Eines Tages (er war 45 Jahre alt) hat Raymond gedacht, dass er für seinen Beruf zu alt war und ging in Rente.
b) Er hatte genug Geld.
c) Kurz darauf heiratete er Jeanne, die Chefin seiner Stammkneipe, und warf sich in das Abenteuer des wohlgeordneten Lebens.
d) Er verbrachte seine Zeit an der Theke und diskutierte mit den Kunden. Alle liebten ihn.
e) Raymond und Jeanne haben zwei Töchter bekommen, die eine ausgezeichnete Erziehung erhalten haben: Sie studierten beide Jura.
f) Die Jüngere ist Rechtsanwältin geworden und die Ältere Richterin.

prendre sa retraite	in Rente gehen	tout le monde	alle
peu de temps après	kurz darauf	recevoir une éducation	eine Erziehung erhalten
épouser	heiraten		
le café habituel	die Stammkneipe	faire des études de droit	Jura studieren
se lancer dans l'aventure	sich in das Abenteuer werfen	un avocat / une avocate	ein Rechtsanwalt / eine Rechtsanwältin
la vie bien rangée	das wohlgeordnete Leben	un aîné / une aînée	ein Älterer / eine Ältere
passer son temps	seine Zeit verbringen	le / la juge	der Richter / die Richterin
le comptoir	die Theke		

DIE ZEITEN DER VERGANGENHEIT • DAS *PASSÉ SIMPLE* → GrLGr S. 303 ff.

> Ils se **marièrent** et ils **eurent** beaucoup d'enfants.

Das *passé simple* wird heute nur noch in Erzählungen (Romanen, Märchen, historischen Berichten usw.) gebraucht. Es ist aus dem gesprochenen und geschriebenen Alltagsfranzösisch verschwunden und durch das *passé composé* ersetzt worden.
Die Endungen des *passé simple* lauten :
-ai, -as, -a, -âmes, -âtes, -èrent für alle Verben auf *-er*.
-is, -is, -it, -îmes, -îtes, -irent für die Verben auf *-ir* und die meisten auf *-re*.
-us, -us, -ut, -ûmes, -ûtes, -urent für die anderen Verben.
-ins, -ins, -int, -înmes, -întes, -inrent für die Verben *venir* und *tenir*.

147 **Lesen Sie die Zusammenfassung von der Fabel *Le Renard et la Cigogne* und markieren Sie die Verben, die im *passé simple* stehen.**

Le Renard se croyait malin. Il invita un soir la Cigogne à dîner, mais comme il était avare, il lui servit à manger dans une assiette plate. La Cigogne, avec son long bec, ne put attraper un seul morceau de viande. Elle rentra chez elle le ventre vide. Elle était furieuse et bien décidée à se venger.
Le Renard, lui, était fier d'avoir joué ce tour à la Cigogne. La Cigogne, peu de temps après, invita le Renard à venir manger chez elle. Elle prépara une soupe qu'elle servit dans un vase profond et étroit. Le Renard, avec son museau, ne parvint pas à manger la soupe. Il partit sans avoir mangé. Il était furieux et honteux et jura que la prochaine fois, il serait plus prudent.

le Renard et la Cigogne	der Fuchs und der Storch	jouer un tour	einen Streich spielen
		le museau	die Schnauze
avare	geizig	parvenir à	es schaffen
le bec	der Schnabel	être honteux	sich schämen
le ventre vide	mit leerem Bauch	jurer	schwören
se venger	sich rächen	prudent	vorsichtig

→ GrLGr S. 303 ff.

148 Ordnen Sie die *passé simple*-Formen dem Infinitiv zu.

> il but • il devint • ils vécurent • je naquis • ils tinrent • elle écrivit • elle crut •
> il plut • ils purent • ils furent • ils eurent • elle fit • il lut • nous sûmes

Infinitiv	passé simple		Infinitiv	passé simple
a) naître			h) tenir	
b) boire			i) écrire	
c) devenir			j) croire	
d) vivre			k) plaire	
e) être			l) avoir	
f) faire			m) lire	
g) savoir			n) pouvoir	

devenir	werden		plaire	gefallen
tenir	halten			

> Elle était en retard. Elle **entra** dans le magasin, en **ressortit** aussitôt parce qu'elle ne voulait pas faire la queue.

Das *passé simple* wird niemals für Beschreibungen verwendet. Das *passé simple* stellt das Geschehen als punktuell einsetzend dar, während das *imparfait* den Handlungsrahmen beschreibt.

149 *Imparfait* oder *passé simple*? Markieren Sie die passende Möglichkeit.
Es geht hier um zwei sehr bekannte Fabeln: „Der Rabe und der Fuchs" und „Die Grille und die Ameise".

a) Le corbeau (avait / eut) un fromage dans son bec. Le renard (arrivait / arriva) : il (avait / eu) faim et il (voulait / voulut) manger. Alors, il (faisait / fit) un compliment au corbeau. Le corbeau (ouvrait / ouvrit) le bec et (lâchait / lâcha) son fromage. Le renard (prenait / prit) le fromage : il (était / fut) content parce qu'il (avait / eut) ce qu'il (voulait / voulut). Le corbeau, lui, (était / fut) furieux.

le corbeau	der Rabe		lâcher	loslassen
le bec	der Schnabel		être content	sich freuen
le renard	der Fuchs		furieux	wütend

→ GrLGr S. 303 ff.

b) La cigale (adorait / adora) chanter et s'amuser. Elle (chantait / chanta) tout le temps et tout le monde (appréciait / apprécia) ses chansons. Pendant ce temps, la fourmi, elle, (travaillait / travailla) : elle (faisait / fit) des provisions pour l'hiver. Quand l'hiver (arrivait / arriva), la cigale, qui (avait / eut) froid et faim, (allait / alla) voir la fourmi pour lui demander de l'aide. Mais la fourmi (refusait / refusa) d'aider la cigale et lui (disait / dit) d'aller danser.

la cigale	die Grille	**la fourmi**	die Ameise
adorer	sehr gern tun	**les provisions**	die Vorräte
apprécier	schätzen	**refuser**	sich weigern

DIE ZEITEN DER VERGANGENHEIT • DAS *PLUS-QUE-PARFAIT* (PLUSQUAMPERFEKT) → GrLGr S. 312 ff.

> Il n'**avait** rien **mangé** et **était parti** sans dire un mot.

Das *plus-que-parfait* wird mit dem *imparfait* von *avoir* (haben) oder *être* (sein) und dem Partizip Perfekt des jeweiligen Verbs gebildet.
Für das *plus-que-parfait* gelten bezüglich Wahl und Angleichung des Partizip Perfekt die gleichen Regeln wie für das *passé composé*.

150 Ergänzen Sie die Formen des *plus-que-parfait* in der zweiten Spalte.

EXEMPLE Je n'ai pas compris cet exercice. → Je n'avais pas compris cet exercice.

a) Je n'ai rien vu. → Je _____.
b) Nous avons beaucoup voyagé. → Nous _____.
c) Il a pris 3 semaines de vacances. → Il _____.
d) Vous avez couru trop vite. → Vous _____.
e) Ils ont eu de la chance. → Ils _____.
f) Elles ont été très contentes. → Elles _____.

| courir → couru | rennen → gerannt | avoir de la chance | Glück haben |

> Je suis allé me coucher après que tout le monde **était parti**.

Das *plus-que-parfait* kennzeichnet abgeschlossene Vorgänge oder Zustände in der Vergangenheit oder drückt eine Vorzeitigkeit in Bezug auf eine Handlung aus, die im *imparfait*, *passé composé* oder *passé simple* wiedergegeben wird.

151 Ergänzen Sie die Verben im *plus-que-parfait*.

a) (voir) Il voulait aller au cinéma, mais elle _____ déjà _____ le film.
b) (finir) Il voulait l'aider, mais elle _____.
c) (sonner – ne pas ouvrir) Il _____ mais elle _____.
d) (réserver – manger) Il _____ une table au restaurant, mais elle _____ déjà _____.
e) (offrir – lire) Il lui _____ un livre qu'elle n' _____ pas _____.
f) (demander – dire) Il l' _____ en mariage, mais elle _____ non.

→ GrLGr S. 312 ff.

| demander en mariage | einen Heiratsantrag machen | emmener | mitnehmen |

Si **j'avais su**, **j'aurais téléphoné** plus tôt.

Das *plus-que-parfait* steht außerdem in Bedingungssätzen mit *si* in Verbindung mit dem *conditionnel passé* oder zum Ausdruck einer höflichen Bitte oder des Bedauerns.

152 Um welchen Gebrauch des *plus-que-parfait* handelt es sich in den folgenden Sätzen? Tragen Sie den entsprechenden Buchstaben ein: Vorzeitigkeit (a), Bedingungssatz (b) oder Bedauern (c).

a) Si j'avais été là, cela ne se serait pas passé comme ça.
b) Si seulement je l'avais su plus tôt !
c) Ah, si j'avais travaillé plus !
d) Il avait neigé toute la nuit, et au matin tout était blanc.
e) Je ne reconnaissais plus le quartier où j'avais passé mon enfance.
f) Si tu avais relu ton texte, tu aurais pu corriger les fautes.

| reconnaître | wieder erkennen | relire | noch einmal lesen |

153 Übersetzen Sie.

a) Wir waren am Strand, als das Gewitter losgebrochen war.
b) Er suchte sie, fand sie aber nicht: Sie hatte sich gut versteckt.
c) Ich wollte bleiben, aber sie hatte beschlossen, nach Hause zu gehen.
d) Wenn du aufgepasst hättest, hättest du das Auto, das von rechts kam, gesehen.
e) Die Jacke, die ich gekauft hatte, gefiel mir nicht mehr.
f) Als wir ankamen, hatte der Vortrag schon begonnen.

un orage éclate	ein Gewitter bricht los	plaire	gefallen
se cacher	sich verstecken	la conférence	der Vortrag
faire attention	aufpassen		

DIE ZEITEN DER VERGANGENHEIT • DAS *PASSÉ ANTÉRIEUR* → GrLGr S. 316 ff.

> Après qu'il **eut fini** de manger, il fit la sieste.

Das *passé antérieur* hat im Deutschen keine Entsprechung. Wie das *passé simple* wird es nur im gehobenen, meistens literarischen Sprachgebrauch verwendet und kommt in der direkten Rede nicht mehr vor.
Das *passé antérieur* wird hauptsächlich in temporalen Nebensätzen verwendet. Das Verb im Hauptsatz steht dann im *passé simple*.
Das *passé antérieur* wird gebildet mit dem *passé simple* von *avoir* oder *être* und dem Partizip Perfekt des entsprechenden Verbs.

154 *Passé simple* oder *passé antérieur*? Markieren Sie die richtige Möglichkeit.

Wie im Märchen …
a) Il (tendit / eut tendu) un piège. Après que les deux perdrix (entrèrent / furent entrées), il tira sur le cordon et les (prit / eut pris) toutes les deux.
b) Après qu'elle (s'assit / se fut assise) au bord de la fontaine, elle (vit / eut vu) une Dame magnifiquement vêtue, qui venait vers elle.
c) Quand elle (rentra / fut rentrée) au Palais, le Roi et la Reine (furent / eurent été) bien soulagés. Elle leur (raconta / eut raconté) ce qui lui était arrivé.
d) Après que le Prince (comprit / eut compris) que tout cela était inutile, il (renonça / il eut renoncé) à son projet.
e) Après que les douze coups de minuit (sonnèrent / eurent sonné), Cendrillon (se retrouva / se fut retrouvée) dans ses vieux habits.

tendre un piège	eine Falle stellen	être soulagé	erleichtert sein
la perdrix	das Rebhuhn	renoncer à	verzichten auf
tirer sur le cordon	an der Schnur ziehen	Cendrillon	Aschenputtel
vêtu	angezogen	les habits	die Kleider

DAS FUTUR

→ GrLGr S. 263 ff.

> Nous **partirons** dès que vous **serez** prêts.

Das Futur drückt Handlungen und Ereignisse aus, die in der Zukunft stattfinden. Die Endungen des Futur I gelten für alle Verben, auch für die unregelmäßigen. Sie werden in der Regel an den Infinitiv angehängt. Verben auf *-re* verlieren jedoch das *-e*: prendre → *je prendrai*.

155 **Ergänzen Sie die Verben im Futur.**

a) Nous _____ de bonne heure dimanche.
b) Je ne _____ pas ce week-end.
c) On _____ très bien ici.
d) _____-vous du thé ou du café, demain matin ?
e) Tu lui _____ et il se _____, c'est sûr.
f) Elles _____ avant vous.

| partir |
| travailler |
| dormir |
| prendre |
| parler / se calmer |
| arriver |

| de bonne heure | früh | se calmer | sich beruhigen |

> Nous **achèterons** une nouvelle voiture l'année prochaine.

Verben auf *-yer* und Verben mit „stummem *e*" vor der Infinitiv-Endung bilden die Futur-Formen aus der 1. Person des Indikativ Präsens:
essayer → j'essaie / j'essaye → j'essaierai / j'essayerai
appuyer → j'appuie → j'appuierai
acheter → j'achète → j'achèterai.

156 **Ergänzen Sie die Sätze mit den angegebenen Verben im Futur.**

a) La prochaine fois, j' _____ de faire mieux.
b) Nous nous _____ très tôt demain.
c) J' _____ votre candidature, promis.
d) Pour y parvenir, nous _____ une méthode innovante.
e) Je me _____ en t'attendant.
f) Vous verrez, vous ne vous _____ pas.
g) Nous _____ tous ces vieux papiers.
h) Il _____ cette nuit.

| se lever |
| appuyer |
| essayer |
| geler |
| employer |
| s'ennuyer |
| jeter |
| se promener |

→ GrLGr S. 263 ff.

appuyer	*hier* unterstützen	s'ennuyer	sich langweilen
pour y parvenir	um (unser Ziel) zu erreichen	jeter	wegwerfen
		geler	frieren
employer	benutzen, verwenden		

Viele unregelmäßige Verben haben einen unregelmäßigen Futur-Stamm.
Die Endungen sind aber stets regelmäßig.

157 **Ergänzen Sie die Verben im Futur.**

Bulletin météorologique : Le temps prévu pour aujourd'hui

a) Il y _____ aussi quelques flocons en plaine.
b) Le soleil _____ une timide apparition.
c) Mais les nuages _____ en fin d'après-midi.
d) Ailleurs, le temps _____ calme dans l'ensemble.
e) Sur le reste du pays la grisaille _____ .
f) Il _____ sur les Alpes.
g) Les pluies _____ la Provence et la Côte d'Azur.

avoir
faire
s'imposer
rester
dominer
neiger
gagner

le bulletin météorologique	der Wetterbericht	une apparition	eine Erscheinung
		ailleurs	woanders
le flocon	die Flocke	la grisaille	das Grau
la plaine	die Ebene	gagner	erreichen, gewinnen
timide	schüchtern		

158 **Ergänzen Sie die Verben im Futur.**

Horoscope

a) Vous _____ en osmose avec votre partenaire.
b) Vous _____ une énergie contagieuse.
c) Vous _____ mieux exploiter vos ressources personnelles.
d) Vous n' _____ cependant pas autant que vous l'espérez.
e) Les remarques de vos proches ne _____ pas avancer les choses.
f) Vous _____ à bout de tous vos soucis.
g) A partir du 25, vous _____ prendre des décisions concrètes.
h) Il _____ faire attention à votre santé.
i) Vous _____ vos efforts récompensés en fin de semaine.
j) Vous _____ au bout de tous vos projets.

être
avoir
savoir
obtenir
faire
venir
pouvoir
falloir
voir
aller

→ GrLGr S. 263 ff.

contagieux	ansteckend	venir à bout de	fertigwerden mit
la ressource personnelle	die persönliche Fähigkeit	un effort	eine Anstrengung
		récompenser	belohnen
cependant	jedoch	aller au bout de quelque chose	etwas zu Ende bringen
les proches	die Nahestehenden		

> Il **va pleuvoir** d'un instant à l'autre.

Das *futur proche* (= nahe Zukunft) oder *futur composé* drückt ebenfalls zukünftige Handlungen aus. Es wird aus der Präsensform von *aller* (gehen) und dem Infinitiv des jeweiligen Verbs gebildet.
Futur simple und *futur proche* sind meistens austauschbar. Beide kommen sowohl im geschriebenen als auch im gesprochenen Französisch vor.

159 **Ergänzen Sie die fehlenden Futur-Formen.**

Futur I	Futur proche
a) Il pleuvra cette nuit.	Il va pleuvoir cette nuit.
b) Je passerai demain.	Je _____.
c) Nous _____.	Nous allons nous marier bientôt.
d) Je lui dirai ce que je pense.	Je _____.
e) Ce _____.	Ça ne va pas être facile.
f) Elle n'oubliera rien.	Elle _____.
g) J'aurai une augmentation.	Je _____.
h) Ils _____.	Ils vont envoyer le mail demain.

se marier	heiraten	une augmentation	eine Gehaltserhöhung
oublier	vergessen	envoyer	schicken

In einigen Fällen sind *futur simple* und *futur proche* nicht austauschbar. Das *futur proche* wirkt etwas dynamischer und wird im gesprochenen Französisch immer öfter anstelle des *futur simple* verwendet. Es wird außerdem verwendet, wenn der Zeitpunkt der Handlung unmittelbar bevorsteht und um eine vage Absicht, eine Warnung oder eine Entrüstung auszudrücken.

→ GrLGr S. 263 ff.

160 **Markieren Sie die bessere Möglichkeit.**

a) En 2015, un policier sur deux (sera / va être) une femme.
b) J'ai faim, je (me ferai / vais me faire) un sandwich.
c) Je (lui téléphonerai / vais lui téléphoner) tout de suite.
d) Attention, le train (partira / va partir).
e) Je sais ce que vous (me direz / allez me dire).
f) Le spectacle (commencera / va commencer) à 20h30.
g) Vous (prendrez / allez prendre) rendez-vous avec notre client.
h) Prends un parapluie, il (pleuvra / va pleuvoir).
i) Attends, je (t'aiderai / vais t'aider).
j) Je suis fatigué, (j'irai / je vais aller) me coucher.

le policier	der Polizist	le spectacle	die Vorstellung

Je répondrai dès que j'**aurai reçu** votre lettre.

Das Futur II (*futur antérieur*) bezeichnet Ereignisse, die in der Zukunft als abgeschlossen gesehen werden.
Das Futur II wird mit den Futur-Formen von *être* oder *avoir* und dem Partizip Perfekt des entsprechenden Verbs gebildet.
Im Deutschen wird das *futur antérieur* oft mit dem Perfekt wiedergegeben.

161 **Verbinden Sie die Elemente rechts und links zu sinnvollen Sätzen.**

a) Quand vous lui aurez parlé, | mes parents m'achèteront une voiture.
b) Quand j'aurai fait mes bagages, | nous vendrons le nôtre.
c) Dès que j'aurai passé le permis, | tu rangeras la cuisine.
d) Dès que nous aurons trouvé un nouvel appartement, | j'appellerai un taxi.
e) Dès qu'il aura cessé de pleuvoir, | vous en saurez plus.
f) Quand tu auras fini de manger, | nous pourrons sortir.

faire ses bagages	packen
cesser de	aufhören zu

passer le permis	den Führerschein machen
ranger	aufräumen

Das Futur 105

→ GrLGr S. 263 ff.

162 *Futur simple* oder *futur antérieur*? Ergänzen Sie die Verben.

a) Je _____ dès que j'_____ mes examens.
b) Nous vous _____ dès que nous _____ .
c) Il _____ mieux quand il _____ du travail.
d) Tu _____ ton argent de poche dès que tu _____ ta chambre.
e) Je te _____ dès que j'_____ ton mail.
f) Vous _____ mieux quand vous _____ ce sirop.

venir / finir
prévenir / rentrer
aller / retrouver
avoir / ranger

répondre / recevoir
se sentir / prendre

| prévenir | Bescheid sagen | un argent de poche | ein Taschengeld |
| dès que | sobald | le sirop | der Sirup |

DAS CONDITIONNEL

→ GrLGr S. 322 ff.

> Qu'est-ce que tu **ferais** à ma place ?

Mit dem *conditionnel* wird das Geschehen als möglich (nicht real) dargestellt.
Die regelmäßigen Formen des *conditionnel présent (= conditionnel I)* werden aus dem Infinitiv abgeleitet.

Die unregelmäßigen Verben haben denselben unregelmäßigen Stamm wie beim Futur I: *je viendrais, tu viendrais ...*

Bei den Verben mit „stummem e" vor der Infinitiv-Endung oder den Verben auf *-yer* wird das *conditionnel I* aus der 1. Person Singular Präsens + *-r* gebildet: *acheter* → *j'achèterais* und *essuyer* → *j'essuierais*.

163 Leiten Sie die Formen des *conditionnel présent* ab.

a) apprendre → j' _____ elle _____ nous _____
b) acheter → tu _____ il _____ ils _____
c) oublier → elle _____ nous _____ elles _____
d) créer → je _____ tu _____ vous _____
e) finir → elle _____ vous _____ ils _____
f) essayer → tu _____ on _____ vous _____
g) jeter → il _____ nous _____ ils _____

164 Verben mit unregelmäßigem Stamm. Vervollständigen Sie die Sätze mit den Formen des *conditionnel présent*.

a) On _____ se voir plus souvent.
b) Nous _____ mieux de partir.
c) Vous _____ en profiter.
d) Ce _____ le moment idéal pour en parler.
e) Vous _____ la tête des autres !
f) Ils _____ au moins s'excuser.
g) Elle _____ tort de ne pas en profiter.
h) Il _____ informer les parents.
i) Pour elle il _____ jusqu'au bout du monde.

devoir
faire
devoir
être
voir
pouvoir
avoir
falloir
aller

au moins	wenigstens
avoir tort	unrecht haben
informer	benachrichtigen
le bout du monde	das Ende der Welt

→ GrLGr S. 322 ff.

> Elle **viendrait** peut-être et ils **pourraient** enfin s'expliquer.

Mit dem *conditionnel* wird das Geschehen als imaginiert dargestellt: Träume, Wunschvorstellungen, Vermutungen oder nicht bestätigte Informationen werden mit dem *conditionnel* ausgedrückt.

> **Pourriez**-vous m'aider, s'il vous plaît ?

Wie der deutsche Konjunktiv II wird das *conditionnel* zur höflichen Formulierung von Wünschen, Bitten und Vorwürfen verwendet.

165 Formulieren Sie Vermutungen. Verwenden Sie dabei das *conditionnel*.

EXEMPLE Ils viennent demain. → Ils *viendraient* demain.

Il paraît que …
a) le SMIC va augmenter de 3%. →
b) le chômage est en régression. →
c) l'obésité touche surtout les jeunes. →
d) ce médicament a des effets secondaires. →
e) les résultats paraissent demain. →
f) le Premier Ministre va démissionner. →

Il paraît que …	Es heißt, dass …	une obésité	eine Dickleibigkeit
le SMIC	der Mindestlohn	toucher	betreffen
le chômage	die Arbeitslosigkeit	paraître	erscheinen
la régression	der Rückgang	démissionner	zurücktreten

166 Formulieren Sie höfliche Bitten, Wünsche oder Vorwürfe mit dem *conditionnel*.

EXEMPLE Tu travailles trop. → Tu *devrais* travailler moins.

a) Avez-vous des timbres ? → ?
b) Peux-tu me remplacer demain ? → ?
c) Prends des vacances. →
d) Nous souhaitons dîner tôt. →
e) Il vaut mieux attendre. →
f) Tu roules trop vite. →

→ GrLGr S. 322 ff.

| remplacer | vertreten | rouler | *hier* fahren |

167 Träumen Sie ein wenig. Setzen Sie die Verben ins *conditionnel présent*.

L'entreprise idéale
a) Tout le monde _____ des horaires aménagés.
b) Tous les ans on nous _____ une augmentation de salaire.
c) Notre pouvoir d'achat _____ régulièrement.
d) Nous _____ profiter de six semaines de vacances par an.
e) Chacun _____ libre de travailler plus de 35 heures.
f) L'entreprise nous _____ les heures supplémentaires.
g) On _____ le treizième mois.
h) On _____ le droit de grève bien sûr.
i) Chacun _____ de l'âge de son départ en retraite.
j) À travail égal, les femmes _____ le même salaire que les hommes.

profiter
accorder
augmenter
pouvoir
être
payer
percevoir
conserver
décider
toucher

les horaires aménagés	die Gleitzeit	le pouvoir d'achat	die Kaufkraft
accorder	gewähren	percevoir le treizième mois	das 13. Monatsgehalt bekommen
une augmentation de salaire	eine Gehaltserhöhung	la grève	der Streik

> Tu **aurais dû** me téléphoner, je **serais venu** tout de suite.

Das *conditionnel II (conditionnel passé)* wird gebildet aus *avoir* oder *être* im *conditionnel I* und dem Partizip Perfekt des entsprechenden Verbs:
faire → j'aurais fait, venir → il serait venu.
Das *conditionnel II* drückt Handlungen und Ereignisse aus, die in der Vergangenheit hätten eintreten können, aber nicht eingetreten sind.

168 Der Traum ist vorbei. Setzen Sie die Sätze aus der vorigen Übung ins *conditionnel II*.

a) Tout le monde *aurait profité* des horaires aménagés.
b) Tous les ans on _____.
c) Notre pouvoir d'achat _____.
d) Nous _____.
e) Chacun _____.

→ GrLGr S. 322 ff.

f) L'entreprise nous ....
g) On ....
h) On ....
i) Chacun ....
j) À travail égal, les femmes ....

169 **Übersetzen Sie.**

a) Ich hätte so gern diese Ausstellung besucht!
b) Hätten sie uns benachrichtigt, wären wir nicht umsonst gekommen.
c) Sie sollten sich anschnallen.
d) Du hättest früher daran denken sollen.
f) Ohne diesen Stau wären sie pünktlich angekommen.
e) Wir würden uns freuen, Sie kennenzulernen.
f) Ich hätte niemals gedacht, dass er es schaffen würde.
g) Wenn ich du wäre, würde ich annehmen.

visiter une exposition	eine Ausstellung besuchen	être à l'heure	pünktlich sein
		être heureux de	sich freuen
prévenir quelqu'un	jemanden benachrichtigen	faire la connaissance de quelqu'un	jemanden kennenlernen
venir pour rien	umsonst kommen	réussir	*hier* es schaffen
mettre la ceinture	sich anschnallen	accepter	annehmen
le bouchon, l'embouteillage	der Stau		

110 Das *conditionnel*

DER *SUBJONCTIF*

→ GrLGr S. 332 ff.

Von den vier Zeiten des *subjonctif* (*subjonctif présent*, *subjonctif imparfait*, *subjonctif passé* und *subjonctif plus-que-parfait*) werden im heutigen Alltagsfranzösisch nur noch zwei verwendet: der *subjonctif présent* und der *subjonctif passé*. Aus diesem Grund werden in den folgenden Übungen nur diese beiden Zeiten trainiert.

Die Endungen des *subjonctif présent* (*-e, -es, -e, -ions, -iez, -ent*) sind für alle Verben (außer *être* und *avoir*) regelmäßig. Sie werden an den Stamm der 3. Person Plural (*ils / elles*) des Indikativ Präsens angehängt: *ils finissent → que je finisse*.

Verben mit Stammwechsel im Indikativ Präsens haben auch im *subjonctif* zwei Stammformen:
prendre → nous prenons → que nous prenions
        → ils prennent → que je prenne.

170 **Ergänzen Sie die Tabelle mit den fehlenden Formen.**

Infinitiv	Indikativ Präsens	subjonctif présent
a) venir	ils viennent	qu'ils viennent
	nous venons	que nous venions
b) appeler	ils _____	qu'ils _____
	nous appelons	que nous _____
c) acheter	ils achètent	qu'ils _____
	nous _____	que nous _____
d) voir	ils _____	qu'ils voient
	nous _____	que nous _____
e) employer	ils _____	qu'ils _____
	nous employons	que nous _____
f) s'ennuyer	ils _____	qu'ils s'ennuient
	nous _____	que nous _____

> Il faut qu'il **soit** prudent et qu'il **ait** de la patience.

Nur wenige Verben haben einen unregelmäßigen *subjonctif*-Stamm.
Als einzige Verben haben *être* und *avoir* im *subjonctif présent* für die 3. Person Singular die Endung *-t*.

→ GrLGr S. 332 ff.

171 Setzen Sie die in Klammern stehenden Verben in den *subjonctif*.

C'est le chef qui décide … Je voudrais …
a) qu'on .... (travailler) plus en équipe,
b) que vous .... (être) conscients des enjeux,
c) que nous n' .... (avoir) qu'un seul but : décrocher ce marché,
d) que, toi, Pierre, tu .... (prendre) les choses en main,
e) que tu .... (s'occuper) de la coordination du projet,
f) que Madame Bô .... (faire) une analyse détaillée des statistiques,
g) que Zoé et Irma .... (venir) me voir après,
h) que Jean .... (pouvoir) nous donner des informations sur les clients,
i) que Martin et Paul .... (aller) au rendez-vous, comme prévu.

| une équipe | ein Team |
| les enjeux | was auf dem Spiel steht |

| décrocher un marché | einen Markt gewinnen |
| comme prévu | wie geplant |

Je souhaite qu'elle se **soit trompée**.

Der *subjonctif passé* wird aus dem *subjonctif présent* von *avoir* oder *être* und dem Partizip Perfekt des jeweiligen Verbs gebildet.
Im Gegensatz zum *subjonctif présent* bezeichnet der *subjonctif passé* ein abgeschlossenes Geschehen:
Je ne crois pas qu'il **pleuve**. Ich glaube nicht, dass es regnen wird.
Je ne crois pas qu'il **ait plu**. Ich glaube nicht, dass es geregnet hat.

172 Ergänzen Sie die Formen des *subjonctif passé*.

EXEMPLE elle est restée → Je doute qu'elle *soit restée* longtemps.

a) avoir choisi
 → Je suis contente que vous .... cette solution.
b) n'avoir rien compris
 → Je regrette que tu .... au problème.
c) avoir pris
 → Je ne supporte pas qu'elle .... la chose à la légère.
d) être parti
 → C'est étonnant qu'il .... sans rien me dire.

→ GrLGr S. 332 ff.

e) avoir changé
   → Je ne comprends pas qu'il _____ d'avis si brusquement.
f) s'être blessé
   → Je suis désolé que tu _____ à la compétition.

prendre à la légère	auf die leichte Schulter nehmen	blesser	verletzen
		la remarque	die Bemerkung

173 *Subjonctif présent* **oder** *passé***? Ergänzen Sie die** *subjonctif***-Formen.**

a) (échouer) Je suis désolé qu'elle _____ à son examen.
b) (partir) J'aimerais que vous _____ .
c) (écrire) Elle souhaiterait que tu _____ plus souvent.
d) (être) Êtes-vous vraiment sûr que ce _____ le bon moment ?
e) (attendre) Il est scandaleux que vous _____ aussi longtemps.
f) (gagner) Nous sommes fiers qu'elle _____ ce prix.
g) (dire) Je n'arrive pas à croire qu'il _____ ça.
h) (arriver) Il faut absolument que nous _____ à l'heure.

être désolé	leidtun	fier	stolz
échouer	durchfallen	gagner	gewinnen

Der *subjonctif* im Französischen ist subjektiv, emotional-affektiv. Er steht nach bestimmten Verben, verbalen Ausdrücken und Konjunktionen, auch *subjonctif*-Auslöser genannt.

174 **Die** *subjonctif***-Auslöser**

a. **Markieren Sie die Verben und verbalen Ausdrücke, die den** *subjonctif* **erfordern.**

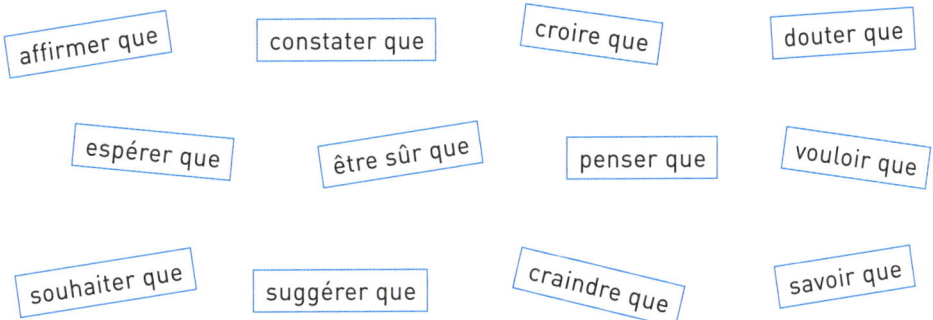

Der *subjonctif*

→ GrLGr S. 332 ff.

b. *Subjonctif* **oder Indikativ? Markieren Sie die richtige Möglichkeit.**

Qu'est-ce qui lui arrive ?

a) On espère qu'il (sait / sache) ce qu'il fait.
b) Je doute que les choses (se sont / se soient) passées comme ça.
c) Elle est sûre qu'il (a / ait) inventé toute cette histoire.
d) Nous avons peur qu'il ne (veut / veuille) pas nous voir.
e) Voulez-vous que nous (sommes / soyons) plus francs avec lui ?
f) Tu sais qu'on ne (peut / puisse) pas lui dire.
g) C'est vraiment dommage qu'il ne (veut / veuille) pas se faire aider.
h) Nous souhaitons tous qu'il s'en (sort / sorte).

inventer	erfinden	franc / franche	aufrichtig
en face	ins Gesicht	s'en sortir	es schaffen

175 Der *subjonctif* nach Konjunktionen.

a. Markieren Sie die Konjunktionen, die den *subjonctif* erfordern.

pour que • parce que • avant que • après que • comme • à condition que • dès que • jusqu'à ce que • si • bien que

b. Ergänzen Sie die Konjunktionen.

a) J'attendrais _____ tu aies fini.
b) On ne peut pas laisser passer ça _____ ce ne soit pas très grave.
c) Je te prête ma voiture _____ tu ne boives pas.
d) Nous l'informerons en détail _____ il puisse se décider.
e) Va leur dire bonjour _____ ils ne s'en aillent.

laisser passer	durchgehen lassen	se décider	sich entscheiden

> **Il** veut **se lever** tôt.
> **Je** veux que **vous vous leviez** tôt aussi.

Bei Subjektgleichheit im Haupt- und Nebensatz (Beispiel 1) wird eine Infinitiv-Konstruktion verwendet.

→ GrLGr S. 332 ff.

176 **Übersetzen Sie zu Ende und verwenden Sie, wenn möglich, eine Infinitiv-Konstruktion.**

a) Es tut mir leid, Sie zu belästigen.
 → Je regrette _____.
b) Wir freuen uns, dass alle da sind.
 → Nous nous réjouissons que tout le monde _____.
c) Er ist überrascht, sie hier zu sehen.
 → Il est surpris _____.
d) Ich bin nicht sicher, Ihre Frage verstanden zu haben.
 → Je ne suis pas sûr _____.
e) Ihr Vater will nicht, dass sie nach England geht.
 → Son père ne veut pas _____.
f) Ich finde es furchtbar, dass die Zeitung solche Bilder veröffentlicht hat.
 → Je trouve horrible _____.

déranger	belästigen	publier	veröffentlichen
surpris(e)	überrascht	de telles photos	solche Bilder

> Êtes-vous sûr qu'ils **soient** honnêtes ?

Nach Verben der Meinungsäußerung ist der *subjonctif* erforderlich, wenn diese in verneinter oder fragender Form verwendet werden.
In einigen Fällen kann der Sprechende jedoch entscheiden, welchen Modus er verwenden will: Will er klarmachen, dass es an der Aussage Zweifel gibt, verwendet er den *subjonctif*; will er dagegen Zweifel ausschließen, verwendet er den Indikativ.

177 **Kann der Indikativ den *subjonctif* ersetzen? Markieren Sie die richtige/-n Möglichkeit/-en.**

EXEMPLE Je ne pense pas qu'il (**vienne** / **viendra**).

a) Je suis sûre que ça (va / aille) marcher.
b) Il ne supporte pas qu'on lui (fait / fasse) la morale.
c) Je ne crois pas qu'elle (a / ait) plus de 30 ans.
d) Il semble que la situation (soit / est) calme.
e) Nous sommes d'avis qu'il (faut / faille) l'encourager.
f) Vous ne tolérez pas qu'elle en (sait / sache) plus que vous.

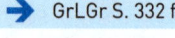 GrLGr S. 332 ff.

| supporter | ertragen | être d'avis | der Meinung sein |
| faire la morale à quelqu'un | jemandem eine Moralpredigt halten | encourager | ermutigen |

> Il faut qu'il **réponde** vite, c'est à dire qu'il **ait répondu** avant demain.

Zeitenfolge: Steht das Verb im Hauptsatz im Präsens oder Futur, so drückt der *subjonctif présent* Gleich- oder Nachzeitigkeit aus, der *subjonctif passé* Vorzeitigkeit. Die Regel zur Zeitenfolge mit *subjonctif imparfait* und *plus-que-parfait* wird heute nur sehr selten befolgt: Im heutigen Alltagsfranzösisch wird, auch wenn das Verb im Hauptsatz in einer Zeit der Vergangenheit steht, der *subjonctif présent* verwendet: *Il fallait qu'il vienne / soit venu.*

178 *Subjonctif présent* **oder** *passé*? **Markieren Sie die richtige Alternative.**

a) Il veut que vous (répondiez / ayez répondu) à sa lettre tout de suite.
b) Je crains qu'elle (ne prenne / n'ait pris) froid hier soir.
c) Nous aurions préféré que tu (viennes / sois venu) en train demain.
d) Tu es soulagé qu'il (retrouve / ait retrouvé) ses papiers.
e) Je suis heureux que vous (trouviez / ayez trouvé) un appartement.
f) Je m'étonne qu'elle ne (passe / soit pas passée) chez nous hier.

| craindre | befürchten | soulagé | erleichtert |
| prendre froid | sich erkälten | s'étonner | sich wundern |

DER IMPERATIV
➔ GrLGr S. 355 ff.

> **Entrez** et **prenez** place.

Der Imperativ wird für Befehle, Ratschläge, Ge- und Verbote verwendet. Er hat kein explizites Subjekt und wird nur in der 2. Person Singular (*tu*) und in der 1. und 2. Person Plural (*nous* und *vous*) verwendet.

179 Gebrauch des Imperativs: Ordnen Sie zu.

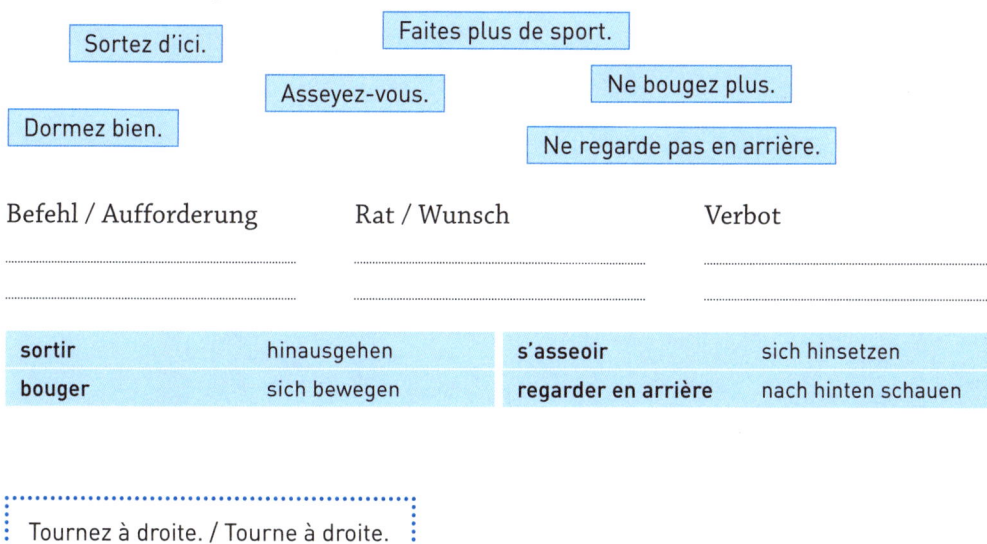

| sortir | hinausgehen | s'asseoir | sich hinsetzen |
| bouger | sich bewegen | regarder en arrière | nach hinten schauen |

> Tournez à droite. / Tourne à droite.

Die Imperativ-Formen aller Verben werden vom Indikativ Präsens abgeleitet. Es gibt nur vier Ausnahmen. Bei den Verben auf *-er* fehlt bei der 2. Person das *-s*.

180 Der Französischlehrer gibt Anweisungen. Bilden Sie Imperativ-Sätze.

EXEMPLE Vous écoutez le CD. → *Écoutez* le CD.

a) Tu ouvres ton livre à la page 7.   .... ton livre à la page 7.
b) Vous travaillez en groupe.   .... en groupe.
c) Nous découvrons la règle ensemble.   .... la règle ensemble.
d) Vous complétez le tableau.   .... le tableau.
e) Nous jouons la scène.   .... la scène.
f) Tu coches la bonne réponse.   .... la bonne réponse.
g) Nous conjuguons le verbe au présent.   .... le verbe au présent.

→ GrLGr S. 355 ff.

à la page	auf Seite
découvrir la règle	die Regel entdecken
compléter le tableau	die Tabelle ergänzen

cocher la bonne réponse	die richtige Antwort ankreuzen
conjuguer	konjugieren, beugen
au présent	im Präsens

181 Bilden Sie die Imperativ-Formen für die 2. Person.

a) écrire une lettre
b) ne pas boire trop
c) attendre un instant
d) ne pas rire si fort
e) dire la vérité
f) prendre place

(tu)

a) _____
b) _____
c) _____
d) _____
e) _____
f) _____

(vous)

_____
_____
_____
_____
_____
_____

dire la vérité	die Wahrheit sagen
boire trop	zu viel trinken

un instant	ein Augenblick
rire fort	laut lachen

> **Ayez** le courage de vos opinions et **soyez** persévérants !

Nur vier Verben (*avoir*, *être*, *vouloir* und *savoir*) bilden den Imperativ unregelmäßig. Es lohnt sich, sich die Formen dieser Verben einzuprägen.

182 Setzen Sie die passende Imperativ-Form ein.

EXEMPLE Ils savent tout. → *Ayons* le courage d'avouer. (avoir le courage d'avouer.)

a) Vous êtes trop prudents. .... prendre des risques. (savoir)
b) Je te trouve bien pessimiste. .... plus confiant. (être)
c) Nous sommes tous concernés. .... solidaires. (être)
d) On ne peut pas tout accepter. .... dire non. (savoir)
e) Vous êtes bien impatient. .... attendre un peu. (vouloir)
f) Ce n'est pas facile pour vous, je sais. .... un peu de patience. (avoir)

→ GrLGr S. 355 ff.

persévérant	hartnäckig	plus confiant	zuversichtlicher
avoir le courage d'avouer	den Mut haben zuzugeben	être concerné	betroffen sein
		impatient	ungeduldig
trop prudent	zu vorsichtig	avoir de la patience	Geduld haben
prendre des risques	Risiken eingehen		

Ne **me** dérange pas pour un rien. Laisse-**moi** un peu tranquille !

Für die Stellung der Pronomen im Imperativ-Satz ist es entscheidend, ob der Imperativ bejaht oder verneint ist.
Im bejahten Imperativ-Satz steht das Verb an erster Stelle und die Pronomen werden mit Bindestrich an das Verb angeschlossen. Die Pronomen *me* und *te* werden im bejahten Imperativ-Satz durch die betonten Formen *moi* und *toi* ersetzt.
Vor den Pronomen *en* und *y* wird im bejahten Imperativ bei den Verben auf *-er* und bei *aller* bei der 2. Person Singular das *-s* wieder hinzugefügt: *Vas-y vite*.
Im verneinten Imperativ-Satz stehen die Pronomen wie im Aussagesatz vor dem Verb.

183 **Bilden Sie Imperativ-Sätze. Er setzen Sie das unterstrichene Objekt durch ein Pronomen.**

Bonnes vacances, mon chéri ! Amuse-**toi** bien ! Je te demande juste une chose :

EXEMPLE ... de téléphoner <u>à tes parents</u>. → *Téléphone-leur dès ton arrivée.*

a) ... d'écrire <u>à ta grand-mère</u> → _____ une carte postale.
b) ... de mettre <u>ton appareil dentaire</u> → _____ la nuit.
c) ... de ranger <u>tes affaires.</u> → _____ dans l'armoire.
d) ... de faire <u>tes devoirs</u> de vacances. → _____ le matin.
e) ... de prendre <u>ta crème solaire</u> à la plage. → _____ à la plage.
f) ... de <u>te</u> coucher de bonne heure. → _____ vers 10 heures.

juste une chose	nur eins	ranger ses affaires	seine Sachen aufräumen
dès ton arrivée	gleich bei deiner Ankunft	une armoire	ein Schrank
un appareil dentaire	eine Zahnspange	se coucher de bonne heure	früh ins Bett gehen

Der Imperativ

184 Ergänzen Sie die Tabelle mit den fehlenden Formen.

EXEMPLE Asseyez-vous là.   Ne vous asseyez pas là.

bejahter Imperativ-Satz   **verneinter Imperativ-Satz**
a) _____.   Ne me téléphone pas.
b) _____.   N'y pense plus.
c) Rapporte-moi le journal.   _____.
d) _____.   N'en achète pas.
e) Pressons-nous.   _____.
f) _____.   Ne m'appelez pas avant demain.

s'asseoir	sich hinsetzen	penser à	denken an
rapporter	zurückbringen	se presser	sich beeilen

185 Der Chef an seinen Mitarbeiter. Bringen Sie die Sätze in Ordnung und entscheiden Sie, ob die Pronomen voran- oder nachgestellt werden.

a) moi / s'il vous plaît / le chef / passez / du personnel,
→ _____.

b) la / une photocopie / faites / du document et / moi / apportez / moi
→ _____.

c) si / dites / M. Monge / de rappeler / téléphone / lui / dans une heure
→ _____.

d) je / en réunion / dérangez pas / me / suis / ne / si
→ _____.

e) les / terminez / postez / les lettres / et / avant midi
→ _____.

passer	reichen, geben	déranger	stören
la réunion	die Besprechung	poster	einwerfen

Neben dem Imperativ gibt es andere Möglichkeiten, Ge- oder Verbote in allen Nuancen auszudrücken, z. B.:
– den Infinitiv: *Servir frais.*
– verblose Sätze: *Stop !*
– das Futur: *Tu ne sortiras pas ce soir !*
– den *subjonctif*: *Sois prudente.*

186 **Alternative Konstruktionen zum Imperativ.**

a. Sagen Sie dasselbe mit einem Imperativ wie im Beispiel.

EXEMPLE Il est interdit de marcher sur les pelouses. → *Ne marchez pas sur les pelouses.*

a) Il est obligatoire de tenir les chiens en laisse. → _____.
b) Prudence ! → _____.
c) Il faut que tu prennes des vacances. → _____.
d) Tu penseras à moi demain matin. → _____.

il est interdit	es ist verboten	tenir les chiens en laisse	Hunde an der Leine führen
marcher sur les pelouses	den Rasen betreten	il faut que tu …	du musst …

b. Durch welche Konstruktionen können Sie die folgenden Imperativ-Sätze ersetzen?

EXEMPLE Ne parlez pas au conducteur. → *Défense de parler au conducteur.*

a) Entrez sans frapper. → _____.
b) Taisez-vous ! → _____.
c) Fermez la porte, s'il vous plaît. → _____.
d) Ne fumez pas ici. → _____.

le conducteur	der Fahrer	frapper	(an)klopfen
défense de	verboten	se taire	schweigen

187 **Übersetzen Sie ins Französische.**

a) Hören Sie zu und sprechen Sie nach!
b) Verlier deine Schlüssel nicht!
c) Lass uns zahlen und gehen!
d) Denkt nach, bevor ihr antwortet!
e) Haben Sie keine Angst und seien Sie nicht so nervös!
f) Brot? – Ja, bring welches mit!

répéter	*hier* nachsprechen	avant de	bevor
partir	*hier* gehen	avoir peur	Angst haben

DIE ZEITENFOLGE • DER IRREALE BEDINGUNGSSATZ
→ GrLGr S. 378 ff.

> Si j'**avais** le temps, je t'**aiderais**.

Bezieht sich die Bedingung auf die Gegenwart oder die Zukunft, so steht im *si*-Satz das *imparfait* und im Hauptsatz das *conditionnel présent* (I).

> Si j'**avais eu** le temps, je t'**aurais aidé**.

Bezieht sich die Bedingung auf die Vergangenheit, so steht im *si*-Satz das *plus-que-parfait* und im Hauptsatz das *conditionnel passé* (II).

188 Verbinden Sie die Teilsätze, die zusammengehören.

a) Si je refusais cette proposition — je serais venu te chercher.
b) Si elle avait reconnu ses torts — je pourrais le regretter.
c) Si vous deviez changer d'avis — nous pourrions en discuter.
d) Si tu m'avais prévenu — nous aurions été indulgents
e) Si ça n'allait pas mieux demain — tu n'aurais pas redoublé.
f) Si tu avais travaillé plus — nous ferions venir le docteur.

| reconnaître | einsehen | indulgent | nachsichtig, tolerant |
| le tort | die Schuld | redoubler | wiederholen, sitzen bleiben |

189 Ein Gedankenspiel: Was wäre, wenn … / Was wäre gewesen, wenn …?

EXEMPLE S'il pleut, nous annulons notre sortie.
→ S'il pleuvait, *nous annulerions notre sortie.*
→ S'il avait plu, *nous aurions annulé notre sortie.*

a) Si ça vous intéresse, je vous enverrai le catalogue.
→ Si ça vous intéressait, _____.
→ Si ça vous avait intéressé, _____.

b) S'il a le temps, il m'aidera à repeindre ma chambre.
→ S'il avait le temps, _____.
→ S'il avait eu le temps, _____.

→ GrLGr S. 378 ff.

c) Si vous parlez anglais, vous pourrez travailler aux USA.
   → Si vous parliez anglais, _____.
   → Si vous aviez parlé anglais, _____.

d) Si elle refuse, nous n'insisterons pas.
   → Si elle refusait, _____.
   → Si elle avait refusé, _____.

e) Si tu signes ce contrat, tu t'engages pour trois ans.
   → Si tu signais ce contrat, _____.
   → Si tu avais signé, _____.

f) Si nous donnons notre accord, tout sera réglé.
   → Si nous donnions notre accord, _____.
   → Si nous avions donné notre accord, _____.

annuler	absagen, annullieren	insister	auf einer Sache beharren
repeindre	neu streichen		
refuser	ablehnen	donner son accord	einverstanden sein
s'engager	sich verpflichten		

190 **Übersetzen Sie.**

a) Es wäre schön, in dieser Wohnung zu wohnen! Das große Zimmer ergäbe ein perfektes Wohnzimmer. Sie hätten endlich einen Kamin. Da wäre auch Platz für ein Arbeitszimmer, in dem man ungestört arbeiten könnte. Sie hätten sogar einen Garten, in dem die Kinder spielen könnten. Ja, es wäre so schön, wenn es klappen würde.

| faire | ergeben | le bureau | das Arbeitszimmer |
| la cheminée | der Kamin | ça marche | es klappt |

b) Vorbei der Traum!
Sie wären so glücklich gewesen, wenn sie diese Wohnung bekommen hätten! Sie hätten endlich ihre alte, düstere Wohnung verlassen können. Sie wären auch näher am Stadtzentrum gewesen und hätten so keine zwei Autos mehr gebraucht. Sie hätten sogar einen Hund gekauft. Die Kinder hätten sich so gefreut.

fini	vorbei	avoir besoin de	brauchen
sombre	düster	même	sogar
quitter	verlassen	être content	sich freuen

Die Zeitenfolge • Der irreale Bedingungssatz

DIE ZEITENFOLGE • DIE INDIREKTE REDE

→ GrLGr S. 372 ff., S. 487 ff.

> Il **dit** : « J'**ai** beaucoup de travail. » → Il **dit** qu'il **a** beaucoup de travail.

Die indirekte Rede gibt die Äußerung einer anderen Person wieder. Sie wird im Französischen durch die Konjunktion *que* (dass) eingeleitet.

Steht das Verb, das die indirekte Rede einleitet, im Präsens oder Futur, wird die Zeit der direkten Rede ohne Änderung übernommen.

> Il m'a dit : « **Repasse** demain. » → Il m'a dit de **repasser** demain.

Der Imperativsatz der direkten Rede wird in der Regel durch eine Infinitiv-Konstruktion ersetzt.

191 Leiten Sie die indirekte Rede von der direkten Rede ab.

EXEMPLE « Je suis mariée. » → Elle dit *qu'elle est mariée.*

a) « Nous sommes fatigués. » → Ils disent _____.
b) « Il va faire beau cet après-midi. » → On annonce _____.
c) « J'adore cette musique. » → Elle dit _____.
d) « Continuez sans moi. » → Il dit _____.
e) « Ma proposition est intéressante. » → Il prétend _____.
f) « Nous n'avons pas pris le train. » → Ils affirment _____.
g) « Je regarderai un peu la télé. » → Il déclare _____.
h) « Prends un comprimé par jour. » → Il me dit _____.

fatigué	müde	affirmer	versichern
annoncer	ankündigen	déclarer	erklären
prétendre	behaupten	le comprimé	die Tablette

→ GrLGr S. 372 ff., S. 487 ff.

> Il **a dit** : « **J'ai** beaucoup de travail. » → Il **a dit** qu'il **avait** beaucoup de travail.

Steht das Verb, das die indirekte Rede einleitet, in einer Zeit der Vergangenheit, so gilt die folgende Zeitenfolge (Zeitverschiebung):
- Das Präsens der direkten Rede wird zum *imparfait*.
- *Passé composé* und *passé simple* werden zum *plus-que-parfait*.
- Futur I und Futur II werden zum *conditionnel présent* bzw. *conditionnel passé*.
- *Imparfait*, *plus-que-parfait* und *conditionnel* der direkten Rede werden unverändert übernommen.

192 Leiten Sie die indirekte Rede ab. Das einleitende Verb steht im *passé composé*.

EXEMPLE Il a dit : « Il fait beau. » → Il m'a dit *qu'il faisait beau*.

Il a dit : → Il m'a dit
a) « Je m'ennuie ici sans toi. »
b) « Il a plu pendant trois jours. »
c) « Je n'ai pas pu sortir. »
d) « Je vais rentrer plus tôt que prévu. »
e) « Je te recontacterai bientôt. »
f) « Tu m'as beaucoup manqué. »
g) « Prends bien soin de toi. »

s'ennuyer	sich langweilen	plus tôt que prévu	früher als geplant
pleuvoir → il a plu	regnen → es hat geregnet	tu m'as manqué	du hast mir gefehlt
		prendre soin de	pflegen

193 Übersetzen Sie.

Herr Monge hat angerufen. Er hat gesagt, …
a) es tue ihm leid, aber er könne morgen Nachmittag nicht kommen.
b) er müsse an einer Sitzung teilnehmen, die lange dauern wird.
c) er werde Sie heute Abend noch anrufen.
d) Sie könnten ihn im Notfall auf dem Handy erreichen.
e) er finde Ihre Idee sehr gut und Sie könnten gleich anfangen.

assister à une réunion	an einer Sitzung teilnehmen	joindre sur son portable	auf dem Handy erreichen
en cas d'urgence	im Notfall		

DIE ZEITENFOLGE • DIE INDIREKTE FRAGE

→ GrLGr S. 372 ff., S. 487 ff.

> Il demande **si** tu es d'accord et **quand** tu rentres.

Die indirekte Frage wird von Verben des Fragens und Nicht-Wissens eingeleitet.
Die indirekte Entscheidungsfrage wird mit der Konjunktion *si* (ob) eingeleitet, die indirekte Ergänzungsfrage mit einem Fragewort.
Es gibt keine Verb-Subjekt-Umstellung in der indirekten Frage.

194 Leiten Sie indirekte Fragen ab.

EXEMPLE « Où étais-tu hier ? » → Je voudrais savoir *où tu étais hier*.

a) Pourquoi ne m'as-tu pas prévenu ? Explique-moi _____.
b) Est-ce que Luc viendra demain ? Sais-tu _____.
c) Combien avons-nous d'inscrits ? J'ignore _____.
d) A quelle heure arrives-tu ? J'aimerais savoir _____.
e) Pourquoi as-tu fait ça ? Peux-tu me dire _____.
f) Est-ce que ça te fait plaisir ? Dis-moi _____.

> Elle demande **ce qui** se passe et **ce que** tout cela signifie.

Alle Fragewörter außer *qu'est-ce qui* (→ *ce qui*) und *que / qu'est-ce que* (→ *ce que*) werden unverändert in die indirekte Frage übernommen (siehe auch Seite 78).

195 Leiten Sie indirekte Fragen ab.

Elle demande : Elle demande …

EXEMPLE « Qu'est-ce qui se passe ? »   … *ce qui se passe.*

a) « Est-ce que ça a sonné ? »   _____.
b) « Qui est-ce? »   _____.
c) « Qu'est-ce qu'il veut ? »   _____.
d) « D'où vient-il ? »   _____.
e) « Il a quel âge ? »   _____.
f) « Tu lui as donné de l'argent ? »   _____.

→ GrLGr S. 372 ff., S. 487 ff.

g) « Pourquoi est-il reparti si vite ? » ....
h) « Tu as cru à son histoire ? » ....
i) « Qu'est-ce qui ne va pas ? » ....

| repartir | wieder abreisen | croire → cru | glauben → geglaubt |

196 **Ergänzen Sie die Fragewörter im Brief.**

Ma chère Sylvie,
Ça y est, j'ai passé mon entretien d'embauche. Je crois que tout s'est plutôt bien passé. Au début, je n'étais pas très à l'aise et je me demandais un peu .... je faisais là, ... m'avait poussée à postuler pour cet emploi.
Ils m'ont demandé .... j'étais célibataire ou marié(e), ... j'avais des enfants et .... étaient mes hobbies et mes centres d'intérêt. Ils voulaient aussi savoir .... langues je parlais et m'ont demandé .... j'avais déjà vécu à l'étranger.
Je me demande un peu .... ils m'ont posé toutes ces questions, puisque j'avais déjà donné toutes ces informations dans mon CV.
Ils voulaient également savoir .... je pourrai commencer, ... je travaillais en ce moment et .... je gagnais …

un entretien d'embauche	ein Einstellungsgespräch	postuler pour	sich bewerben auf / um
être à l'aise	sich wohlfühlen	le CV (curriculum vitae)	der Lebenslauf
pousser à	bewegen zu	gagner	verdienen

197 **Übersetzen Sie. Verhör auf dem Revier:**

a. Wir möchten wissen, …

a) wo und mit wem Sie gestern Abend zusammen waren.
b) wie lange Sie geblieben sind.
c) was Sie den ganzen Abend gemacht haben.
d) wann Sie nach Hause gekommen sind.
e) ob jemand Ihre Aussage bestätigen kann.
f) warum Sie die Polizei so spät benachrichtigt haben.
g) ob Sie jemanden verdächtigen.

→ GrLGr S. 372 ff., S. 487 ff.

| rentrer | nach Hause kommen | le témoignage | die Aussage |
| confirmer | bestätigen | soupçonner | verdächtigen |

b. Herr X hat behauptet, ...

a) dass er mit drei Freunden in der Bar „Le Crocodile" gewesen sei.
b) dass sie bis Mitternacht dort geblieben seien.
c) dass sie gegessen, getrunken und ein bisschen gefeiert hätten.
d) dass er gegen halb eins zu Hause gewesen sei.
e) dass seine Frau schon geschlafen hätte.
f) dass er sofort ins Bett gegangen sei.

| jusqu'à minuit | bis Mitternacht | faire la fête | feiern |

INFINITE VERBFORMEN • DER INFINITIV

→ GrLGr S. 383 ff.

Der Infinitiv ist die Form des Verbs, die im Wörterbuch zu finden ist: *parler* (sprechen). Der Infinitiv hat eine einfache (Infinitiv Präsens: *parler*) und eine zusammengesetzte Form (Infinitiv Perfekt: *avoir parlé, être allé*).

198 Sie suchen nach der Bedeutung der fett gedruckten Verben. Welches Wort schlagen Sie im Wörterbuch nach?

EXEMPLE Nous avons très bien mangé. → *manger*

a) Il ne **pleut** plus. → ....
b) Je lui ai **écrit**, mais il n'a pas **répondu**. → ...., ...
c) Aïe ! Tu m'as **fait** mal. → ....
d) Elle **dort** depuis longtemps. → ....
e) **Savez**-vous où se trouve la gare ? → ....
f) Je **pars** demain en vacances. → ....
g) Si je **pouvais**, je vous **aiderais**. → ...., ...
h) Je **repasserai** mon examen en octobre. → ....
i) Je n'ai pas **fini**. **Rappelez**-moi dans une heure. → ...., ...

Tragen Sie dann den Infinitiv in die richtige Spalte ein.

Endung -er	Endung -ir	Endung -(d)re	Endung -oir

repasser un examen — eine Prüfung wiederholen   **rappeler** — zurückrufen

199 Einfache oder zusammengesetzte Infinitiv-Form? Ergänzen Sie die jeweils passende Infinitiv-Form.

a) (laisser) Je croyais .... mon parapluie au café.
b) (rentrer) Il prétend .... à 21h hier soir.
c) (réfléchir) Nous préférons .... encore un peu.
d) (noter) Tu devrais .... tout ce que tu veux emporter.
e) (arriver) Elle était sûre d' .... à l'heure.
f) (dire) Elle regrettait d' .... ça.

→ GrLGr S. 383 ff.

g) (cambrioler) Il a enfin avoué _____ l'appartement de son voisin.
h) (voir) J'ai l'impression d' _____ ce film.

| prétendre | behaupten | cambrioler | einbrechen |
| emporter | mitnehmen | avoir l'impression | das Gefühl haben |

> J'aime **voyager** et j'ai envie **de partir** loin.

Ob der Infinitiv mit oder ohne Präposition angeschlossen wird, wird meist vom Sprachgebrauch festgelegt. Deshalb ist es wichtig, ein Verb oder ein Adjektiv immer mit seiner Ergänzung zu lernen.

200 **Wird der Infinitiv mit oder ohne Präposition angeschlossen? Markieren Sie die passende Möglichkeit.**

a) J'aimerais (faire / de faire) un grand voyage.
b) Je voudrais (sortir / de sortir) ce soir.
c) Il a oublié (fermer / de fermer) les fenêtres.
d) Nous espérons (vous voir / de vous voir) bientôt.
e) Elle croit (savoir / de savoir) tout faire.
f) Il est interdit (se pencher / de se pencher) au dehors.
g) J'ai envie (rire / de rire).
h) Il vaut mieux (ne plus y penser / de ne plus y) penser.

| interdit | verboten | avoir envie | Lust haben |
| se pencher au dehors | sich hinauslehnen | il vaut mieux | es ist besser |

201 **Wird der Infinitiv mit *à* oder mit *de* angeschlossen? Markieren Sie die richtige Möglichkeit. Ergänzen Sie dann, wenn nötig, die Präpositionen in der Vokabelliste.**

Vous rêvez (à / d') être plus performant ? Faites comme moi !
J'ai toujours pris le temps (à / de) m'occuper de moi. Je n'ai jamais cessé (à / de) croire à ma réussite. J'étais toujours prêt (à / de) faire de nouvelles expériences. Je n'ai jamais eu peur (à / de) prendre des risques. J'ai appris (à / de) contrôler mes réactions. Je suis fier (à / d') être ce que je suis aujourd'hui. Mon exemple est facile (à / de) suivre, non ?

→ GrLGr S. 383 ff.

performant	leistungsstark	prendre des risques	Risiken eingehen
s'occuper	sich kümmern um	apprendre	lernen zu
cesser	aufhören zu	être fier/ fière	stolz sein auf
la réussite	der Erfolg	facile	leicht zu
être prêt	bereit sein, zu	suivre	befolgen
avoir peur	Angst haben zu		

202 Entscheiden Sie, ob der Infinitiv mit *à*, mit *de* oder ohne Präposition angeschlossen wird.

EXEMPLE Il accepte de parler. ↔ Il ne veut pas parler.

a) Il craint ..... être licencié.
   ↔ Il est sûr ..... conserver son emploi.
b) Elle a consenti ..... venir.
   ↔ Elle a refusé ..... venir.
c) Il a décidé ..... répondre.
   ↔ Il a hésité ..... répondre.
d) Elle sait ..... faire l'exercice.
   ↔ Elle est incapable ..... faire l'exercice.
e) Il a pensé ..... me prévenir.
   ↔ Il a oublié ..... me prévenir.
f) Il a arrêté ..... fumer il y a un an.
   ↔ Il a commencé ..... fumer il y a un an.
g) Je suis fier ..... avoir agi ainsi.
   ↔ J'ai honte ..... avoir agi ainsi.
h) Nous avons renoncé ..... venir.
   ↔ Nous avons tenu ..... venir.

craindre	befürchten	être incapable	unfähig sein
être licencié	entlassen werden	prévenir	Bescheid sagen
conserver son emploi	seine Arbeitsstelle behalten	avoir honte	sich schämen
		renoncer	verzichten auf
décider	beschließen	tenir	bestehen auf
hésiter	zögern		

→ GrLGr S. 383 ff.

> Il **se fait** souvent aider, il **laisse** simplement les autres réfléchir à sa place.

Das deutsche Verb „lassen" kann im Französischen mit *laisser* + Infinitiv (in der Bedeutung von „zulassen" oder „erlauben") oder *faire* + Infinitiv (in der Bedeutung von „veranlassen" oder „machen lassen") wiedergegeben werden.

203 **Markieren Sie die passende Übersetzung.**

a) Lass mich machen. → (Laisse-moi / Fais-moi) faire.
b) Ich lasse das Dach reparieren. → Je (laisse / fais) réparer le toit.
c) Lassen Sie mir die Akte zukommen, bitte. → (Laissez-moi / Faites-moi) passer le dossier, s'il vous plaît.
d) Sie lassen ihn den ganzen Tag im Internet surfen. → Ils le (laissent / font) surfer sur Internet toute la journée.
e) Wir haben uns eine Pizza bringen lassen. → On (s'est fait / s'est laissé) apporter une pizza.
f) Lassen Sie mich vorbei, bitte. → (Laissez-moi / Faites-moi) passer, s'il vous plaît.
g) Er lässt sich immer bedienen. → Il se (laisse / fait) toujours servir.

204 **Übersetzen Sie.**

a) Lassen Sie mich raten!
b) Er wollte mich nicht gehen lassen.
c) Lass die Katze nicht rausgehen.
d) Sie lassen ein Haus bauen.
e) Ich lasse Ihnen unseren Katalog schicken.
f) Lass mich diesen Brief zu Ende schreiben!
g) Er hat mir eine Nachricht zukommen lassen.
h) Sie hat uns nicht hereingelassen.
i) Sie hat sich ein Piercing machen lassen.
j) Er lässt sich immer erwischen.

deviner	raten	le message	die Nachricht
construire une maison	ein Haus bauen	le piercing	das Piercing
envoyer	schicken	prendre	*hier* erwischen

→ GrLGr S. 383 ff.

> **Je** vais au marché parce que **je** veux acheter des fruits.
> → Je vais au marché **pour acheter** des fruits.

Nebensätze können bei Subjektgleichheit durch eine Infinitiv-Konstruktion ersetzt werden.

205 Ersetzen Sie, wenn möglich, die Nebensätze durch eine Infinitiv-Konstruktion.

EXEMPLE J'ai décidé que je ne répondrai pas. → J'ai décidé *de ne pas répondre*.

a) Je pense que je pourrai venir demain. → _____
b) J'espère qu'il sera bientôt guéri. → _____
c) Je regrette que tu ne sois pas là. → _____
d) Je suis sûre que je l'ai vu hier. → _____
e) J'espère que j'aurai fini à temps. → _____
f) Il a dit qu'il n'était pas au courant. → _____
g) Je ne sais plus pourquoi il a pleuré. → _____
h) Il pense que tu as tout à fait raison. → _____

décider	entscheiden	être au courant	informiert sein
guéri	geheilt, wieder gesund	pleurer	weinen
		avoir raison	recht haben

206 Übersetzen Sie die Sätze zu Ende. Ersetzen Sie dabei, wenn möglich, den Nebensatz durch eine Infinitiv-Konstruktion.

a) Du solltest nachdenken, bevor du sprichst.
   → Tu devrais réfléchir _____ .
b) Ich bin gekommen, nachdem er angerufen hatte.
   → Je suis venu _____ .
c) Er arbeitet nur, um seinen Eltern einen Gefallen zu tun.
   → Il ne travaille que _____ .
d) Er ist weggegangen, ohne sich umzudrehen.
   → Il est parti _____ .
e) Du solltest Sport treiben, anstatt fernzusehen.
   → Tu devrais faire du sport _____ .
f) Sie hat ihr ganzes Leben hart gearbeitet, ohne je zu klagen.
   → Elle a travaillé dur toute sa vie _____ .

Infinite Verbformen • Der Infinitiv

→ GrLGr S. 383 ff.

se retourner	sich umdrehen	se plaindre	klagen
faire plaisir à quelqu'un	jemandem einen Gefallen tun		

Ich lese **gern**. → **J'aime** lire.

Einige deutsche Adverbien können im Französischen mit einer Infinitiv-Konstruktion wiedergegeben werden.

207 **Übersetzen Sie. Geben Sie das deutsche Adverb mit einem Infinitiv wieder.**

a) Ich fahre **lieber** mit dem Zug.
b) Wir hätten uns **beinahe** nicht gesehen.
c) Herr Meier ist **gerade** weggegangen.
d) Wir sind **schließlich** angekommen.
e) Lesen Sie den Text **weiter** bis Seite 30.

INFINITE VERBFORMEN • DAS PARTIZIP PRÄSENS
→ GrLGr S. 396 ff.

Wie im Deutschen hat das Partizip im Französischen zwei Zeiten: Das Partizip Präsens und das Partizip Perfekt.
Das Partizip Präsens wird durch Anhängen von *-ant* an den Stamm der 1. Person Plural Präsens gebildet: *nous **parl**-ons* → *parlant*. Nur drei Verben bilden das Partizip Präsens unregelmäßig: *être*, *avoir* und *savoir*.

208 **Markieren Sie in den folgenden humoristischen Aussprüchen alle Partizipien.**

a) La nature est prévoyante : elle a fait pousser la pomme en Normandie sachant que c'est dans cette région qu'on boit le plus de cidre. (Henri Monnier)
b) Il y en a qui sont faits pour commander et d'autres pour obéir. Moi je suis fait pour les deux : ce midi, j'ai obéi à mes instincts en commandant un deuxième pastis. (Pierre Dac)
c) L'homme n'est pas fait pour travailler. La preuve, c'est que ça le fatigue. (Georges Courteline)
d) Être heureux, ce n'est pas bon signe, c'est que le malheur a manqué le coche, il arrivera par le suivant. (Marcel Aymé)
e) J'ai décidé d'être heureux parce que c'est bon pour la santé. (Voltaire)

prévoyant	vorsorglich	la preuve	der Beweis
faire pousser	wachsen lassen	manquer le coche	die Kutsche (Gelegenheit) verpassen
commander	befehlen		
obéir	gehorchen	bon pour la santé	gesund

> La pluie **commençant** à tomber, nous sommes rentrés vite.

Das Partizip Präsens kann als Partizipial-Konstruktion Nebensätze ersetzen.
In diesem Fall ist das Partizip Präsens unveränderlich.

209 **Ersetzen Sie die unterstrichenen Nebensätze durch eine Partizipial-Konstruktion.**

EXEMPLE **Elle se pencha un peu** et aperçut la Tour Eifel.
→ *Se penchant un peu,* elle aperçut la Tour Eifel.

a) Cherche partenaire qui aime la nature et les animaux.
→ ....

→ GrLGr S. 396 ff.

b) Comme j'avais peu de temps, je ne suis pas entré.
   → ....
c) Parce que je ne savais pas où aller, j'ai préféré rentrer.
   → ....
d) Comme j'étais fatiguée, je suis allée me coucher.
   → ....
e) Après qu'il a préparé le petit-déjeuner, il est monté réveiller sa femme.
   → ....
f) Bien que je sache ce que je risquais, je refusai son offre.
   → ....

se pencher	sich hinauslehnen	**refuser une offre**	ein Angebot ablehnen
réveiller quelqu'un	jemanden wecken		

> Cette histoire est absolument **étonnante**.

Das Partizip Präsens wird auch als Adjektiv verwendet. Es richtet sich dann in Genus und Numerus nach dem Substantiv, auf das es sich bezieht.

210 **Wird das Partizip Präsens angeglichen oder nicht? Markieren Sie die passende Möglichkeit.**

a) Versez les pâtes dans l'eau (bouillant / bouillante).
b) Les enfants, (jouant / jouants) dans la rue, l'empêchaient de faire sa sieste.
c) (Redoutant / Redoutants) la neige, nous sommes rentrés un peu plus tôt.
d) La nuit (précédant / précédente) son départ, elle n'avait pas pu fermer l'œil.
e) Il n'avait cessé de proférer des paroles (provoquant / provocantes).
f) Jeanne, (repensant / repensante) à ce qu'il lui avait dit, se mit à rire.

verser dans	hineingeben	**redouter**	fürchten
empêcher quelqu'un de faire quelque chose	jemanden daran hindern, etwas zu tun	**précéder**	vorangehen
		proférer	äußern
		se mettre à rire	loslachen

→ GrLGr S. 396 ff.

211 Übersetzen Sie. Verwenden Sie in jedem Satz ein Partizip Präsens.

EXEMPLE Als er mich erblickte, drehte er den Kopf schnell weg.
→ *M'apercevant*, il a vite tourné la tête.

a) Da der Regen nachließ, beschlossen wir, unseren Spaziergang fortzusetzen.
_____, nous avons décidé de poursuivre notre promenade.

b) Er sah sie weggehen und fing an zu weinen.
_____, il s'est mis à pleurer.

c) Bei diesen Leuten gab es kein fließendes Wasser.
Chez ces gens-là, _____.

d) Als ich meine Tasche durchwühlte, fand ich seine Schlüssel, die ich aus Versehen mitgenommen hatte.
_____, j'ai retrouvé ses clés que j'avais emportées par mégarde.

e) Er wurde von einem Auto erfasst, das in Gegenrichtung der Einbahnstraße fuhr.
Il a été renversé par une voiture _____.

f) Als ich einen Schrei hörte, ging ich sofort hinaus.
_____, je sortis aussitôt.

g) Er hat viele spannende Geschichten geschrieben.
Il a écrit _____.

h) Die Straße war glatt und ich bin ins Schleudern gekommen.
_____, j'ai dérapé.

diminuer	nachlassen	rouler	*hier* fahren
partir	weggehen	en sens interdit	in Gegenrichtung der Einbahnstraße
courant	fließend		
fouiller dans ses poches	seine Tasche durchwühlen	le cri	der Schrei

INFINITE VERBFORMEN • DAS PARTIZIP PERFEKT

→ GrLGr S. 402 ff.

Das Partizip Perfekt (auch „Partizip II" genannt) hat regelmäßige und unregelmäßige Formen. Verben auf *-er*, *-ir* und *-dre* haben regelmäßige Formen:
parl**er** → *Nous avons beaucoup parl**é**.*
fin**ir** → *J'ai fin**i**.*
atten**dre** → *Pourquoi n'avez-vous pas atten**du** ?*
Weitere Übungen zum Partizip Perfekt finden Sie auf Seite 82 f.

212 Vervollständigen Sie die Tabelle mit den fehlenden Infinitiv- oder Partizip-Formen.

Infinitiv	Partizip Perfekt	Infinitiv	Partizip Perfekt
a)	été	g) prendre	....
b)	écrit	h) .... /	plu
c) avoir	....	i) boire	....
d) faire	....	j) falloir	....
e)	cru	k) apprendre	....
f) offrir	....	l)	vécu

> **Elle** n'a rien **mangé**, **elle** est **partie** très vite.

Das Partizip Perfekt dient zur Bildung der zusammengesetzten Zeiten der Vergangenheit. Wird das Partizip Perfekt in Verbindung mit dem Hilfsverb *être* verwendet, so richtet es sich nach dem Subjekt. In Verbindung mit dem Hilfsverb *avoir* bleibt es in der Regel unveränderlich.
Weitere Übungen zur Angleichung des Partizip Perfekt finden Sie auf Seite 86 ff.

213 Ergänzen Sie den Text mit den Formen des Partizip Perfekt der jeweils angegebenen Verben.

La journée a vraiment mal *commencé* pour Léonie. D'abord, elle n'a pas .... son réveil. Elle ne s'est donc pas .... à temps et elle a .... jusqu'à 9h30. Elle s'est .... d'un bond et a .... dans la salle de bain.
Elle n'a pas .... le temps de petit-déjeuner et

commencer
entendre
se réveiller
dormir – se lever
courir
ne pas prendre

→ GrLGr S. 402 ff.

elle s'est _____ dans l'escalier.
En bas, elle a _____ qu'elle avait _____ son sac en haut. Elle a donc _____ remonter. A la station de bus, elle s'est _____ compte qu'elle s'était _____ d'horaires et elle a _____ 20 minutes. Dans le bus, elle s'est _____ en face d'un couple qui a _____ à se disputer. Après être _____ du bus et elle a _____ vers l'usine. C'est alors qu'elle a _____ la pancarte _____ à la grille « Usine _____ . À demain. » La journée a mal _____ , a _____ Léonie, mais elle va bien finir. Et elle est _____ chez elle. Elle était d'excellente humeur …

- se précipiter
- réaliser – oublier
- devoir
- se rendre compte
- se tromper – attendre
- s'asseoir
- commencer
- descendre – filer
- découvrir
- accrocher – fermer
- commencer – penser
- repartir

le réveil	der Wecker
se réveiller à temps	rechtzeitig aufwachen
se lever d'un bond	mit einem Satz aus dem Bett springen
se précipiter	sich beeilen
un escalier	eine Treppe
en bas → en haut	unten → oben

se rendre compte	merken
se tromper	sich irren
s'asseoir	sich setzen
filer	rennen
découvrir	entdecken
la pancarte	das Schild

Les nouvelles que **nous avons reçues** sont excellentes.

In Verbindung mit dem Hilfsverb *avoir* wird das Partizip Perfekt bei Voranstellung des direkten Objekts (als Objektpronomen, Relativpronomen oder Fragewort) diesem direkten Objekt angeglichen.
Wird *en* vorangestellt, wird das Partizip Perfekt nicht angeglichen:
*Des propositions, j'en ai **eu** beaucoup.*

214 Wird das Partizip Perfekt angeglichen oder nicht? Wenn ja, ergänzen Sie die fehlenden Endungen.

a) Les amis que nous avions invité____ n'ont pas pu venir, ce que nous avons beaucoup regretté____.
b) Des maisons, elle en avait visité____ beaucoup mais aucune jusqu'à présent ne lui avait plu____.
c) Les fleurs que j'ai cueilli____ hier sont déjà fané____ et je les ai mis____ à la poubelle.

→ GrLGr S. 402 ff.

d) La voisine a fêté____ son anniversaire hier soir, mais nous ne l'avons pas du tout entendu____. Elle ne nous a pas du tout dérangé____.
e) J'ai téléphoné____ aussitôt, mais ils étaient déjà tous parti____.
f) Des livres que tu m'as recommandé____, je n'en ai trouvé____ aucun.

jusqu'à présent	bis jetzt	fané	verblüht
plaire → plu	gefallen → gefallen	aussitôt	gleich
cueillir	pflücken	recommander	empfehlen

Marianne s'est **acheté** une nouvelle robe.

Hat das reflexive Verb ein direktes Objekt (im Beispiel unterstrichen), so ist das Reflexivpronomen indirektes Objekt: das Partizip Perfekt ist dann unveränderlich. Weitere Übungen hierzu finden Sie auf Seite 87 f.

215 **Wird das Partizip Perfekt angeglichen oder nicht? Wenn ja, ergänzen Sie die fehlenden Endungen.**

a) Ma sœur s'est cassé____ le bras en tombant de sa chaise.
b) Ce matin, quand nous nous sommes levé____, le soleil brillait.
c) Elle s'est endorm____ sur le canapé.
d) Je ne sais pas où elle s'est procuré____ ces informations.
e) Elle ne s'est souvenu____ de rien.
f) Ma mère s'est offert____ un superbe tapis.
g) Elle s'est préparé____ un café, s'est installé____ au salon et s'est mis____ à lire le journal.
h) Ils se sont rencontré____, se sont aimé____, se sont disputé____, se sont séparé____ puis se sont retrouvé____, se sont acheté____ une magnifique maison et ne sont plus jamais quitté____.

casser	(zer)brechen, kaputt machen	le tapis	der Teppich
		s'installer	es sich bequem machen
se procurer quelque chose	sich etwas verschaffen		

→ GrLGr S. 402 ff.

216 In diesem Brief haben sich einige Fehler eingeschlichen. Verbessern Sie sie.

> Nos vacances ne se sont pas trop bien passée. La location que nous avions retenu ne correspondait pas du tout à la description que nous en avait faits les propriétaires. Nous nous sommes plaints et nous avons obtenus une réduction du prix du loyer. Hélas, le premier jour, Sandrine s'est cassée la jambe et nous l'avons conduite à l'hôpital. Elle n'a donc rien pu faire de toutes ses vacances. Nous l'avons installé dans un fauteuil et lui avons achetée des tas de sudokus. Résultat : nos deux filles se sont ennuyées. Une chose est sûre cependant : Nous nous sommes bien reposés, ennuyé un peu peut-être, mais bien reposé.

retenir une location	eine Ferienwohnung reservieren	la réduction	die Ermäßigung
		hélas	leider
correspondre à	entsprechen	conduire quelqu'un à l'hôpital	jemanden in die Klinik fahren
le / la propriétaire	der / die Vermieter / -in		
		des tas de sudokus	eine Menge Sudokus (Zahlenrätsel)
se plaindre	sich beschweren		

> Après que mes invités ont été partis, j'ai allumé la télé.
> → **Mes invités partis**, j'ai allumé la télé.

Als Partizipial-Konstruktion kann das Partizip Perfekt einen Nebensatz ersetzen.

217 Ersetzen Sie den unterstrichenen Satzteil durch eine Partizipial-Konstruktion.

> EXEMPLE Comme nous avons été surpris par la pluie, nous avons fait demi-tour.
> → *Surpris par la pluie*, nous avons fait demi-tour.

a) Tant d'objections l'agaçaient et il finit par se taire.
→ _____, il finit par se taire.

b) Comme il était déçu, il n'en a parlé à personne.
→ _____, il n'en a parlé à personne

c) Elle était stupéfaite de sa réponse et ne savait que dire.
→ _____, elle ne savait que dire.

Infinite Verbformen • Das Partizip Perfekt

→ GrLGr S. 402 ff.

d) <u>Ayant été condamné à 3 ans de prison ferme</u>, il a fait appel.
   → ...., il a fait appel.

e) <u>Les animaux qui ont été capturés</u> seront conduits dans un zoo.
   → .... seront conduits dans un zoo.

f) <u>La loi que le gouvernement précédent avait votée</u> vient d'être abrogée.
   → ...., vient d'être abrogée.

une objection	ein Einwand	trois ans de prison ferme	drei Jahre Gefängnis ohne Bewährung
agacer	nerven		
se taire	schweigen	capturer	fangen
déçu	enttäuscht	le gouvernement	die Regierung
stupéfait	bestürzt	voter une loi	ein Gesetz verabschieden
être condamné	verurteilt werden		
faire appel	Berufung einlegen	abroger	außer Kraft setzen

INFINITE VERBFORMEN • DAS *GÉRONDIF*

→ GrLGr S. 409 ff.

> Tu veux boire quelque chose **en attendant** ?

Das *gérondif* wird sowohl im gesprochenen als auch im geschriebenen Französisch häufig verwendet. Im Deutschen hat es keine direkte Entsprechung. Das *gérondif* wird mithilfe der Präposition *en* und dem Partizip Präsens des entsprechenden Verbs gebildet.

218 **Formulieren Sie zu jedem Punkt zwei Ratschläge mit dem *gérondif*.**

- ne pas mettre ses appareils sur « veille »
- faire des exercices de grammaire
- aller sur des forums
- essayer de lui changer les idées
- limiter la vitesse
- s'inscrire sur un chat
- l'aimer plus fort
- regarder des films en VO
- installer des radars automatiques
- utiliser des ampoules de faible consommation

a) Comment se faire plein d'ami(e)s sur Internet ?
→ en allant sur des forums.
→ ....

b) Comment remonter le moral d'un ami ?
→ ....
→ ....

c) Comment réduire le nombre de tués sur les routes ?
→ ....
→ ....

d) Comment apprendre une langue quand on ne peut pas aller dans le pays ?
→ ....
→ ....

e) Comment réduire sa facture d'électricité ?
→ ....
→ ....

→ GrLGr S. 409 ff.

s'inscrire à	sich anmelden	mettre sur « veille »	auf „stand-by" stellen
VO = version orginale	OF = Originalfassung	remonter le moral de quelqu'un	jemandem wieder Mut machen
changer les idées	auf andere Ideen bringen	réduire	reduzieren
limiter la vitesse	die Geschwindigkeit einschränken	le nombre de tués sur les routes	die Zahl der Verkehrsunfalltoten
une ampoule de faible consommation	eine Sparbirne	la facture d'électricité	die Stromrechnung

> Tu me rendrais service en **y** allant.

En + Partizip Präsens stehen in der Regel zusammen. Sie werden jedoch getrennt durch Pronomen oder die Verneinungspartikel *ne*.

219 Bringen Sie die Elemente in die richtige Reihenfolge.

a) aidant / ce texte / en / lisez / vous / du dictionnaire
   → Lisez _____.

b) les accords nécessaires / en / réécrivez / les phrases / faisant
   → Réécrivez _____.

c) tout cet argent / il l'a / donnant / lui / beaucoup surprise / en
   → Il _____.

d) lui disant / beaucoup de mal / en / pas la vérité / ne / ils lui ont fait
   → Ils _____.

e) un livre auquel / rangeant / j'ai retrouvé / je tiens beaucoup / mes affaires / en
   → J'ai _____.

f) chez le dentiste / te / deux fois par jour/ tu évites / en / brossant / les dents / d'aller
   → En _____.

un accord	eine Angleichung	tenir à quelque chose	an etwas hängen
ranger ses affaires	seine Sachen aufräumen	se brosser les dents	sich die Zähne putzen

→ GrLGr S. 409 ff.

> Elle regarde la carte **en conduisant**.

Das *gérondif* setzt immer Subjektgleichheit voraus. Der Satz *Elle conduit pendant qu'il regarde la carte* kann nicht mit *gérondif* verkürzt werden, weil Haupt- und Nebensatz unterschiedliches Subjekt haben.

220 Ersetzen Sie den unterstrichenen Satzteil durch ein *gérondif*.

EXEMPLE Elle marchait et elle sifflait pour se donner du courage.
→ Elle sifflait *en marchant* pour se donner du courage.

a) Pendant qu'elle parlait, elle s'énervait et faisait de grands gestes.
→ _____.

b) Si vous achetez nos produits, vous réalisez des économies considérables.
→ _____.

c) Quand on jardine, on se détend et on se muscle.
→ _____.

d) Quand j'y repense, je ne trouve pas ça très grave, finalement.
→ _____.

e) Quand il est passé devant moi, il m'a fait un clin d'œil.
→ _____.

| réaliser des économies | sparen | se muscler | die Muskeln trainieren |
| se détendre | sich entspannen | faire un clin d'œil à quelqu'un | jemandem zublinzeln |

221 Einige Sätze sind nicht korrekt. Welche? Streichen Sie sie durch.

a) En lisant le journal, j'ai appris la naissance de son petit-fils.
b) En sortant de l'école, sa mère l'attendait.
c) En repeignant la cuisine, un mur s'est effrité.
d) Elle a eu un accident, en conduisant sous l'emprise de l'alcool.
e) Elle a gagné beaucoup d'argent en prenant des risques.
f) En arrivant au bureau, on lui a offert un bouquet de fleurs.

repeindre	neu streichen	sous l'emprise de l'alcool	unter Alkoholeinfluss
le mur	die Wand		
s'effriter	abbröckeln		

→ GrLGr S. 409 ff.

222 Ergänzen Sie den Text mit den angegebenen Partizipien.

stationnés	structurée	condamné	remontant
travaillant	interpellés	prévenus	suivi
avoué	jugeant	qualifiant	requis
demandant	commis		

Fait divers: « Un périple délinquant de quatre Lituaniens »
Ces faits, _____ à l'été dernier, sont tout à fait véridiques. Le 23 août 2005, trois jeunes sont _____ sur une aire d'autoroute. Cette arrestation va permettre d'élucider de nombreux vols à la roulotte _____ dans la région de Pontarlier.
_____ par équipe de deux, les jeunes délinquants ne s'attaquaient qu'aux autoradios de véhicules _____ sur la voie publique.
Des quatre _____, seul le plus jeune a _____ n'avoir fait le voyage de Lituanie que pour voler des autoradios.
On ne peut s'empêcher de penser qu'il n'y a pas derrière tout cela une organisation plus _____.
Le procureur, _____ l'expédition de « périple délinquant » a _____ 15 mois de prison ferme pour trois des délinquants, _____ pour le quatrième, déjà _____ pour vol à Nancy l'année dernière, 20 mois de prison ferme. Le tribunal, _____ les faits suffisamment graves, a _____ les réquisitions du procureur.

le fait divers	die Lokalnachricht	le vol à la roulotte	der Diebstahl aus einem Auto
le périple	die Reise		
délinquant	straffällig	commettre un vol	einen Diebstahl begehen
le Lituanien – la Lituanie	der Litauer – Litauen		
		la voie publique	die Straße
véridique	der Wahrheit entsprechen	avouer	gestehen
		ne pas pouvoir s'empêcher de	nicht umhin können
interpeller	vorläufig festnehmen		
une aire d'autoroute	eine Autobahnraststätte	le procureur	der Staatsanwalt
		le tribunal	das Gericht
une arrestation	eine Festnahme	la réquisition	die Forderung
élucider	klären		

DIE REFLEXIVEN VERBEN

→ GrLGr S. 414 ff.

> Je vais **m'inscrire** à un cours de suédois.

Reflexive Verben wie *s'inscrire* (sich anmelden) sind Verben, die mit einem Reflexivpronomen gebraucht werden.

223 Ergänzen Sie die Konjugation von *se dépêcher* (sich beeilen) im Präsens.

Person	Singular		Plural	
1.	je	dépêche	nous	dépêchons
2.	tu	dépêches	vous	dépêchez
3.	il	dépêche	ils	dépêchent
	elle	dépêche	elles	dépêchent

> Je viens de **m'**inscrire. Inscris-**toi** vite.

Das Reflexivpronomen steht in der Regel vor dem Verb, auf das es sich bezieht.
Im bejahten Imperativ-Satz steht jedoch das Reflexivpronomen (seine betonte Form) nach dem Verb, an das es mit Bindestrich angeschlossen wird.

224 Bilden Sie Sätze, indem Sie die Wörter in die richtige Reihenfolge bringen.

a) son temps à / regarder / passe / ma fille / dans la glace / se

b) trouve / moche / se / elle / et grosse

c) ici / moi / asseyez / et attendez / vous

d) s' / mon enfant / ennuie / inquiéter / m' / dois-je / si

e) avant de / lave / les mains / toi / t' / asseoir / à table

| la glace | der Spiegel | s'inquiéter | sich Sorgen machen |
| moche | hässlich | s'asseoir | sich setzen |

→ GrLGr S. 414 ff.

> Nous nous sommes **couchés** tard hier.

Anders als im Deutschen bilden die reflexiven Verben die zusammengesetzten Zeiten stets mit dem Hilfsverb *être*. Wie bei allen Verben, die die zusammengesetzten Verbformen mit *être* bilden, gleicht sich das *participe passé* in Genus und Numerus dem Subjekt an.
Weitere Übungen hierzu finden Sie auf Seite 87 f.

225 **Verbinden Sie die Elemente rechts und links zu sinnvollen Sätzen.**

a) Lisa
b) Pierre
c) Anne et Adrien
d) Julie et sa sœur
e) Monsieur Lechat,
f) Fanny et moi,

vous vous êtes levé à quelle heure ?
se sont baignées pendant des heures.
s'est bien amusée en Angleterre.
on s'est connus à un stage de danse.
se sont séparés le mois dernier.
s'est couché très tard cette nuit.

| le stage | das Praktikum | se séparer | sich trennen |

226 **Setzen Sie die fehlenden Formen von *être* ein. Richten Sie sich nach der deutschen Übersetzung.**

a) D'ici là, nous nous _____ informés. *Bis dahin werden wir uns informiert haben.*
b) Jamais je ne me _____ attendu à une telle réaction. *Nie hätte ich eine solche Reaktion erwartet.*
c) Ils ont pris cette décision, après qu'elle s'_____ rétractée. *Sie haben diese Entscheidung getroffen, nachdem sie ihre Aussage widerrufen hat.*
d) Dans la nuit trois prisonniers s'_____ évadés. *In der Nacht waren drei Gefangene ausgebrochen.*
e) Ils se _____ habitués aux conditions de travail. *Sie haben sich an die Arbeitsbedingungen gewöhnt.*
f) Nous nous _____ battus jusqu'au bout. *Wir hatten bis zum Ende gekämpft.*

> Elle s'est **levée** et s'est **préparé** un café.

Die Angleichung des Partizip Perfekt hängt von der Funktion (direktes oder indirektes Objekt) des Reflexivpronomens ab. Nur wenn das Reflexivpronomen direktes Objekt ist, wird das Partizip angeglichen. Ist das Reflexivpronomen dagegen indirektes Objekt, wird das *participe passé* nicht angeglichen.

→ GrLGr S. 414 ff.

As-tu vu les livres que je me suis **achetés** ?

Steht das direkte Objekt (im Beispiel unterstrichen) vor dem Verb, wird das Partizip Perfekt diesem vorangestellten Objekt angeglichen.

227 **Unterstreichen Sie in den Sätzen das direkte Objekt und gleichen Sie, falls erforderlich, das Partizip Perfekt an.**

EXEMPLE Ils se sont organisé un petit week-end en amoureux.

a) Anne s'est acheté ___ une nouvelle voiture.
b) Nous nous sommes bien amusé ___ à cette soirée.
c) Voici les renseignements que nous nous sommes procuré ___.
d) Ils se sont offert ___ un week-end à New York.
e) Ah ! toutes ces histoires qu'elles se sont raconté ___.
f) Ils se sont partagé ___ les profits.
g) Elles se sont imposé ___ des règles de vie très strictes.
h) Elle s'est souvent demandé ___ ce qu'il était devenu.

se procurer un renseignement	sich eine Auskunft verschaffen	se partager les profits	sich den Gewinn teilen
s'offrir	sich leisten, sich gönnen	ce qu'il était devenu	was aus ihm geworden war

Je **me lève** très tôt le matin.   Ich **stehe** morgens sehr früh **auf**.

Einige französische reflexive Verben entsprechen im Deutschen nicht-reflexiven Verben und umgekehrt.

228 **Übersetzen Sie.**

a) Wie heißen Sie?
b) Wir haben im See gebadet.
c) Ich weigere mich zu kommen.
d) Sie heiratet nächste Woche.
e) Alle schweigen.
f) Sie hat sich nicht geändert.
g) Sie haben sich scheiden lassen.

Die reflexiven Verben

DAS PASSIV
→ GrLGr S. 424 ff.

> On a arrêté le cambrioleur. / Le cambrioleur **a été arrêté**.

Aktiv-Sätze und Passiv-Sätze sind gleichbedeutend, nur die Perspektive ändert sich: Im Passiv-Satz steht die Handlung im Vordergrund, im Aktiv-Satz der Urheber. Das Subjekt eines Passiv-Satzes handelt nicht, sondern es wird mit ihm etwas getan. Das direkte Objekt des Aktiv-Satzes (im Beispiel unterstrichen) wird Subjekt des Passiv-Satzes.

229 Geben Sie an, ob die folgenden Sätze im Aktiv (A) oder im Passiv (P) stehen.

EXEMPLE Le père conduit son enfant à la gare. (*A*)

a) Nous sommes passés par le centre ville. (___)
b) La maison a été totalement détruite dans l'incendie. (___)
c) Ils ont lancé un appel d'offres. (___)
d) Trois personnes se sont portées volontaires. (___)
e) L'assurance a garanti le remboursement intégral de la somme. (___)
f) Un élevage des Landes a été atteint par le virus. (___)

un incendie	ein Brand	le remboursement	die Rückerstattung
un appel d'offres	eine Ausschreibung	un élevage	eine Zucht
se porter volontaire	sich freiwillig melden	atteindre	befallen

230 Leiten Sie von den folgenden Sätzen Passiv-Sätze ab: Der unterstrichene Satzteil wird Subjekt des Passiv-Satzes.

Fête de voisinage

EXEMPLE On prépare la fête avec minutie. → La fête *est préparée* avec minutie.

a) On fixe la date au 23 juin.
→ _____

b) On place les tables en rangs.
→ _____

c) On dresse un buffet de salades et de desserts.
→ _____

→ GrLGr S. 424 ff.

d) On commande la bière et les boissons.
→ ....

e) On organise des jeux pour les enfants.
→ ....

la fête de voisinage	das Nachbarschaftsfest
fixer	festlegen

la minutie	die Sorgfalt, die Genauigkeit
le rang	die Reihe

> Notre magasin **est ouvert** le dimanche matin.

Das Vorgangspassiv beschreibt die Handlung, während das Zustandspassiv das Resultat dieser Handlung nennt. Beide Passivarten werden im Französischen gleich gebildet. Schwierigkeiten entstehen erst beim Übersetzen, da Vorgangs- und Zustandspassiv unterschiedlich wiedergegeben werden müssen.

231 Übersetzen Sie ins Deutsche.

a) Leurs photos avaient été diffusées dans la presse.
b) Des barrages avaient été installés partout.
c) Les deux frères ont été interpellés hier soir.
d) Ils ont été interrogés par la Police judiciaire.
e) L'aîné a été écroué à la prison de Dax.
f) Le plus jeune, encore mineur, a été remis en liberté.

diffuser	verbreiten
le barrage	die Straßensperre
interpeller quelqu'un	jemanden festnehmen
interroger	*hier* vernehmen

la Police judiciaire	die Kriminalpolizei
l'aîné	der Älteste
écrouer	inhaftieren
mineur	minderjährig

> **Jeanne** n'a pas été invit**ée**.

Das Passiv wird aus den konjugierten Formen von *être* und dem Partizip Perfekt des jeweiligen Verbs gebildet. Die Zeit des Hilfsverbs *être* ist dann die Zeit des Verbs im Passiv-Satz. Das Partizip Perfekt richtet sich nach dem Subjekt des Satzes.

→ GrLGr S. 424 ff.

232 Bilden Sie die Form des Passivs in den angegebenen Zeiten, indem Sie die entsprechende Form von *être* hinzufügen.

EXEMPLE (Futur) → Ce livre *sera* illustré par des enfants.

a) (*imparfait*) → Ce documentaire _____ commenté en anglais.
b) (Plusquamperfekt) → Ce film _____ tourné au Yemen.
c) (*passé composé*) → Ce roman _____ traduit en allemand.
d) (Präsens) → Cette pièce _____ jouée en plein air.
e) (*conditionnel I*) → Si l'on en croit la presse, le spectacle _____ censuré.
f) (Futur I) → Ce reportage _____ retransmis sur Arte.
g) (Futur II) → L'artiste _____ reçu avec tous les honneurs.
h) (*conditionnel II*) → Si elle n'avait pas été populaire, elle _____ sifflée.

en plein air	im Freien	un honneur	eine Ehre
retransmettre → retransmis	übertragen → übertragen	siffler	auspfeifen

233 Leiten Sie von den folgenden Sätzen Passiv-Sätze ab. Bei einigen Sätzen ist der Urheber überflüssig. Lassen Sie ihn dann weg.

EXEMPLE La télévision régionale retransmettra le match. → Le match *sera retransmis*.

Un match de foot décevant

a) L'équipe allemande a battu les Girondins à domicile hier soir.
   → _____
b) L'équipe bordelaise a compromis ses chances de qualification.
   → _____
c) L'enjeu du match, sans doute, paralysait les Girondins.
   → _____
d) Les joueurs n'ont marqué aucun but pendant la première partie du match.
   → _____
e) La deuxième partie fut pire encore : un joueur bordelais a marqué un but contre son camp.
   → _____
f) Le match a beaucoup déçu l'entraîneur des Bordelais.
   → _____

→ GrLGr S. 424 ff.

le match à domicile	das Heimspiel	paralyser	lähmen
compromettre	in Frage stellen	marquer un but	ein Tor schießen
l'enjeu	das, was auf dem Spiel steht	pire	schlimmer
		le but contre son camp	das Eigentor

> Une grande partie des vignes a été détruite **par** la tempête.

Im Französischen wie im Deutschen kann im Passiv-Satz der Urheber der Handlung genannt werden oder nicht. Wird der Urheber der Handlung genannt, so wird er mit der Präposition *par* oder *de* eingeführt.

234 **Wird der Urheber mit *par* oder mit *de* / *d'* eingeführt?**

a) La nouvelle collection a été créée ___ de jeunes artistes.
b) Tout le mur est tapissé ___ photos de famille.
c) C'est une collègue qui est appréciée ___ tous.
d) Le journal télévisé a été présenté ___ Patrick L.
e) Le laboratoire est équipé ___ appareils très sophistiqués.
f) Le sinistre a été rapidement maîtrisé ___ les pompiers.

tapisser	tapezieren	le sinistre	der Brand
apprécier	schätzen	maîtriser	beherrschen
sophistiqué	hochentwickelt		

235 **Übersetzen Sie.**

a) Seine Gedichte sind erst nach seinem Tod veröffentlicht worden.
b) Ihre Wohnung war durchsucht worden.
c) Sie wurde von einem Hund gebissen.
d) Mein Garten ist von Unkraut überwuchert.
e) Der Fahrer wurde von der Sonne geblendet.

publier	veröffentlichen	les mauvaises herbes	das Unkraut
fouiller	durchsuchen	envahir	überwuchern
mordre → mordu	beißen → gebissen	éblouir → ébloui	blenden → geblendet

Das Passiv

BESONDERHEITEN BEI VERBEN • VERBALPERIPHRASEN

➔ GrLGr S. 433 ff.

> Je **viens de** rentrer et **je vais** me reposer un peu.

Aller in Verbindung mit einem Infinitiv dient zur Bildung der nahen Zukunft.
Venir de in Verbindung mit einem Infinitiv dient zur Bildung der unmittelbaren Vergangenheit, die im Deutschen meist mit einer Zeit der Vergangenheit und dem Adverb „gerade" wiedergegeben wird.

236 Nahe Zukunft oder unmittelbare Vergangenheit? Formulieren Sie die Antworten.

EXEMPLE Le docteur est reparti ? → Oui, il *vient de* partir.
Tu as réparé mon vélo ? → Non, mais je *vais* le réparer.

a) Le train est déjà parti ? → Oui, il _____.
b) Tu as prévenu ton employeur ? → Oui, je _____.
c) L'avion en provenance de Londres a atterri ? → Non, mais il _____ dans cinq minutes.
d) Vous avez fait vos devoirs ? → Oui, on _____.
e) Nos invités sont arrivés ? → Non, mais ils _____ d'une minute à l'autre.
f) Il pleut ? → Non, mais il _____, c'est sûr.

prévenir	Bescheid sagen	atterrir	landen
en provenance de	von (herkommend)	faire ses devoirs	seine Hausaufgaben machen

237 Übersetzen Sie. Verwenden Sie *aller* oder *venir de* + Infinitiv.

a) Die Gäste sind gerade angekommen und werden gleich auf ihr Zimmer gehen.
b) Als ich zur Post kam, hatte sie gerade zugemacht.
c) Das Museum wird in fünf Minuten öffnen.
d) Die Kinder sind gerade eingeschlafen, ich werde endlich lesen können.
e) Wir haben gerade gegessen und werden jetzt einen Spaziergang machen.
f) Ich habe den ersten Band fertig gelesen. Ich werde mit dem zweiten anfangen.

le client (d'un hôtel)	der Gast	enfin	endlich
s'endormir	einschlafen	le tome	der Band

→ GrLGr S. 433 ff.

Weitere Verbalperiphrasen können in Verbindung mit einem Infinitiv verschiedene Aspekte des Verlaufs einer Handlung ausdrücken, wie z. B.
- den Einsatz der Handlung: *Il se met* au travail. (Er fängt an zu arbeiten.)
- ihren Verlauf: *Il est en train de* travailler. (Er arbeitet gerade.)
- ihren Abschluss: *Il a fini de* travailler. (Er ist fertig mit der Arbeit.)

238 Markieren Sie die richtige Möglichkeit. Richten Sie sich nach der Übersetzung.

a) Nous (sommes en train de / allons) préparer l'exposition. *Wir sind dabei, die Ausstellung vorzubereiten.*
b) A quel âge as-tu (commencé à / arrêté de) travailler ? *In welchem Alter hast du aufgehört zu arbeiten?*
c) Je (viens de / suis en train de) regarder la télé. *Ich schaue gerade fern.*
d) Je n'ai pas pu (continuer à / commencer à) lire ce livre. *Ich konnte dieses Buch nicht weiter lesen.*
e) Tout d'un coup, il (s'est mis à / a arrêté de) rire. *Plötzlich lachte er los.*
f) Nous avons (fini de / continué à) payer notre voiture. *Wir haben unser Auto abbezahlt.*

239 Übersetzen Sie zu Ende. Verwenden Sie dabei eines der folgenden Verben.

> aller • se mettre à • continuer à • être en train de • arrêter de • venir de

a) *Was machst du gerade? – Ich bin am Arbeiten.*
Qu'est-ce que tu fais en ce moment ? – Je _____.
b) *Was werdet ihr morgen machen?*
Qu'est-ce que _____ ?
c) *Ich habe Marine gerade angerufen, wir werden einkaufen gehen.*
Je _____ et nous _____.
d) *Wo ist Léo? – Er ist im Garten, er ruht sich gerade aus, glaube ich.*
Où est Léo ? – Il est dans le jardin, il _____, je crois.
e) *Ich machte gerade einen Spaziergang am Fluss, als es plötzlich zu regnen anfing.*
J'_____ au bord de la rivière, quand il _____.
f) *Ich versuchte sie zu beruhigen, aber sie schrie weiter.*
J'essayais de la calmer, mais elle _____.
g) *Ich habe oft aufgehört zu rauchen und ich habe oft wieder angefangen.*
J'ai souvent _____ et j'ai souvent recommencé.

BESONDERHEITEN BEI VERBEN • MODALVERBEN

→ GrLGr S. 435 ff.

> Je **dois**, je **peux**, je **sais** le faire, mais je ne **veux** pas.

Als Modalverben werden *devoir*, *pouvoir*, *savoir* und *vouloir* in Verbindung mit dem Infinitiv eines anderen Verbs verwendet. Wie im Deutschen wird der Infinitiv direkt (d. h. ohne Präposition) angeschlossen.
Modalverben drücken aus, ob man etwas tun will, muss, kann oder soll.

240 Verbinden Sie die Satzteile und markieren Sie die Modalverben.

a)	Il est tard.	1)	Oui, nous voulons en acheter une nouvelle.
b)	Il y a trop de bruit.	2)	Non, elle sait très bien se débrouiller.
c)	Ma valise est très lourde.	3)	Je dois terminer mon exposé avant ce soir.
d)	Vous avez des projets ?	4)	Je ne peux pas me concentrer.
e)	Elle a besoin d'aide ?	5)	Pouvez-vous m'aider à la porter ?
f)	Ça a marché, ton examen ?	6)	Oui, nous voulons partir un an à l'étranger.
g)	Je n'aurai pas le temps de passer.	7)	Nous devons aller nous coucher.
h)	Vous avez vendu votre voiture?	8)	Ça va, mais je n'ai pas su répondre à une question.

la valise	der Koffer
se débrouiller	zurechtkommen
un exposé	ein Referat
aller se coucher	schlafen gehen

241 Ergänzen Sie die Verbformen im Präsens.

a) Ils ne _____ pas répondre.
b) Tu _____ travailler plus si tu _____ réussir tes examens.
c) Nous _____ te prêter ce DVD.
d) _____ -vous prononcer ce mot ?

> vouloir
> devoir
> vouloir
> pouvoir
> savoir

→ GrLGr S. 435 ff.

e) J'ai mal aux dents, je ne _____ pas manger.
f) Il ne _____ pas jouer aux échecs.
g) Je ne _____ pas venir ce soir,
   je _____ rester avec mon petit frère.

| pouvoir |
| savoir |
| pouvoir |
| devoir |

Modalverben werden ebenfalls verwendet zur Formulierung von
- Vermutungen: *Il **doit** être très riche.* (Er **muss** sehr reich sein.)
- höflichen Bitten: *Je **voudrais** un pain.* (Ich **möchte** ein Brot.)
- Ratschlägen: *Tu **devrais** être plus prudent.* (Du **solltest** vorsichtiger sein.)

242 Sagen Sie dasselbe mit einem der folgenden Verben.

voudrais • doit (2x) • devriez • doivent • devrais

a) A ta place, je réfléchirais. → Tu _____.
b) Je vous conseille de refuser. → Vous _____.
c) J'imagine que c'est un peu compliqué. → Ça _____.
d) Je crois qu'ils sont arrivés maintenant. → Ils _____.
e) Donnez-moi trois timbres, s.v.p. → Je _____ trois timbres.
f) Elle a l'air sympathique. → _____.

réfléchir	nachdenken, überlegen	**imaginer**	sich vorstellen
		avoir l'air	aussehen
refuser	ablehnen		

243 Markieren Sie die richtige Alternative. Richten Sie sich nach der Übersetzung.

a) Elle n'a pas (voulu / pu) venir.   *Sie konnte nicht kommen.*
b) Il n'a pas (voulu / pu) répondre.   *Er wollte nicht antworten.*
c) C'est toi qui (voulait / devait) acheter le pain.   *Du solltest Brot kaufen.*
d) Je n'ai pas (voulu / su) le contredire.   *Ich habe ihm nicht widersprechen wollen.*
e) Nous avons (pu / dû) faire deux pauses.   *Wir mussten zwei Pausen machen.*
f) Tu (devrais / voudrais) faire plus de sport.   *Du solltest mehr Sport treiben.*
g) Je ne (veux / peux) pas renoncer à tout, je (dois / veux) penser à moi.
   Ich kann nicht auf alles verzichten, ich muss an mich denken.

→ GrLGr S. 435 ff.

> Je **sais** conduire, mais je ne **peux** pas conduire sans lunettes.

Das deutsche Modalverb „können" wird im Französischen mit zwei Verben wiedergegeben: *savoir* oder *pouvoir*.
Savoir hat als Modalverb die Bedeutung „wissen, wie etwas geht", während *pouvoir* die Bedeutung „physisch fähig sein" oder „befugt sein" hat.

244 *Savoir* **oder** *pouvoir***? Ordnen Sie die folgenden Tätigkeiten im Kasten dem passenden Verb zu.**

> poster ces lettres • rester tranquille • utiliser un ordinateur • conduire une moto • faire cet exercice • répéter, s'il vous plaît

Savez-vous …
a) _____ ?
b) _____ ?
c) _____ ?

Pouvez-vous …
d) _____ ?
e) _____ ?
f) _____ ?

poster	einwerfen	un ordinateur	ein Computer

245 **Ergänzen Sie die Modalverben.**

a) Il m'énerve. Je ne _____ plus le supporter.
b) Cet enfant est très en avance : à 5 cinq ans, il _____ déjà lire et écrire.
c) J'ai oublié mes lunettes: je ne _____ pas lire sans.
d) Elle _____ être bien jolie maintenant.
e) Je ne _____ jamais comment réagir dans ces cas-là.
f) Elle a pris trois cours de danse et elle s'imagine qu'elle _____ danser !
g) J'ai oublié le journal. Je ne _____ pas penser à tout !
h) Nous _____ partir avant la tombée de la nuit.

supporter quelqu'un	jemanden ertragen	dans ces cas-là	in solchen Fällen
être en avance	*hier* seinem Alter voraus sein	s'imaginer	sich einbilden

246 Übersetzen Sie. Verwenden Sie Modalverben.

a) Ich kann rechts von links nicht unterscheiden.
b) Die Ampel ist grün, wir können weiterfahren.
c) Er fuhr zu schnell und konnte nicht rechtzeitig bremsen.
d) Wir wollen morgen ins Kino gehen.
e) Wir müssen unseren Planeten retten. Zusammen können wir die Umweltbelastung verringern.
f) Ich konnte nicht mit dem Bus fahren, ich musste ein Taxi nehmen.
g) Haben Sie sich in den Ferien erholen können? – Ich glaube, dass ich mich nicht erholen kann.
h) Was muss ich tun, um mit dem Rauchen aufzuhören? – Du solltest ein Glas Wasser trinken, sobald du Lust hast zu rauchen.

reconnaître	unterscheiden	réduire	verringern
repartir	*hier* weiterfahren	la pollution	die Umweltbelastung
rouler trop vite	zu schnell fahren	un exposé	ein Referat
freiner	bremsen	se reposer	sich erholen
à temps	rechtzeitig	arrêter de	aufhören zu
sauver	retten	avoir envie de	Lust haben zu

BESONDERHEITEN BEI VERBEN • UNPERSÖNLICHE VERBEN UND AUSDRÜCKE → GrLGr S. 438 ff.

> **Il** faut du temps.

Im Französischen werden unpersönliche Verben und Ausdrücke nur mit dem Pronomen *il* (es) verwendet.

Man unterscheidet zwischen Verben, die immer unpersönlich sind, wie z. B. *pleuvoir* (regnen), und Verben, die sowohl unpersönlich als auch persönlich verwendet werden, wie z. B. *sembler* (scheinen): *Tu sembles fatigué.* (Du siehst müde aus.) oder *Il semble qu'il se soit trompé.* (Es scheint, dass er sich geirrt hat.)

247 Werden die Verben in den folgenden Sätzen unpersönlich verwendet? Kreuzen Sie ja oder nein an.

	ja	nein
a) Il ne se passe jamais rien ici.	☐	☐
b) Il neige à gros flocons.	☐	☐
c) Il est venu beaucoup de monde.	☐	☐
d) Il s'est absenté pour la matinée.	☐	☐
e) Chaque matin, il se passe du gel dans les cheveux.	☐	☐
f) Il s'est bien préparé à son examen.	☐	☐
g) Il est tard.	☐	☐
h) Il n'y a plus rien à faire.	☐	☐

le flocon	die Flocke	s'absenter	abwesend sein

> **Tu** vas bien ?

Einige Ausdrücke, die im Deutschen unpersönlich gebraucht werden, werden im Französischen mit einer persönlichen Wendung wiedergegeben.

Es wurde viel getanzt.   *On a beaucoup dansé.*
Mir ist langweilig.   *Je m'ennuie.*

→ GrLGr S. 438 ff.

248 Verbinden Sie die beiden Spalten.

a)	Ist Ihnen kalt?	1.	Vous manquez d'idées.
b)	Es geht ihm gut, danke.	2.	Vous avez froid ?
c)	Es freut mich, dass du kommst.	3.	C'est bon.
d)	Mir ist zu warm.	4.	Je me réjouis que tu viennes.
e)	Es fehlt Ihnen an Ideen.	5.	Je n'ai pas réussi.
f)	Es schmeckt.	6.	Il va bien, merci.
g)	Es ist mir nicht gelungen.	7.	J'ai trop chaud.

249 Übersetzen Sie. Verwenden Sie unpersönliche Wendungen.

a) Es geht um deine Zukunft.
b) Es sind einige Wolken am Himmel.
c) Man muss Geduld haben.
d) Mir ist eine merkwürdige Geschichte passiert.
e) Es ist schwül.
f) Es wäre schade, dies zu verpassen.
g) Es sind zu viele Leute hier.
h) Es ist verboten, hier zu parken.

le nuage	die Wolke	rater	verpassen
le ciel	der Himmel	lourd	*hier* schwül
la patience	die Geduld	stationner	parken

BESONDERHEITEN BEI VERBEN • VERBERGÄNZUNGEN
➔ GrLGr S. 440 ff.

> Je voudrais **un pain**, s'il vous plaît.

Das direkte Objekt (Akkusativobjekt) wird ohne Präposition angeschlossen:
Einem französischen Verb mit direktem Objekt entspricht meistens (aber nicht immer) ein deutsches Verb mit Akkusativobjekt.
Im Wörterbuch wird in der Regel angegeben, ob ein Verb transitiv (v. tr.) oder intransitiv (v. intr.) ist.

250 Verbinden Sie die beiden Spalten. Markieren Sie dann die Verben, die im Französischen ein direktes Objekt haben, im Deutschen aber nicht.

a)	Le professeur explique la règle		aucun accent.
b)	Avez-vous félicité		mon train.
c)	Nous avons passé		son chef.
d)	J'ai attendu longtemps		mais les élèves ne l'écoutent pas.
e)	Nous n'avons pas aimé		une excellente soirée.
f)	Un employé ne contredit jamais		le dernier film de Patrice Leconte.
g)	Quand il parle, il n'a		les jeunes mariés ?

féliciter	gratulieren	**contredire**	widersprechen

> **A Mathilde** ? Je vais **lui** envoyer un mail ce soir.

Das indirekte Objekt als Dativobjekt wird mit *à* angeschlossen und kann durch ein indirektes Objektpronomen ersetzt werden.

> On peut vraiment compter **sur** elle.

Das indirekte Objekt als Präpositionalobjekt wird mit unterschiedlichen Präpositionen an das Verb angeschlossen. Bei Personen wird es durch ein unverbundenes Objektpronomen (*moi, toi* ...) ersetzt: *Je pense souvent à Mathilde.* ➔ *Je pense souvent à elle.* (Ich denke oft **an sie**.) und bei Sachen durch *en* oder *y* wieder aufgenommen: *Je repense souvent à ce film.* ➔ *J'y repense souvent.* (Ich denke oft wieder **daran**.)

251 Markieren Sie die richtige Alternative.

a) J'offre des fleurs (à / pour) mes parents.
b) Nous avons rendu le porte-monnaie (à / y) son propriétaire.
c) Je vais (lui / le) demander une augmentation.
d) As-tu remercié (à tes / tes) voisins ?
e) Il (lui / l') a aidé à préparer le repas.
f) Je vais téléphoner (au / le) restaurant pour réserver.

le propriétaire	der Besitzer	une augmentation	eine Gehaltserhöhung

252 Wandeln Sie die Sätze um, indem Sie das indirekte Objekt durch ein Pronomen ersetzen.

EXEMPLE J'ai déjà répondu à ta lettre. → *J'y ai déjà répondu.*
J'ai déjà répondu à ma tante. → *Je lui ai déjà répondu.*

a) Prends soin de ma voiture. → _____.
b) Je me souviens bien de ce prof. → _____.
c) Je repense souvent à cette soirée. → _____.
d) Elle s'intéresse beaucoup aux jeunes des banlieues. → _____.
e) J'ai entendu parler de ce scandale. → _____.
f) Il a fait allusion à ton accident. → _____.
g) La voisine s'occupe de ma fille. → _____.
h) Tu as téléphoné à ta mère ? → _____.

le prof = le professeur	der Lehrer	faire allusion à	anspielen auf
la banlieue	die Vororte		

Beim indirekten Objekt als Präpositionalobjekt hängt die Wahl der Präposition vom Verb ab. Die meisten Präpositionalobjekte werden jedoch mit der Präposition *à* oder *de* angeschlossen: *appartenir à quelqu'un* (jemandem gehören), *s'occuper de* (sich kümmern um).

Die meisten Wörterbücher geben darüber Auskunft, mit welcher Präposition ein Verb verwendet wird.

253 Werden die folgenden Verben mit *à* oder mit *de* angeschlossen? Ordnen Sie zu. Ergänzen Sie dann die Präposition in der Vokabelliste.

> se souvenir • contribuer • renoncer • dépendre • s'habituer • s'abonner • se moquer • s'intéresser • se débarrasser • s'occuper

à

de

contribuer		beitragen zu
renoncer		verzichten auf
dépendre		abhängen von

s'habituer		sich gewöhnen an
se débarrasser quelque chose / quelqu'un		etwas / jemanden loswerden

254 *À*, *de*, *sur* oder *en*? Setzen Sie die passende Präposition ein. Ergänzen Sie dann die Präposition in der Vokabelliste.

a) Nous avons joué tout l'après-midi ...... foot.
b) Traduisez ce texte ...... allemand.
c) Il a beaucoup insisté ...... ce point.
d) Elle joue magnifiquement ...... piano.
e) Je manque ...... énergie en ce moment.
f) Cet appareil ne me sert ...... rien.
g) Je pense que l'on peut compter ...... lui.
h) Rentrons, il commence ...... faire nuit.
i) Je n'arrive pas ...... me décider.
j) Connais-tu ce conte dans lequel la grenouille se transforme ...... prince ?

traduire		übersetzen in
insister		bestehen auf
servir		dienen zu

arriver		es schaffen
la grenouille		der Frosch
se transformer		sich verwandeln in

→ GrLGr S. 440 ff.

> Il a **manqué de** franchise et il a **manqué à** sa promesse.

(Es fehlte ihm an Aufrichtigkeit und er hat sein Versprechen nicht gehalten.)
Einige Verben können das Objekt unterschiedlich anschließen. Bei einigen ändert sich sogar die Bedeutung.

255 Geben Sie die deutsche Übersetzung der unterstrichenen Verben an.

EXEMPLE Savez-vous jouer au bridge ? → *ein Spiel spielen*
Il joue merveilleusement du piano. → *ein Instrument spielen*

a) J'ai assisté à un concert de jazz. → _____
   L'infirmière assiste le chirurgien pendant l'opération. → _____
b) L'infirmière veille le malade. → _____
   Veillez à ne rien oublier. → _____
c) J'use beaucoup mes chaussures. → _____
   Il a usé d'un stratagème très compliqué. → _____
d) Cet instrument sert à décapsuler les bouteilles de bière. → _____
   Je ne me suis servi d'aucun dictionnaire pour traduire ce texte. → _____
f) Je manque d'argent. → _____
   Il a manqué son but. → _____

un infirmier / une infirmière	ein Krankenpfleger / eine Krankenschwester
le stratagème	die List
décapsuler une bouteille	eine Flasche öffnen

256 Ergänzen Sie, wenn nötig, die Präpositionen und tragen Sie die fehlenden Präpositionen in die Vokabelliste ein.

Horoscope
a) Bélier : Si vous avez envie _____ changer _____ air, c'est le moment. Mais n'oubliez pas _____ réfléchir avant _____ prendre une décision importante.
b) Taureau : Ménagez _____ vos forces. Écoutez _____ votre cœur et faites attention _____ votre santé.
c) Gémeaux : Ne vous reposez pas trop _____ vos acquis. Profitez _____ votre expérience mais continuez _____ vous perfectionner.
d) Cancer : Aider _____ les autres, c'est bien, mais n'oubliez pas _____ penser aussi _____ vous.

→ GrLGr S. 440 ff.

e) Lion : Vous cherchez loin _____ une solution qui est tout près. N'hésitez pas _____ parler _____ vos problèmes _____ vos proches. Ne persistez pas _____ votre silence.

f) Vierge : Occupez-vous _____ vos affaires et prenez soin _____ votre santé. Vous avez besoin _____ vous reposer un peu.

prendre une décision	eine Entscheidung treffen
ménager	schonen
se reposer _____ ses acquis	sich auf seinen Verdiensten ausruhen
une expérience	eine Erfahrung

hésiter _____	zögern
les proches	die Menschen, die einem nahe stehen
persister _____	bestehen auf
prendre soin _____	pflegen
se reposer	sich ausruhen

257 Übersetzen Sie das Ende des Horoskops. Ergänzen Sie anschließend die Präpositionen in der Vokabelliste.

a) Waage / *Balance*: Verzichten Sie nicht auf Ihre Unabhängigkeit. Aber misstrauen Sie Ihrer Impulsivität, die Ihrer Umgebung schaden könnte.

b) Skorpion / *Scorpion*: Vergessen Sie nicht denjenigen zu danken, die Ihnen geholfen haben.

c) Schütze / *Sagittaire*: Sie freuen sich auf einen baldigen Besuch. Sie haben Lust, neue Horizonte zu entdecken.

d) Steinbock / *Capricorne*: Sie klagen über Einsamkeit, aber Sie wissen wohl, dass Sie auf die anderen zählen können, wenn Sie Hilfe brauchen.

e) Wassermann / *Verseau*: Man wirft Ihnen vor, dass Sie zu wenig am gemeinsamen Leben teilnehmen.

f) Fische / *Poissons*: Sie brauchen Veränderungen. Ihnen fehlt es nicht an Mut. Entledigen Sie sich Ihrer letzten Ketten.

renoncer _____	verzichten auf
une indépendance	eine Unabhängigkeit
se méfier _____	misstrauen
nuire _____	schaden
un entourage	eine Umgebung
remercier	danken

se plaindre _____	klagen
reprocher	vorwerfen
participer _____	teilnehmen
le courage	der Mut
se débarrasser _____	sich entledigen
la chaîne	die Kette

SATZBAU UND SATZGEFÜGE • STELLUNG DER SATZGLIEDER IM SATZ → GrLGr S. 463 ff.

> Elle a transmis le fax à Nathalie. → Elle le lui a transmis.

Die „neutrale" Wortstellung im Aussagesatz ist: Subjekt – Verb – direktes Objekt (als Nomen) – indirektes Objekt (als Nomen) – adverbiale Ergänzung.

Anders als im Deutschen stehen die Objektpronomen in der Regel vor der konjugierten Form des Verbs.

258 In jedem Satz steht ein Element an der falschen Stelle. Korrigieren Sie.

EXEMPLE **Je sens me très bien.** → Je *me* sens très bien.

a) En forme tu as l'air.
b) Elle toujours est de bonne humeur.
c) Le pull vert je voudrais.
d) Je ai apporté lui le journal.
e) Demain commence elle à travailler.
f) À la maison je reste ce soir.
g) Les papiers, je ne ai les pas encore reçus.
h) Nous les vous avons pourtant envoyés.

avoir l'air	aussehen	recevoir → reçu	bekommen → bekommen
de bonne humeur	gut gelaunt		

> **C'est** Pierre **qui** a téléphoné. **C'est** un collègue **que** j'apprécie beaucoup.

Die Hervorhebung durch *c'est* + Relativpronomen ist im Französischen sehr gebräuchlich. Der hervorzuhebende Satzteil steht am Satzanfang und wird von *c'est … qui* oder *c'est … que* eingerahmt. *C'est … qui* rahmt das Subjekt, *c'est … que* rahmt andere Satzglieder ein.

→ GrLGr S. 463 ff.

259 Heben Sie mit *c'est ... qui* oder *c'est ... que* die unterstrichenen Satzteile hervor.

EXEMPLE Le début m'a beaucoup coûté. → *C'est le début qui m'a beaucoup coûté.*

a) Le candidat socialiste va l'emporter. → ....
b) J'ai vu Pierre en premier. → ....
c) Nous habitons ici depuis un an. → ....
d) Il téléphone souvent. → ....
e) Elle passe son examen demain. → ....
f) Je dis ça pour toi. → ....
g) Elle est née à Toulouse. → ....
h) Le professeur de maths me l'a dit. → ....

coûter	*hier* Anstrengungen kosten	l'emporter	siegen

Cette fille, je la connais bien. / Je la connais bien, **cette fille**.

Bei der Segmentierung von Satzteilen wird das hervorzuhebende Satzglied an den Anfang oder ans Ende des Satzes gestellt und durch ein Pronomen (in den Beispielen unterstrichen) wieder aufgenommen bzw. angekündigt. Die Segmentierung ist ein Phänomen der gesprochenen Sprache.

260 Vervollständigen Sie die folgende Tabelle.

neutrale Wortstellung | **Hervorhebung durch Segmentierung**

EXEMPLE J'ai pris des tas de livres. | *Des livres, j'en ai pris des tas.*

a) Vous avez photocopié la lettre ? | .... ?
b) .... ? | Tu l'as aimée, cette histoire ?
c) Tu as lu les journaux ? | .... ?
d) Comment trouves-tu ce gâteau ? | .... ?
e) Vous avez des timbres? | .... ?
f) .... ? | Tu n'y es jamais allé, à Paris ?

le gâteau	der Kuchen	le timbre	die Briefmarke

SATZBAU UND SATZGEFÜGE • DIE VERNEINUNG

→ GrLGr S. 470 ff.

> Je **ne** suis **pas** d'accord mais je **ne** dirai **rien**.

Die französische Verneinung besteht immer aus zwei Teilen: das erste Element ist immer *ne*, das zweite variiert je nach Bedeutung. Im gesprochenen Französisch wird der erste Teil der Verneinung (*ne*) oft weggelassen.

261 **Markieren Sie im Text alle Verneinungswörter.**

Quel ennui, cette ville !
Une chose est sûre, je **ne** resterai **pas** longtemps dans cette ville. Je n'ai pas encore tout vu, mais j'en sais déjà assez. Il n'y a rien à faire ici, surtout le soir. Il n'y a personne dans les rues après 10 heures du soir.
J'ai cherché un café sympa, je n'en ai trouvé aucun. Ici, on ne peut ni s'amuser (il n'y a pas de discothèque) ni s'instruire (il n'y a pas de bibliothèque non plus) ni rencontrer des gens. Je ne sais pas du tout comment les gens font pour vivre ici. Quand j'aurai quitté cette ville, je n'y reviendrai jamais.

| l'ennui, *m* | die Langeweile | s'instruire | sich bilden |

262 **Übersetzen Sie die Sätze zu Ende.**

a) Es ist dunkel hier, man sieht überhaupt nichts.
 → Il fait sombre ici, _____.
b) Es ist anstrengend: Er hört nicht zu und antwortet nie auf Fragen.
 → C'est fatigant : il _____.
c) Anne und ich sehen uns nicht mehr.
 → Anne et moi, nous _____.
d) Er ist sehr alt: Er erinnert sich an nichts mehr.
 → Il est très vieux : il _____.
e) Ich bin hineingegangen, aber es war niemand da.
 → Je suis entré mais _____.
f) Ich habe noch nie im Lotto gewonnen.
 → Je _____.

| se souvenir de | sich erinnern an | gagner | gewinnen |

→ GrLGr S. 470 ff.

> Pierre **n**'a **pas** travaillé hier.

In den zusammengesetzten Zeiten rahmen die Verneinungspartikel in der Regel nur die konjugierte Form des Verbs ein.

> Je **n**'ai rencontré **personne** hier à la fête.

Ausnahmen zu dieser Regel sind *ne ... personne, ne ... aucun / nul, ne ... nulle part*, die die Gruppe Hilfsverb und Partizip Perfekt einrahmen.

263 Bringen Sie die Satzteile in die richtige Reihenfolge.

a) ai / rien / je / n' / à midi / mangé
b) n' / elle / notre offre / pas / accepté / a
c) ai / n' / cet homme / plus / je / revu
d) jamais / lui / il / adressé / ne / la parole / a
e) nouvelle de / n' / ils / ont / eu / aucune / Léo
f) avons / n' / rien / nous / de nouveau / appris
g) pas / ne / elle / peut / à la gare / l'accompagner
h) trouvé / nous / l'avons / nulle part / ne

| une offre | ein Angebot | de nouveau | wieder |
| adresser la parole à quelqu'un | jemanden ansprechen | ne ... nulle part | nirgends |

264 Antworten Sie verneinend auf die Fragen.

> EXEMPLE   Ils viennent ?   → Non, ils *ne* viennent *pas*.
> Ils sont venus ?   → Non, ils *ne* sont *pas* venus.

a) Elle part ? → – Non, ...
   Elle est partie ? → – Non, ...
b) Ça marche ? → – Non, ...
   Ça a marché ? → – Non, ...
c) Vous allez à Lyon ? → – Non, nous ....
   Vous êtes allés à Lyon ? → – Non, nous ....
d) Tes parents sortent ? → – Non, ils ....
   Tes parents sont sortis ? → – Non, ils ....

→ GrLGr S. 470 ff.

e) Tu vois quelqu'un ? → – Non, _____.
   Tu as vu quelqu'un ? → – Non, _____.
f) Il regarde beaucoup la télé ? → – Non, _____.
   Il a regardé beaucoup la télé ? → – Non, _____.

| ça marche ? | klappt das? / geht es? | regarder la télé | fernsehen |

> J'ai trouvé **des** fraises. / Je **n'**ai **pas** trouvé **de** fraises au marché.

Der unbestimmte Artikel und der Teilungsartikel werden mit *ne ... pas de / d'* verneint. Steht im bejahten Satz der bestimmte Artikel, so bleibt er in der Verneinung erhalten. Weitere Übungen zu *ne ... pas de* (kein) finden Sie auf Seite 20 f.

265 **Verneinen Sie die Sätze wie in den Beispielen.**

EXEMPLE J'ai reçu *un* paquet. → Je n'ai *pas* reçu *de* paquet.
Je prépare *la* fête de demain. → Je ne prépare *pas la* fête de demain.

a) J'ai le temps.
   → _____.
b) Nous avons fait du camping.
   → _____.
c) J'aime les plages du Sud-Ouest de la France.
   → _____.
d) Elle a du tonus.
   → _____.
e) J'ai appris l'anglais à l'école.
   → _____.
f) Nous avons regardé le match de foot ensemble.
   → _____.
g) Mon ami fait du ski.
   → _____.
h) Vous voulez un peu de sauce ?
   → _____ ?

| faire du camping | campen | faire du ski | Ski fahren |
| avoir du tonus | Energie haben | | |

Satzbau und Satzgefüge • Die Verneinung

→ GrLGr S. 470 ff.

> Nous **n**'avons **qu**'une semaine de vacances à Pâques.

Ne ... que (nur / erst) drückt eine Einschränkung aus. *Ne ... que* und *seulement* (nur) sind gleichbedeutend, *ne ... que* wird aber häufiger gebraucht.

266 **Formulieren Sie die Sätze mit *ne ... que* um.**

EXEMPLE Elle parle seulement le français. → *Elle ne parle que le français.*

a) Elle mange seulement des légumes. → _____.
b) Il y a seulement une chambre de libre. → _____.
c) Il aime seulement les hôtels de luxe. → _____.
d) Elle achète seulement des marques. → _____.
e) On trouve ce produit seulement ici. → _____.
f) Nous déménageons seulement dans un an. → _____.
g) On meurt seulement une fois. → _____.

| les légumes | das Gemüse | la marque | der Markenartikel |
| un hôtel de luxe | ein Luxushotel | déménager | umziehen |

267 **Übersetzen Sie.**

Lisa ist keine einfache Person. Sie mag weder den Tag noch die Nacht. Sie mag nichts und niemanden und sich selbst mag sie auch nicht. Sie lacht nie und sagt fast nie etwas. Sie ist zu niemandem freundlich. Sie hat keine Freunde, und es gibt nichts, was sie gerne macht. Zu ihrer Familie hat sie keinen Kontakt. Sie mag ihre Arbeit nicht und die Stadt, in der sie wohnt, gefällt ihr auch nicht.

facile	einfach	aimable avec	freundlich zu
ne ... ni ... ni	weder ... noch	avoir des contacts avec	Kontakt haben zu
presque	fast		

SATZBAU UND SATZGEFÜGE • DER AUSRUFE- UND DER FRAGESATZ → GrLGr S. 477 ff.

> Quelle merveille ! Comme c'est beau !

Der Ausrufesatz drückt ein Gefühl oder einen Gemütszustand aus, wie z. B. Begeisterung, Entrüstung oder Bedauern.

268 **Diese Ausrufesätze sind fehlerhaft. Korrigieren Sie sie.**

EXEMPLE **Comme faim j'ai !** → *Comme j'ai faim !*

a) Quel temps beau ! → _____ !
b) Comme ennuyeux est ce film ! → _____ !
c) Qu'est-ce qu'est pénible il ! → _____ !
d) Comme ennuyeux c'est ! → _____ !
e) Qu'est il bête ! → _____ !

ennuyeux	langweilig	bête	dumm
pénible	anstrengend		

Die Frage „Wohin gehen Sie?" kann im Französischen auf verschiedene Weise formuliert werden:
1. als Inversionsfrage: *Où **allez-vous** ?*
2. als *est-ce que*-Frage: *Où **est-ce que** vous allez ?*
3. als Frage ohne Inversion mit nachgestelltem Fragewort: *Vous allez **où** ?* oder vorangestelltem Fragewort: ***Où** vous allez ?* (nachlässiger Sprachgebrauch).

Übungen zur indirekten Frage finden Sie auf Seite 126 ff.

269 **Geben Sie die jeweils fehlende Variante der Frage an.**

EXEMPLE **Tu parles français ?**   *Est-ce que tu parles français ?*

Intonationsfrage   *est-ce que*-**Frage**

a) Elle a les yeux bleus ?   _____ ?
b) _____ ?   Est-ce que vous connaissez M. Léon ?
c) _____ ?   Où est-ce que vous allez en vacances ?
d) Tu y vas comment ?   _____ ?
e) On fait quoi demain ?   _____ ?
f) _____ ?   Pourquoi est-ce que tu dis ça ?

> GrLGr S. 477 ff.

> **Les enfants seront-ils** guéris demain ?

Die komplexe Inversionsfrage wird gebildet, wenn die einfache Inversionsfrage nicht möglich ist. Dies ist der Fall, wenn das Subjekt ein Nomen ist.

270 Bilden Sie Inversionsfragen.

a) Est-ce que vous habitez chez vos parents ?
b) Est-ce que vos voisins ont déménagé ?
c) Est-ce que tu aimes cet acteur ?
d) Est-ce que la presse en a parlé ?
e) Est-ce que vos amis sont contents de leur nouvelle maison ?
f) Est-ce que nous pourrons le supporter ?
g) Est-ce que les candidats connaissent déjà les résultats ?
h) Est-ce que vous avez envoyé les mails ?

être guéri	wieder gesund sein	content	zufrieden
déménager	umziehen	supporter	ertragen

271 Übersetzen Sie die Fragen. Bilden Sie für jede Frage die beiden fehlenden Fragevarianten.

EXEMPLE Wie lange seid ihr geblieben?
→ *Vous êtes restés combien de temps ?*
→ *Combien de temps êtes-vous restés ?*
→ *Combien de temps est-ce que vous êtes restés ?*

a) Wie findest du meine neuen Schuhe?
→ .... ?
→ .... ?
→ Comment est-ce que tu trouves mes nouvelles chaussures ?

b) Hat Herr Dujardin reserviert?
→ Monsieur Dujardin a réservé ?
→ .... ?
→ .... ?

c) Warum hast du das getan?
→ .... ?
→ Pourquoi tu as fait ça ?
→ .... ?

272 **Übersetzen Sie die Fragen. In diesem Dialog wird ein Mann verhört, der unter Mordverdacht steht. Ergänzen Sie die Lücken mit den passenden Fragen. Bilden Sie, wenn möglich, Inversionsfragen.**

- *Wann haben Sie dieses Haus gekauft?* _____ ?
- Je ne l'ai pas achetée. Elle appartient à ma femme.
- *Ihrer Frau?* _____ ?
- Oui, monsieur, à ma femme. Elle en a hérité de ses parents.
- *Wem gehört es wirklich?* _____ ?
- À ma femme. Nous sommes mariés sous le régime de la séparation des biens.
- *Könnte ich mit Ihrer Frau sprechen?* _____ ?
- Non, monsieur.
- *Und warum nicht?* _____ ?
- Elle n'est pas là. Elle est chez des amis.
- *Bei Freunden?* _____ ?
- Oui, chez des amis.
- *Bei welchen Freunden?* _____ ?
- Des amis en Italie. Je ne les connais pas. Ce sont ses amis, pas les miens.
- *Wann kommt sie zurück?* _____ ?
- Dans une quinzaine de jours, je pense. Elle n'a pas encore téléphoné.
- Elle n'a pas encore téléphoné ! *Sind Sie nicht beunruhigt?* _____ ?
- Non, c'est normal. J'ai l'habitude. C'était la même chose avec ma première femme.
- *Weil Sie schon verheiratet waren?* _____ ?
- Oui, c'est ma deuxième femme.
- *Haben Sie noch Kontakt zu Ihrer ersten Frau?* _____ ?
- Non, elle est morte il y a deux ans … pendant un séjour chez des amis …

hériter de	erben von
le régime de la séparation des biens	die Gütertrennung

dans une quinzaine de jours	in ca. vierzehn Tagen
inquiet	beunruhigt
le séjour	der Aufenthalt

DAS ADVERB

→ GrLGr S. 495 ff.

> C'est une élève **lente**. Elle comprend très **lentement**.

Im Französischen hat das Adverb eine eigene Form, die sich von der des entsprechenden Adjektivs deutlich unterscheidet. Die meisten der abgeleiteten Adverbien werden gebildet, indem man die Endung *-ment* an die feminine Singularform des Adjektivs anhängt. Adjektive, deren maskuline Form auf einen betonten Vokal endet, leiten das Adverb von der maskulinen Form ab: *absolu* → *absolument*.
Einige Adverbien erhalten zusätzlich einen *accent aigu*: *aveugle* (blind) → *aveuglément*.

273 Leiten Sie von den folgenden Adjektiven das Adverb ab.

a) réel →
b) fidèle →
c) large →
d) franc →
e) vif →
f) hardi →
g) énorme →
h) naturel →
i) léger →
j) affreux →
k) frais →
l) long →

| fidèle | treu | hardi | kühn |
| franc | aufrichtig | affreux | schrecklich, scheußlich |

274 Adjektiv oder Adverb? Ergänzen Sie und gleichen Sie, wenn nötig, das Adjektiv an.

EXEMPLE (total) (naturel) → C'est une médecine *totalement naturelle*.

a) (entier) (gratuit) → Notre documentation est _____.
b) (complet) (paniqué) → Il était _____ à l'idée de la revoir.
c) (grave) (malade) → Elle n'est pas _____.
d) (terrible) (maladroit) → Ils sont _____.
e) (fou) (amoureux) → Il est _____ d'elle.
f) (faux) (enjoué) → Elle répond d'une voix _____.

| entier | völlig, ganz | maladroit | ungeschickt |
| paniqué | in Panik | enjoué | unbeschwert |

Adjektive auf *-ent* bilden das Adverb auf *-emment* (*prudent* → *prudemment*).
Adjektive auf *-ant* bilden das Adverb auf *-ammant* (*courant* → *couramment*).

→ GrLGr S. 495 ff.

275 Vervollständigen Sie die Tabelle mit den jeweils fehlenden Formen.

EXEMPLE une tenue *élégante*   Elle s'habille toujours *élégamment*.

Adjektiv	Adverb
a) une carrière brillante	Il réussit _____ dans son travail.
b) un rire _____	Ils ont ri très bruyamment.
c) une personne violente	Il réagit souvent _____.
d) un homme _____	Il a attendu patiemment pendant deux heures.
e) un expression _____	C'est une expression couramment employée.
f) un regard méchant	Il m'a regardé _____.

réussir	Erfolg haben	violent	gewalttätig
une expression	ein Ausdruck, eine Redewendung	courant	geläufig
		méchant	böse

> C'est une **bonne** cuisinière. Elle fait très **bien** la cuisine.

Den Adjektiven *bon* und *mauvais* entsprechen die Adverbien *bien* und *mal*. Merken Sie sich gut diese Sonderformen! Im Deutschen wird das Adverb *bien* unterschiedlich wiedergegeben.

276 Adjektiv oder Adverb? Setzen Sie *bon* oder *bien*, *mauvais* oder *mal* ein.

a) J'aime _____ cet acteur. Je trouve qu'il joue _____, mais j'ai trouvé son dernier film très _____. Dans ce film, il est entouré d'acteurs qui jouent _____. Un _____ acteur ne suffit pas à faire un _____ film.

b) Un chagrin d'amour, ça fait toujours _____. C'est une _____ période à passer. Seuls de vrais _____ amis peuvent vous aider. Eux seuls comprennent _____ votre situation. Mais à vouloir trop _____ faire, ils peuvent devenir pesants. Ne réagissez pas _____.

être entouré de	umgeben sein von	le chagrin d'amour	der Liebeskummer
suffire	genügen	pesant	lästig

Das Adverb

→ GrLGr S. 495 ff.

> C'est une histoire **très** étrange.

Es ist nicht möglich, eine allgemein gültige Regel zur Stellung des Adverbs im Satz zu formulieren. Es gilt jedoch meist der Grundsatz: Das Adverb steht unmittelbar vor dem Satzteil (im Beispiel unterstrichen), den es näher bestimmt.

277 **Bringen Sie die Satzteile in die richtige Reihenfolge. Achten Sie dabei auf die Stellung des Adverbs im Satz.**

a) a / poliment / il / refusé / l'invitation
b) reçus / avons / mal / été / nous / très
c) médiatisé / a / politique / été / ce scandale / abondamment
d) travaillé / nous / énormément / avons / à ce projet
e) histoire / vraiment / est / cette / compliquée
f) fauteuils / sont / ces / confortables / extrêmement

poliment	höflich	abondamment	reichlich
être médiatisé	von den Medien hochgespielt werden	le fauteuil	der Sessel

> C'était **très** dangereux et nous avons eu **très** peur.
> Il est **beaucoup trop** sévère.   Er ist **viel zu** streng.

Das Adverb *très* wird im Deutschen unterschiedlich übersetzt. Das Adverb *beaucoup* entspricht im Deutschen „viel" oder „sehr".
Trop hat die Bedeutung „zu viel" oder „zu sehr".
Dem deutschen „viel zu" + Adjektiv / Adverb entspricht im Französischen die Wendung *beaucoup trop*.

278 **Ergänzen Sie die jeweils fehlende Übersetzung.**

français	allemand
a) _____.	Wir haben sehr viel gelacht.
b) _____.	Es ist zu früh, um daran zu denken.
c) C'est vraiment très cher.	_____.
d) Ce film m'a beaucoup plu.	_____.
e) _____.	Diese Arbeit ist viel zu schwer.

→ GrLGr S. 495 ff.

français	allemand
f) _____.	Dieses Mittel ist sehr gefährlich.
g) Elle est très sérieuse.	_____.
h) _____.	Diese Straße ist zu laut.

le produit	das Mittel	bruyant	laut

> Elle était **toute** surprise.

Das Adverb *tout* (ganz) ist das einzige Adverb, das veränderlich ist: Vor einem femininen Adjektiv, das mit einem Konsonanten beginnt, richtet sich *tout* nach dem Bezugswort.

279 Ergänzen Sie, wenn nötig, die Endungen von *tout*.

a) Je suis _____ confuse.
b) Tu as les cheveux _____ emmêlés.
c) On entend cette rengaine depuis qu'on est _____ petites.
d) La couverture était _____ humide.
e) Ils étaient là _____ silencieux.
f) Ça me fait _____ drôle.
g) Elle était _____ anxieuse en attendant les résultats.

emmêlé	struppig	silencieux	schweigsam
la rengaine	die (alte) Leier	anxieux	ängstlich

> Il parle **aussi** bien français que moi et il a eu **autant** de points que moi.

Aussi und *autant* werden in Vergleichen verwendet. Mit *aussi* (genauso) werden Qualitäten, mit *autant* (genauso viel) Quantitäten verglichen.

280 Fügen Sie *aussi* oder *autant* ein.

a) Il conduit _____ mal que son père.
b) Je n'ai pas _____ de mérite que vous.
c) L'Espagne est presque _____ grande que la France.
d) Il a plu _____ en avril qu'en mars.

→ GrLGr S. 495 ff.

e) Elle s'engage _____ que les autres.
f) Mon anglais est _____ bon que le vôtre.
g) Il ne fait pas _____ beau qu'hier.
h) Nous avons _____ d'expérience que lui.

| le mérite | der Verdienst | une expérience | eine Erfahrung |

Einige deutsche Adverbien werden im Französischen mit einem Verb wiedergegeben.

281 Übersetzen Sie die deutschen Adverbien mit einem der folgenden Verben.

~~tarder à~~ • préférer • commencer à • finir par • venir de • espérer • faillir

EXEMPLE Er wird *bald* nach Hause kommen. → Il ne va pas *tarder à* rentrer.

a) Er hat mir **gerade** eine SMS geschickt.
b) Ich hätte ihn **beinahe** auf sein Handy zurückgerufen.
c) **Hoffentlich** sagt er mir die Wahrheit.
d) Ich mache **lieber** die Augen zu.
e) Sein Schweigen macht mich **langsam** unruhig.
f) Er hat **schließlich** alles gestanden.

| le portable / mobile | das Handy | le silence | das Schweigen |
| inquiéter | unruhig machen | avouer | gestehen |

Die meisten Adverbien bilden den Komparativ und Superlativ regelmäßig.
Denken Sie daran: Die Vergleichspartikel heißt im Französischen immer *que*.

Nur vier Adverbien (*beaucoup*, *peu*, *bien* und *mal*) haben unregelmäßige Komparativ- und Superlativformen.

282 Formulieren Sie Vergleiche wie im Beispiel.

EXEMPLE (–) Anne – parler – vite – Pierre. → *Anne parle moins vite que Pierre.*

a) (+) aujourd'hui – le spectacle – commencer – tôt – hier
b) (=) les jeunes – s'engager – facilement – les adultes
c) (–) Elle – travailler – consciencieusement – sa collègue
d) (–) Il – prendre – généralement – de risques – sa femme

→ GrLGr S. 495 ff.

e) (+) Je – supporter – la chaleur – le froid
f) (=) Nous – être restés – longtemps – l'année dernière

consciencieusement	sorgfältig	supporter	ertragen

283 *Le plus*, *le moins* oder *le mieux*? Ergänzen Sie die Sätze wie im Beispiel.

EXEMPLE « Tout est pour *le mieux* dans le meilleur des mondes ».

a) Quel est d'après vous le magazine _____ lu en France ?
b) C'est l'émission qui a actuellement _____ d'audience.
c) Il est vraiment très paresseux. Il en fait _____ possible.
d) _____, c'est de ne plus penser à tout ça.
e) Ne t'inquiète pas. Fais pour _____ et on verra après.
f) Si le moteur diesel consomme _____ d'énergie, il est aussi _____ polluant.

le magazine	die Zeitschrift	paresseux	faul
une émission	eine Sendung	s'inquiéter	sich beunruhigen
une audience	Zuhörer	polluant	umweltverschmutzend

284 Übersetzen Sie.

a) Wir haben uns absolut nichts vorzuwerfen.
b) Wir haben offen mit ihm gesprochen.
c) Er besuchte uns regelmäßig.
d) Er schien physisch und moralisch erschöpft.
e) Seine Frau hat sofort die Polizei angerufen.
f) Seine ganze Familie sucht verzweifelt nach ihm.

n'avoir rien à se reprocher	sich nichts vorzuwerfen haben	épuisé/e	erschöpft
		désespéré/e	verzweifelt
venir voir	besuchen		

Das Adverb

DIE PRÄPOSITIONEN

→ GrLGr S. 513 ff.

> Attends-moi **devant** le café **en face de** la gare.

Präpositionen dienen dazu, zwei Wörter oder Wortgruppen miteinander in Bezug zu setzen. Sie stehen immer vor dem Wort, das sie einführen. Der korrekte Gebrauch der Präpositionen ist oft ein lexikalisches und weniger ein grammatisches Problem.

285 **Markieren Sie im Text alle Präpositionen und unterstreichen Sie das Wort, das sie einführen.**

Installation du nouveau bureau.
On a mis le bureau dans le coin juste à côté de la fenêtre, et devant le bureau deux belles chaises en cuir. Sur le bureau on a placé l'ordinateur et le téléphone. L'imprimante et le fax sont sur une petite table roulante à côté du bureau. Derrière le bureau on a accroché un grand calendrier et au mur une reproduction de Modigliani. De l'autre côté de la pièce on a installé un petit salon pour recevoir les clients. Par terre un beau tapis d'Orient et sur le tapis une table et quatre fauteuils design. Contre le mur, en face de la porte on a fixé des étagères pour ranger dossiers, classeurs et livres. Et au-dessus de la porte, une pendule.

le coin	die Ecke	accrocher	aufhängen
le cuir	das Leder	un dossier	eine Akte
une imprimante	ein Drucker	un classeur	ein Aktenordner
la table roulante	der Rolltisch	une pendule	eine Wanduhr

> Dès qu'il sort **du** travail, il va **au** café.

Die Präpositionen *à* und *de* verschmelzen mit dem bestimmten Artikel *le* und *les* zu den Formen *au / aux* bzw. *du / des*. Alle anderen Präpositionen sind unveränderlich.

286 **Ergänzen Sie die Präpositionen und Artikel.**

a) (de) Que pensez-vous _de la_ campagne électorale ?
b) (autour de) La météo se gâte _____ bassin méditerranéen.
c) (à) Remettons-nous vite _____ travail !
d) (de) Nous nous éloignons _____ sujet.

→ GrLGr S. 513 ff.

e) (de – à) Les magasins sont ouverts _____ lundi _____ samedi.
f) (jusqu'à) Vous allez _____ rond-point.
g) (à) Si vous avez des questions, adressez-vous _____ secrétariat.
h) (à côté de) Il a voulu s'asseoir _____ la fenêtre.

la campagne électorale	der Wahlkampf	s'éloigner de	sich entfernen von
se gâter	sich verschlechtern	le rond-point	der Kreisverkehr
le bassin	das Becken	s'asseoir	sich setzen

> Nous avons beaucoup **parlé de** toi.

Wie im Deutschen erfordern einige Adjektive, Substantive und Verben eine ganz bestimmte Präposition. Diese Präposition ist in beiden Sprachen nicht immer identisch. Da es sich hier um feststehende lexikalische Verbindungen handelt, empfiehlt es sich, diese auswendig zu lernen.

287 Markieren Sie die richtige Präposition.

a) Nous protestons (sur / contre) cette nouvelle mesure.
b) Je me souviens (à / de) ses dernières paroles.
c) Il est très fier (de / sur) ce résultat.
d) Êtes-vous au courant (avec / de) cette affaire ?
e) Vous pouvez vous référer (à / de) l'article 12.
f) Les syndicats font pression (au / sur) le patronat.
g) Cela ne sert (pour / à) rien de se faire du souci à l'avance.
h) Elle joue (du / au) saxophone à merveille.
i) Cet enfant ne s'intéresse (à / pour) rien.
j) Je ne peux pas penser (à / de) tout.
k) Elle est désagréable (contre / avec) tout le monde.
l) Vous serez sélectionné (par / à travers) tirage au sort.

la mesure	die Maßnahme	le patronat	die Arbeitgeber
être au courant	Bescheid wissen	désagréable	unfreundlich
le syndicat	die Gewerkschaft	le tirage au sort	die Verlosung

→ GrLGr S. 513 ff.

288 Die Präpositionen sind durcheinandergeraten. Korrigieren Sie sie.

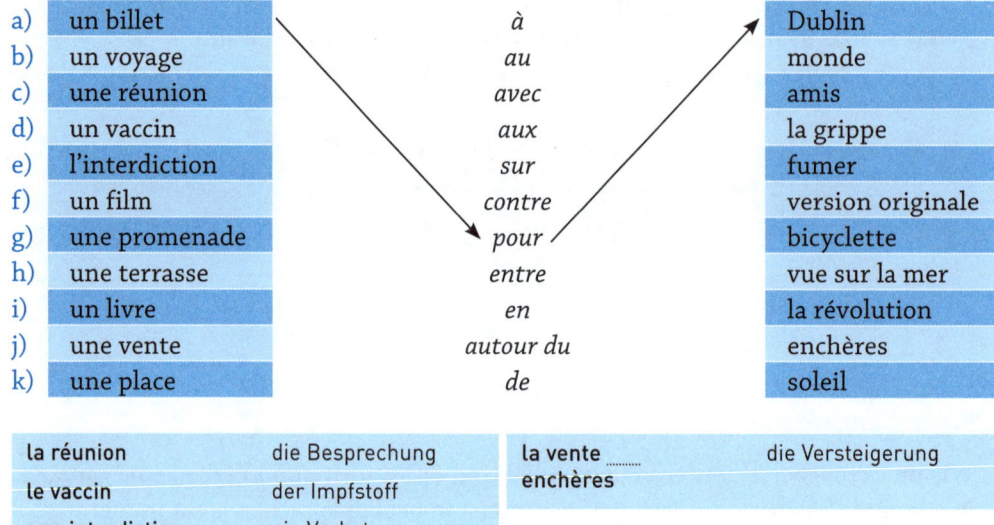

a)	un billet	à	Dublin
b)	un voyage	au	monde
c)	une réunion	avec	amis
d)	un vaccin	aux	la grippe
e)	l'interdiction	sur	fumer
f)	un film	contre	version originale
g)	une promenade	pour	bicyclette
h)	une terrasse	entre	vue sur la mer
i)	un livre	en	la révolution
j)	une vente	autour du	enchères
k)	une place	de	soleil

la réunion	die Besprechung	la vente enchères	die Versteigerung
le vaccin	der Impfstoff		
une interdiction	ein Verbot		

> Pierre est **à** la maison. Il est **dans** le jardin, je crois.

Die Präposition *dans* ist konkreter als *à* und bedeutet „in … drinnen" oder „in … hinein".

> Nous allons en vacances **en** Dordogne, **dans** le Périgord Noir.

Dans und *en* werden beide mit „in" ins Deutsche übersetzt. Achten Sie jedoch auf die unterschiedliche Verwendung dieser beiden Präpositionen: *En* und *dans* markieren bei Namen von Regionen die Opposition maskulin → feminin.

289 *Dans*, *en* oder *à* / *au*? Ergänzen Sie die Ortspräpositionen.

a) Vous habitez depuis longtemps _____ Tours ?
b) Je ne suis jamais entré _____ un cybercafé.
c) Je n'ai pas eu le temps de passer _____ la banque.
d) Nous avons passé trois semaines _____ Bavière.
e) Nous avons fait du ski _____ le Jura.
f) Cette entreprise a une filiale _____ Brésil.
d) Nous voulons aller _____ Irlande cet été.
e) Nous avons mangé _____ restaurant hier soir.

→ GrLGr S. 513 ff.

| depuis longtemps | seit langem | la Bavière | Bayern |
| le cybercafé | das Internetcafé | le Brésil | Brasilien |

290 Kreuzen Sie die passende Antwort an.

a) Où allez-vous en vacances ?
   → Dans les Alpes. ☐
   → En Alpes. ☐

b) Vous venez d'où ?
   → Du bureau. ☐
   → Au bureau. ☐

c) Elle travaille où ?
   → Chez une banque. ☐
   → Chez Leclerc. ☐

d) On se retrouve où ?
   → Avant le cinéma. ☐
   → Devant le cinéma. ☐

e) Où avez-vous passé vos vacances ?
   → A la Crête. ☐
   → En Crête. ☐

f) Quand ce tableau a-t-il été peint ?
   → Au XIXe siècle. ☐
   → Dans le XIXe siècle. ☐

| se retrouver | sich treffen | le tableau | das Bild, das Gemälde |
| la Crête | Kreta | le siècle | das Jahrhundert |

> Ils sont partis tout de suite **après** le repas.
> Elle est arrivée **avant** la nuit.

Präpositionen bei Zeitangaben antworten auf die Frage „wann?", „seit wann?" oder „wie lange?"

291 Kreuzen Sie die passende Antwort an.

a) Quand sont-ils partis en vacances ?
   → Dans deux jours. ☐
   → Il y a deux jours. ☐

b) Combien de temps restent-ils ?
   → Pour deux jours. ☐
   → Une semaine. ☐

c) On se retrouve à quelle heure, ce soir ?
   → Jusqu'à 19 heures. ☐
   → À 19 heures. ☐

d) Quand rentrez-vous ?
   → Dans une semaine. ☐
   → En une semaine. ☐

Die Präpositionen

→ GrLGr S. 513 ff.

e) Tu viens quel jour ?
   → Vendredi. ☐
   → À vendredi. ☐

f) Quand puis-je téléphoner ?
   → Entre 8 heures et midi. ☐
   → Pendant trois heures. ☐

g) Il a plu longtemps ?
   → Depuis trois jours. ☐
   → Pendant trois jours. ☐

h) Quand avez-vous déménagé ?
   → Devant trois mois. ☐
   → Il y a trois mois. ☐

| se retrouver | sich treffen | déménager | umziehen |

> J'ai répondu **sans** hésiter.
> Nous sommes sortis **malgré** la pluie.

Präpositionen mit modaler Bedeutung wie *sans* (ohne) oder *malgré* (trotz) antworten auf die Frage „wie?".

> J'ai fait ça **par** amour pour toi.
> Il est en prison **pour** fraude fiscale.

Präpositionen mit kausaler Bedeutung wie *par* oder *de* führen einen Grund ein.

292 **Ergänzen Sie die Präpositionen.**

| de • en • malgré • sauf • par • sans |

a) Il ne s'exprime pas très bien _____ français.
b) _____ tous nos avertissements, ils ont persévéré.
c) Ils sont tous venus, _____ Hélène qui est malade.
d) On vous préviendra _____ mail.
e) Il est parti _____ prévenir.
f) Nous étions fous _____ rage.

| s'exprimer | sich ausdrücken | persévérer | etwas weiterhin tun |
| un avertissement | eine Warnung | prévenir | benachrichtigen |

→ GrLGr S. 513 ff.

> Nous avons marché **le long de** la rivière, **jusqu'au** barrage.

Präpositionalausdrücke (auch „Doppelpräpositionen" genannt) werden in Verbindung mit der Präposition *à* oder *de* verwendet. Bei allen Präpositionalausdrücken verschmelzen die Präpositionen *à* oder *de* mit dem bestimmten Artikel.

293 **Ergänzen Sie die Präpositionalausdrücke bei den Ortsangaben. Richten Sie sich nach der deutschen Übersetzung. Achten Sie auf die Verschmelzung der Präposition mit dem bestimmten Artikel.**

> jusqu'à • au pied de • en face de • au-dessous de • à côté de • au coin de • au milieu de • le long de • au bord de • loin de

a) _____ niveau de la mer (unter dem Meeresspiegel)
b) _____ canal (am Kanal entlang)
c) _____ tumulte des grandes villes (weit weg vom Lärm der Großstädte)
d) _____ carrefour (mitten auf der Kreuzung)
e) _____ mairie (gegenüber vom Rathaus)
f) _____ rivière (am Fluss)
g) _____ rond-point (bis zum Kreisverkehr)
h) _____ cathédrale (neben dem Dom)
i) _____ rue (an der Straßenecke)
j) _____ mont Blanc (am Fuß des Montblanc)

294 **Verbessern Sie die Fehler.**

> **EXEMPLE** Je suis allé dans la ville aujourd'hui. → *en ville*

a) On est majeur avec 18 ans. → _____
b) Tu ne devrais pas rester trop longtemps dans le soleil. → _____
c) Il a téléphoné devant le repas. → _____
d) Je suis allé chez la pharmacie. → _____
e) Je l'ai vu dans la télévision. → _____
f) Il fait trop chaud. Nous préférons rester dans l'ombre. → _____
g) Nous sommes rencontrés sur la rue. → _____
h) J'ai marché longtemps dans la pluie. → _____

majeur	volljährig	une ombre	ein Schatten
le repas	das Essen, die Mahlzeit		

Die Präpositionen

→ GrLGr S. 513 ff.

295 Ergänzen Sie die Präposition und verbinden Sie die französische Redewendung mit der deutschen Entsprechung.

a)	rester _____ le coup	1.	sich auf Französisch empfehlen
b)	sauter _____ yeux	2.	auf großem Fuß leben
c)	prendre ses jambes _____ son cou	3.	ans Bett gefesselt sein
d)	être cloué _____ lit	4.	zu tief ins Glas geschaut haben
e)	être _____ courant	5.	jemanden unter Druck setzen
f)	faire pression _____ quelqu'un	6.	ins Auge fallen
g)	avoir un verre _____ le nez	7.	am Ball bleiben
h)	filer _____ l'anglaise	8.	die Beine in die Hand nehmen
i)	vivre _____ un grand pied	9.	im Bilde sein

296 Die deutschen Präpositionen „auf", „bei" und „in" werden im Französischen unterschiedlich wiedergegeben. Übersetzen Sie.

auf Ich wohne auf dem Land. → _____
Ich war heute auf dem Markt. → _____
Ich bin ihm auf der Treppe begegnet. → _____
Wie heißt das auf Französisch? → _____
Auf diese Weise kann er viel Geld sparen. → _____

bei Er ist noch bei der Arbeit. → _____
Ich möchte bei dir sein. → _____
Sie arbeitet bei Peugeot. → _____
Ich habe kein Geld bei mir. → _____

in Er wohnt in Frankreich, in Lille genau. → _____
Ich habe es im Radio gehört. → _____
Sie sitzt im Garten. → _____
Im Moment scheint alles ruhig zu sein. → _____
Sie ist 1989 geboren, im September. → _____
Ich höre in drei Jahren auf zu arbeiten. → _____

un escalier	eine Treppe	être né	geboren werden
économiser	sparen	arrêter de	aufhören zu
être assis	sitzen		

Die Präpositionen

DIE KONJUNKTIONEN • KOORDINIERENDE KONJUNKTIONEN → GrLGr S. 534 ff.

> J'ai acheté des pommes **et** des oranges **mais** pas de bananes.

Koordinierende (beiordnende) Konjunktionen verbinden gleichwertige syntaktische Elemente (Satzteile oder Hauptsätze) miteinander. Sie werden weitgehend wie im Deutschen verwendet.

297 **Diese Sätze entbehren jeder Logik. Korrigieren Sie die Konjunktionen.**

EXEMPLE Elle parle couramment français *mais* anglais. → *et*

a) J'aime faire de la randonnée **car** je n'aime pas faire du ski. → ....
b) Il mange beaucoup de fruits **ni** de légumes. → ....
c) Nous rentrerons tard **ou** nous avons encore des choses à finir. → ....
d) Tu veux du thé **mais** du café ? → ....
e) Elle devait passer, **donc** elle n'est pas venue. → ....
f) Je n'ai pas envie d'y aller, **or** je n'irai pas. → ....
g) Je ne l'aime **et** ne le déteste. → ....

| faire de la randonnée | wandern | détester | überhaupt nicht mögen |

> Une dépression arrive par l'ouest. **Par conséquent**, le week-end sera pluvieux.

Neben den koordinierenden Konjunktionen gibt es eine Reihe von Ausdrücken, die ebenfalls eine verknüpfende Funktion haben können.

298 **Übersetzen Sie die Sätze zu Ende. Verwenden Sie dabei die im Kasten stehenden Ausdrücke.**

> c'est pourquoi • au contraire • finalement • par exemple • cependant • à savoir • puis

a) Ich hatte mein Handy vergessen, deshalb konnte ich dich nicht anrufen.
   → J'avais oublié mon portable, ...
b) Zuerst hat er nein gesagt, dann vielleicht und schließlich ja.
   → D'abord il a dit non, ...

→ GrLGr S. 534 ff.

c) Ihre Eltern sind sehr streng: Sie darf zum Beispiel abends nie ausgehen.
   → Ses parents sont très sévères : _____.
d) Du sagst, er sei im Urlaub, ich habe ihn jedoch gestern gesehen.
   → Tu dis qu'il est en vacances, _____.
e) Sie stören mich nicht, im Gegenteil, ich freue mich über Ihren Besuch.
   → Vous ne me dérangez pas, _____.
f) Sie hatte viele Geschwister, nämlich sieben Schwestern und vier Brüder.
   → Elle avait de nombreux frères et sœurs, _____.

| le portable | das Handy | se réjouir de | sich freuen über / auf |
| avoir le droit de | dürfen | | |

KONJUNKTIONEN • SUBORDINIERENDE KONJUNKTIONEN → GrLGr S. 540 ff.

> J'ai téléphoné **parce que** j'étais inquiet.

Subordinierende (unterordnende) Konjunktionen leiten einen Nebensatz ein. Anders als im Deutschen steht die konjugierte Verbform im Nebensatz nicht am Satzende.

299 Bringen Sie diese Sätze in Ordnung. Markieren Sie die subordinierenden Konjunktionen.

EXEMPLE il regarde / Elle / pendant qu'/ la télé / lit
→ *Elle lit pendant qu'il regarde la télé.*

a) la vaisselle / je ferai / la table / si / débarrasses / tu
→ ....

b) les souris / le chat / quand / n'est pas là / dansent
→ ....

c) n'arrive / avant qu'il / avoir fini / je voudrais
→ ....

d) parlait / pendant qu' / des notes / les étudiants / il / prenaient
→ ....

e) n'était pas / comme s'il / il a fait / au courant
→ ....

f) pas très bien / sa mère / bien que / allemand / soit allemande / elle ne parle
→ ....

g) tu aies fini / j'attendrai / jusqu'à ce que
→ ....

h) le temps / n'a pas / elle / qu' / dit / elle
→ ....

| faire la vaisselle | Geschirr spülen | être au courant | informiert sein |
| débarrasser la table | den Tisch abräumen | comme si | als ob |

→ GrLGr S. 540 ff.

> Nous sortirons **parce qu'il fait** beau **bien qu'il fasse** froid.

Welcher Modus im Nebensatz steht, hängt meistens von der verwendeten Konjunktion ab. Die meisten unterordnenden Konjunktionen verlangen den Indikativ.

300 Markieren Sie in dieser Liste die neun Konjunktionen, die den *subjonctif* verlangen.

> quoique • pendant que • bien que • alors que • jusqu'à ce que • pour que • dès que • à moins que • après que • depuis que • avant que • tandis que • puisque • de sorte que • comme si • à condition que • de peur que • lorsque

quoique	obwohl	à moins que	es sei denn
alors que	während	tandis que	während

301 Indikativ oder *subjonctif*? Markieren Sie die richtige Lösung.

a) Bien que demain (est / soit) jour férié, les magasins seront ouverts le matin.
b) Je prends ton vélo parce que le mien (est / soit) cassé.
c) Comme je te (l'ai / l'aie) annoncé, nous arriverons dans la nuit.
d) J'ai attendu devant la porte jusqu'à ce qu'il (ressort / ressorte).
e) Si tu (viens / viennes) à Bordeaux, passe me voir.
f) Nous avons fait tout notre possible pour qu'elle (réussit / réussisse).
g) Il fait comme s'il ne me (connaissait / connaisse) pas.
h) J'aurais voulu le voir avant qu'il ne (part / parte).
i) Il exige que tu (es / sois) présent à la prochaine réunion.
j) J'espère que vous (avez / ayez) fait bon voyage.

le jour férié	der Feiertag	la réunion	die Sitzung, die Besprechung
le vélo	das Fahrrad		

302 Übersetzen Sie die Sätze zu Ende.

a) Sagen Sie mir Bescheid, wenn Sie fertig sind.
 → Prévenez-moi _____.
b) Sie nimmt keine Medikamente, obwohl sie starke Schmerzen hat.
 → Elle ne prend pas de médicaments _____.
c) Der Bericht wird fertig sein, bevor Sie in Urlaub fahren.
 → Le compte rendu sera terminé _____.

→ GrLGr S. 540 ff.

d) Jemand hat angerufen, während du unter der Dusche warst.
   → Quelqu'un a téléphoné _____.
e) Sobald er von der Schule kommt, setzt er sich ans Klavier.
   → _____, il se met au piano.
f) Er ist nicht mehr derselbe, seit er in Afrika war.
   → Il n'est plus le même _____.
g) Der Mann sprach so schnell, dass keiner ihn verstand.
   → L'homme parlait tellement vite _____.
h) Nimm ein Taxi, falls ich nicht am Bahnhof bin.
   → Prends un taxi _____.
i) Da er sich nicht gemeldet hatte, nahm ich an, dass er nicht interessiert war.
   → _____, j'ai supposé que cela ne l'intéressait pas.
j) Nachdem er den Saal verlassen hatte, lachten alle auf.
   → _____, tout le monde a éclaté de rire.

| souffrir beaucoup | starke Schmerzen haben | se manifester | sich melden |

Si tu veux, je peux lui demander **si** elle vient demain.
Wenn du möchtest, kann ich sie fragen, **ob** sie morgen kommt.

Verwechseln Sie nicht *si* (wenn, falls), das einen Bedingungssatz einleitet, mit *si* (ob), das eine indirekte Frage (ob) einleitet.

303 **Übersetzen Sie die Sätze zu Ende.**

a) Gib mir mein Buch zurück, wenn du es fertig gelesen hast.
   → Rends-moi mon livre _____.
b) Sagen Sie, ob die folgenden Substantive männlich oder weiblich sind.
   → Dites _____.
c) Wir könnten am Sonntag ins Kino gehen, wenn du Lust hast.
   → Nous pourrions aller au cinéma dimanche _____.
d) Ich weiß nicht, ob er einverstanden ist.
   → Je ne sais pas _____.
e) Bring Brot mit, wenn du daran denkst.
   → Apporte du pain _____.
f) Ich möchte nur wissen, ob es geht.
   → Je voudrais simplement savoir _____.

→ GrLGr S. 540 ff.

rendre quelque chose à quelqu'un	jemandem etwas zurückgeben	avoir envie	Lust haben
		apporter	mitbringen

Je sais lire **depuis que** j'ai trois ans.
→ Je sais lire **depuis** l'âge de trois ans.

Bei Subjektgleichheit im Haupt- und Nebensatz können Nebensätze verkürzt werden. Mittel der Satzverkürzung können sein:

- eine Präpositionalgruppe (*après ton départ*),
- eine Infinitiv-Konstruktion (*avant de partir*),
- eine Partizipial-Konstruktion (*parti tôt le matin*),
- der *gérondif* (*en partant*).

304 Ersetzen Sie die unterstrichenen Satzteile durch einen Nebensatz. Verwenden Sie dazu die angebotenen Konjunktionen.

avant que • parce que • que • quand (2x) • dès que • bien que • si

EXEMPLE Préviens-moi en cas de retard du train. → *si le train a du retard.*

a) Elle tremblait de froid. → _____.
b) Il roule vite malgré le brouillard. → _____.
c) Nous sommes partis avant la fin du film. → _____.
d) En cas d'échec, elle arrêtera ses études. → _____.
e) Téléphone-moi dès son départ. → _____.
f) Il a salué tout le monde en arrivant. → _____.
g) Je souhaite ta venue de tout mon cœur. → _____.
h) Il fait souvent une promenade à la tombée de la nuit. → _____.

trembler	zittern	un échec	ein Misserfolg
le brouillard	der Nebel	saluer	grüßen
échouer à un examen	durch eine Prüfung fallen	la tombée de la nuit	der Einbruch der Nacht

→ GrLGr S. 540 ff.

305 Verkürzen Sie, wenn möglich, die Nebensätze (unterstrichen). Vier Sätze können nicht verkürzt werden.

EXEMPLE Après qu'elle a dîné, elle est allée se coucher.
→ *Après avoir dîné,* elle est allée se coucher.

a) Elle a pensé qu'elle arriverait à temps.
→ ....

b) Je ne crois pas qu'il ait dit la vérité.
→ ....

c) Quand nous sommes arrivés, la conférence était terminée.
→ ....

d) Pendant qu'il disait ces mots, il me regardait avec insistance.
→ ....

e) Tu ne m'écoutes jamais quand je parle.
→ ....

f) Elle m'a quitté sans que j'aie jamais compris pourquoi.
→ ....

g) Je sais que tu as raison.
→ ....

h) Quand il l'a vue, il est tombé tout de suite amoureux d'elle.
→ ....

| à temps | rechtzeitig | avoir raison | recht haben |
| avec insistance | beharrlich | tomber amoureux de | sich verlieben in |

306 Ergänzen Sie die Konjunktionen.

parce qu' • dès que • depuis que • comme si • quand • afin que • bien que • si bien que • si (2x) • que • tellement ... que

Conseil de classe

.... ses parents sont divorcés, Marc habite chez sa mère. .... celle-ci s'efforce de lui rendre la séparation moins douloureuse, il ne peut pas s'habituer à cette nouvelle situation ...
.... 'il a un moment de libre, il essaie de joindre son père, médecin à l'OMS. Mais ce dernier, ... 'il va de congrès en congrès, est souvent absent.
Et .... il est chez lui, il n'a pas toujours envie de s'occuper de son fils.
Les résultats scolaires de Marc ont .... baissé .... son passage en première est compromis.

→ GrLGr S. 540 ff.

Marc se conduit _____, en refusant l'école, il refusait également sa nouvelle vie. Son comportement avec ses professeurs est inacceptable _____ nous devrons envisager de prendre des sanctions _____ 'il continue ainsi. Je propose cependant _____ nous lui donnions une dernière chance. Nous devrons cependant le prévenir _____ 'il sache à quoi il s'expose _____ 'il continue sur cette voie.

le conseil de classe	die Lehrerkonferenz	le passage en première	die Versetzung in die 11. Klasse
divorcé	geschieden		
s'efforcer de	sich bemühen	se conduire	sich benehmen
joindre	erreichen	refuser	ablehnen
OMS	WHO (World Health Organization)	le comportement	das Benehmen
		envisager	in Betracht ziehen

307 Übersetzen Sie und verwenden Sie dabei die folgenden Konjunktionen.

> depuis que • quand • que • de peur que • bien que • à condition que • jusqu'à ce que • si

a) Wir sehen sie nicht mehr oft, seit sie umgezogen sind.
b) Ich habe sofort zugesagt, aus Angst er würde seine Meinung ändern.
c) Als er 16 wurde, wurde er von der Schule verwiesen.
d) Ich helfe dir, unter der Bedingung, dass du mir sagst, worum es wirklich geht.
e) Obwohl ich weiß, wie du darüber denkst, werde ich ein Jahr in England verbringen.
f) Sie wird warten, bis er sich entscheidet.
g) Ich will, dass du mir die Wahrheit sagst.
h) Sagen Sie mir, ob Sie interessiert sind oder nicht.

déménager	umziehen	être renvoyé	von der Schule verwiesen werden
accepter	zusagen		
changer d'avis	seine Meinung ändern	de quoi il s'agit	worum es geht
		se décider	sich entscheiden

ZAHLEN UND ZEITANGABEN

→ GrLGr S. 544 ff.

Die Grundzahlen geben eine genaue Anzahl oder Menge an. Anders als im Deutschen sind die Grundzahlen im Französischen maskulin. Die Grundzahlen sind bis auf *zéro* 0, *un* 1, *vingt* 20 und *cent* 100 unveränderlich. Im Französischen werden die Zahlen getrennt geschrieben.

308 Ergänzen Sie die Zahlen. Schreiben Sie sie in Buchstaben.

7 • 12 • 2 • 3 • 9 • 007 • 8 • 10 • 4

EXEMPLE les *cinq* doigts de la main

a) la réunification des _____ Allemagnes
b) les pays du G _____
c) un trèfle à _____ feuilles
d) les _____ Mousquetaires
e) les _____ commandements
f) les _____ collines de Rome
g) les _____ muses
h) les _____ apôtres
i) James Bond, l'agent secret _____

la réunification	die Wiedervereinigung	la colline	der Hügel
le trèfle	der Klee	un apôtre	ein Apostel
le commandement	das Gebot	un agent secret	ein Geheimagent

309 Gleichen Sie die Zahlen, wenn nötig, an.

a) Elle a fait zéro____ faute à sa dictée.
b) Passez-moi les quatre____ livres qui sont sur l'étagère, s'il vous plaît.
c) Cette élève collectionne les zéro____.
d) Quelles sont les sept____ couleurs de l'arc-en-ciel ?
e) Je voudrais un____ carte postale, s'il vous plaît.
f) Quels sont les dix____ footballeurs les mieux payés au monde ?

| la dictée | das Diktat | collectionner | sammeln |
| une étagère | ein Regal | l'arc-en-ciel, *m* | der Regenbogen |

→ GrLGr S. 544 ff.

Bis 69 werden die Grundzahlen regelmäßig gebildet. Dabei wird die Grundzahl direkt an den Zehner mit Bindestrich angeschlossen. Die Zahl 1 wird durch *et* an den Zehner angeschlossen.
Es gibt kein spezielles Wort für die Zehnerzahlen 70, 80 und 90, deshalb werden diese drei Zehnerzahlen aus den schon vorhandenen gebildet.
Die Empfehlungen zur Vereinfachung der Rechtschreibung schlagen die Schreibung mit Bindestrich für alle Zahlen vor: *trente-et-un* (31), *deux-cent-trente-cinq* (235).

310 **Schreiben Sie die Zahlen in Ziffern oder Buchstaben.**

46	....	21	....	81	....
61	....	....	soixante-neuf	....	soixante et onze
....	soixante-treize	88	....	77	....
....	quatre-vingts	....	quarante-neuf	22	....
36	....	....	cinquante-cinq	99	....
....	quatre-vingt-onze	....	trente et un	....	soixante-dix

Die Ordnungszahlen geben eine Rangordnung an: *deuxième* (zweite/-r/-s). Sie richten sich im Numerus nach ihrem Bezugswort. *Premier* und *second* richten sich auch im Genus nach dem Bezugswort.
Die Ordnungszahlen werden gebildet, indem man die Endung *-ième* an die entsprechende Grundzahl anhängt. Endet die Grundzahl auf *-e*, entfällt dieses *-e* (*quatre* → *quatrième*).
Beachten Sie die Ausnahmen:
un → *premier/-ère* → 1er / 1ère
deux → *deuxième / second/-e* → 2e / 2nd / 2nde
Von *un* wird bei zusammengesetzten Zahlen *unième* abgeleitet:
le vingt et unième siècle.

311 **Leiten Sie von den angegebenen Grundzahlen die Ordnungszahl ab und ergänzen Sie die Ausdrücke. Schreiben Sie die Ordnungszahl einmal in Buchstaben und einmal als Ziffer.**

EXEMPLE 3 → le *troisième* âge   3[e]

a) 4 → la .... dimension   ....
b) 6 → le .... sens   ....
c) 1 → la fête du .... mai   ....
d) 7 → le .... ciel   ....

→ GrLGr S. 544 ff.

e) 5 → la _____ roue du carrosse
f) 11 → les ouvriers de la _____ heure
g) 9 → la _____ symphonie de Beethoven

le sens	der Sinn	un ouvrier / une ouvrière	ein Arbeiter / eine Arbeiterin
la roue	das Rad		
le carrosse	die Kutsche		

> Aujourd'hui, nous sommes **le 3 (trois)** mai.

Anders als im Deutschen werden bei Datumsangaben (außer beim ersten Tag im Monat) und bei Herrschernamen (außer beim ersten Vertreter einer Dynastie) die Grundzahlen verwendet.

312 Grundzahl oder Ordnungszahl? Schreiben Sie das passende Zahlwort in Buchstaben.

a) Nous sommes payés le _____ du mois. (28)
b) Henri _____ est né au château de Pau. (IV)
c) Aujourd'hui, nous sommes le _____ janvier. (1)
d) Nous voyageons toujours en _____ classe. (2)
e) Vendredi _____, un jour porte-bonheur ou porte-malheur ? (13)
f) Mon appartement est situé au _____ étage. (11)

le porte-bonheur	der Glücksbringer

> J'ai invité **une vingtaine** de personnes à mon anniversaire.

Sammelzahlen sind feminine Substantive, die eine ungenaue Menge oder Anzahl angeben und dem deutschen „circa" oder „etwa" entsprechen.
Sie werden gebildet, indem man die Endung *-aine* an die Grundzahl anhängt:
vingt → une vingtaine (ungefähr 20).
Endet die Grundzahl auf *-e*, so entfällt dieses *-e*: *douze → douzaine* (ca. zwölf).
Beachten Sie die folgenden Ausnahmen: *dix → une dizaine* (ca. 10) und
mille → un millier (ca. 1000).
Sammelzahlen sind nur von einer einfachen Grundzahl ableitbar.

→ GrLGr S. 544 ff.

313 Sagen Sie dasselbe mit einer Sammelzahl.

> EXEMPLE J'en ai encore pour 20 minutes environ.
> → J'en ai encore pour *une vingtaine de minutes*.

a) Elle a environ 40 ans. → _____
b) C'est à environ 60 km. → _____
c) J'ai invité environ 30 personnes. → _____
d) Nous partons dans 8 jours environ. → _____
e) Les documents retrouvés datent d'environ cent ans.
   → _____
f) Ma valise pèse environ 15 kilos. → _____
g) La tour mesure 10 mètres environ. → _____
h) Trente pays environ pourraient avoir la bombe atomique.
   → _____

dater de	datieren von	peser	wiegen
la valise	der Koffer	mesurer	messen

Wie im Deutschen steht vor dem Datum der bestimmte Artikel: *le 3 juin*.
Dem deutschen „am Montag" entspricht lediglich *lundi*.
Der bestimmte Artikel *le* + Wochentag bedeutet, dass an diesem Wochentag etwas regelmäßig geschieht *(le lundi soir* Montag abends).
In Verbindung mit einem Wochentag bedeutet *à* bis (und niemals „am"):
Salut et à lundi ! Tschüss und bis Montag!

314 Ergänzen Sie die Übersetzung.

a) *Dienstags habe ich Französischkurs.* → _____, j'ai cours de français.
b) *Sie ist am 18. April geboren.* → Elle est née _____.
c) *Welches Datum haben sie vorgeschlagen? – Den 30. Juni.* → Quelle date ont-ils proposée ? – _____.
d) *Also dann, tschüss, bis Mittwoch.* → Allez, salut, _____.
e) *Wir kommen am 26. Oktober an.* → Nous arrivons _____.
f) *Am Montag geht er zum Arzt.* → _____ il va chez le medecin.
g) *Sie bekommen eine Antwort bis zum 1. August.* → Vous aurez une réponse avant _____.

DIE WORTBILDUNG

→ GrLGr S. 575 ff.

Wörter werden abgeleitet, indem man ein Präfix oder Suffix an den Wortstamm (Substantiv, Adjektiv oder Verb) anhängt.
Präfixe (Vorsilben) stehen am Wortanfang. Sie ändern aufgrund ihrer eigenen Bedeutung die Bedeutung des Stammwortes: *faire* (machen) → *refaire* (wieder machen).

315 Markieren Sie das Stammwort.

a) in**cass**able — unzerbrechlich
b) raffinement — Verfeinerung
c) dépaysement — Umstellung
d) bienfaiteur — Wohltäter
e) international — international
f) endettement — Verschuldung
g) inflammable — leicht entflammbar
h) irrespectueux — respektlos
i) découragement — Mutlosigkeit
j) insonorisation — Schallisolierung

316 Leiten Sie das Gegenteil der folgenden Adjektive ab und tragen Sie es in die entsprechende Spalte ein.

> ~~estimé~~ • sain • prisé • fidèle • dépendant • heureux • poli • adroit • exact • content • chanceux • connu

Präfix *in-* / *im-*	Präfix *mal-*	Präfix *mé-* / *més-*
		mésestimé

prisé	beliebt
fidèle	treu
poli	höflich
adroit	geschickt

sain	gesund, gut für die Gesundheit
estimé	geschätzt

Suffixe stehen am Wortende. Mit Hilfe von Suffixen werden Substantive, Verben und Adverbien gebildet.

→ GrLGr S. 575 ff.

317 Leiten Sie von den Verben das Substantiv ab und tragen Sie es in die entsprechende Spalte ein.

nettoyer • chauffer • stationner • ranger • changer • atterrir • remplacer • essayer

-age		-ment	
le _____	die Heizung	le _____	die Vertretung
l' _____	das Anprobieren	le _____	das Parken
l' _____	die Landung	le _____	die Änderung
le _____	die Reinigung	le _____	das Aufräumen

blesser • installer • présenter • piquer • respirer • signer • planter • brûler

-tion		-ure	
la _____	die Plantage	la _____	die Verbrennung
l' _____	die Installation	la _____	die Verletzung
la _____	die Atmung	la _____	der Stich
la _____	die Präsentation	la _____	die Unterschrift

318 Welches abgeleitete Substantiv entspricht den folgenden Definitionen? Markieren Sie das Suffix.

EXEMPLE Personne qui joue du piano → un *pianiste*

a) action d'espionner → l' _____
b) action de licencier → le _____
c) personne à qui est destiné un courrier → le _____
d) action de déménager → le _____
e) personne qui vend des fleurs → le _____
f) un spécialiste de l'informatique → l' _____
g) une personne qui ment → un _____
h) une personne qui habite à la campagne → un _____

espionner	spionieren	destiné	bestimmt
licencier	entlassen	mentir	lügen

202 Die Wortbildung

→ GrLGr S. 575 ff.

319 Leiten Sie von den folgenden Adjektiven das Substantiv ab und tragen Sie es in die entsprechende Spalte ein.

sale • souple • propre • pauvre • faible • humide • jeune • étroit

-té	
la _____	der Schmutz
la _____	die Sauberkeit
la _____	die Armut
l' _____	die Feuchtigkeit

-esse	
l' _____	die Enge
la _____	die Geschmeidigkeit
la _____	die Schwäche
la _____	die Jugend

inquiet • grand • large • exact • haut • apte • seul • laid

-eur	
la _____	die Größe
la _____	die Breite
la _____	die Höhe
la _____	die Hässlichkeit

-itude	
la _____	die Einsamkeit
l' _____	die Fähigkeit
l' _____	die Genauigkeit
l' _____	die Unruhe

320 Ergänzen Sie die Wortfamilien. Das erste Beispiel ist jeweils angegeben.

Substantiv	hiver		lecteur	habitation
Verb	hiverner			
Adjektiv	hivernal	lavable		

Substantiv				
Verb			craindre	éterniser
Adjektiv	grand	menteur		

hiverner	überwintern
menteur	lügnerisch

craindre	(be)fürchten
éterniser	verewigen

Die Wortbildung

LÖSUNGEN

1 b) on, prend, train c) peintre, range, pinceaux
d) pendant, entendu e) tons f) Marion, lundi, onze
[ɑ̃] prend, range, pendant, entendu
[ɔ̃] on, tons, Marion, onze
[ɛ̃] train, peintre, pinceaux, lundi

2 a) grenouille b) mouillé c) ville

3 [g]: guirlande, augmenter, goûter, guêpe, gala, gorille
[ʒ]: gilet, étagère, gentil, rougeole, nageoire, mangeai

4 [s]: remercier, façade, renoncer, morceau, sourcil, féroce, maçon, aperçu, force, garçon

5 [s]: une voix douce, un poisson savoureux, une femme seule, un souvenir précieux, des solutions sensationnelles
[z]: des loisirs plaisirs, un blouson marron, une rose rouge, une maison isolée, un paysage désertique

6 a) on, ont b) son, sont c) regardé, regarder
d) ça, sa e) a, à f) où, ou g) ce, se h) ses, ces
i) c'est, s'est j) est, et

7 Chaque dimanche, ils se voyaient dans le square. Elle s'asseyait toujours sur le même banc pour lire. Il faisait son jogging et se reposait toujours après sur la pelouse près de l'endroit où elle était assise. Un jour, il a osé l'aborder et lui a demandé s'il pouvait s'asseoir à côté d'elle. Elle a dit oui et c'est ainsi qu'ils ont fait connaissance. Ils se sont retrouvés chaque dimanche. Un soir, il l'a invitée à dîner et elle a accepté. Et ils ont commencé à se voir très souvent.

☺ Au bout de quelques années, ils ont acheté un appartement, ils se sont mariés et ils ont eu un fils qu'ils ont appelé Jérôme. Ils ont vécu très heureux ensemble.

☹ Mais un jour, il a dû, pour des raisons professionnelles, partir en Suède, à Stockholm. Ils étaient désespérés quand ils se sont quittés sur le quai de la gare. Là-bas, il a rencontré une autre fille. Ils ne se sont jamais revus mais ils ne se sont jamais oubliés.

8 a) pharmacienne b) patron c) boulanger
d) actrice e) saxophoniste f) sportif
g) avocate h) députée i) serveur j) architecte
k) étudiante l) infirmier

9 A -ment, -isme, -eau, -age, -ier, -ail, -euil, -oir

9 B a) le b) la c) la d) le e) le f) la g) la h) le
i) le j) la k) le l) la

10 a) le b) le c) le d) la e) la, le f) le

11 A a) la b) la c) la d) le e) la f) la g) le h) la
i) la j) le

11 B a) le b) la c) une d) le e) le f) du

12 a) voisin b) pays c) noix d) haricots
e) merguez f) prix g) châteaux h) éventails
i) genou j) vitraux

13 a) maux b) aveux c) détails d) journaux
e) bijoux f) travaux g) lieux h) trous

14
a) des longues-vues
b) des couvre-lits
c) des stations-services
d) des porte-bonheur
e) des timbres-poste
f) des on-dit
g) des reines-marguerites

15 Offre d'emploi
Nous sommes un groupe industriel spécialisé dans la location, l'entretien d'articles textiles et d'équipements sanitaires. Nous intervenons dans les domaines de la santé, de l'industrie, de l'hôtellerie et de la restauration.
Nous recherchons
un(e) agent de maîtrise en production
Vous intégrez une équipe de cinq personnes

Vous assurez le suivi des projets auprès de votre équipe et la gestion des plannings en tenant compte de la polyvalence
Vous avez une expérience minimum de cinq ans en management d'équipe
Adressez votre lettre de motivation et votre CV à …

16 a) –, la b) les, les c) –, – d) la, les e) – f) les g) le, le h) le i) le, – j) – k) les l) la, –, –

17 a) le, du b) les, l' c) du d) au e) les, du f) le, du g) l', des h) aux i) aux j) du, de la

18 a) Est-ce que tu as un but dans la vie ? Des projets, des rêves ?
b) Est-ce que vous avez des amis qui peuvent vous aider ?
c) Où est-ce qu'on peut acheter des timbres ici ?
d) Est-ce que vous utilisez des ampoules de faible consommation ?
e) Ce sont des promesses qu'il ne tiendra pas.
f) Est-ce que vous avez trouvé des champignons ?

19 a) sur la RN 10, par une voiture roulant, sur une portion de route, par les policiers, l'automobiliste, Le conducteur, un Bordelais, circulait au volant d'une voiture volée.
b) une voiture sur l'autoroute A 35, des paquets; dans le coffre, La voiture a été dirigée vers le service technique, Le démontage, la main, dans les portières et les ailes arrière.

20 a) de la b) de la, du, de l' c) de la d) du e) de la, de l' f) des g) du h) du

21 a) Nehmen Sie Schlafmittel?
b) Es ist noch Erdbeermarmelade da.
c) Der Hahn der Nachbarn weckt mich jeden Morgen.
d) Wir haben sehr nette Leute kennengelernt.
e) Ich habe den Titel des letzten Romans von Anna Gavalda vergessen.
f) Er kommt um 17 Uhr von der Arbeit zurück.
g) Sie hat immer Glück gehabt.

22 a) Elle n'a pas d'amis en France.
b) Elle n'a pas de chat.
c) Ce n'est pas une grande sportive.
d) Il fait de la randonnée.
e) Ce n'est pas une chanceuse.
f) Il a de l'argent.
g) Il a des enfants.
h) Ce n'est pas une bonne vivante.

23 a) la b) – c) un, un d) le e) au, –, – f) –, – g) des, des h) –, –, – i) l', – j) –, de, une, du, l'

24 a) de l', le, la b) des c) du, de la, un, de, une, de d) –, – e) au, le, du, du f) la, des g) –, les h) les, l' i) les, des j) de la, au

25 a) correcte b) anglais c) chaleureuse d) blanc e) délicate f) discret g) naïve h) provocateur i) parisienne j) grec

26 a) sec, élevées, torrides, passagères, violentes
b) hivernales, basse, diluviennes, froides
c) fréquentes, brèves, nette

27 a) superbe, blanche, première, accidentée, entretenue, diverses, neufs, électriques, teintées
b) petits, coquette, ensoleillés, spacieux, américaine, couverts, splendide, privatifs, privée, chauffée

28 grand, mauvais, beau, petit, gros, bon, haut, joli, long, vieux

29 a) diamant vert b) bons baisers c) grand Blond, chaussure noire d) liaisons dangereuses e) L'auberge espagnole f) petite maison g) mauvaise éducation h) poupées russes

30 a) une vieille ville b) une belle église c) une veste longue d) une chevelure rousse e) une fille rigolote f) une boisson fraîche g) une voix douce

31 a) vieil b) bel c) nouveau d) bel e) vieux f) nouvel

32 a) une grande dame b) la seule solution c) une pauvre fille d) une curieuse habitude e) une ville propre f) une sale histoire g) un film drôle

33 a) –, – b) -s c) – d) – e) -s f) –

34 a) gréco-romaine b) bleu marine c) ivre-morte d) châtain foncé e) avant-dernière

35
a) Le livre est aussi intéressant que le film.
b) La santé est plus importante que l'argent.
c) L'Aveyron est moins touristique que la Côte d'Azur.
d) L'alpinisme est plus dangereux que le yoga.
e) La bière est moins alcoolisée que le pastis.
f) L'allemand est aussi difficile que le français.

36
a) Quelle est, pour vous, la plus belle région de France ?
b) Quelle est la ville la plus chère du monde ?
c) « Femme actuelle » est le magazine le plus lu en France.
d) Rennes est la plus petite ville de France équipée d'un métro.
e) Quelle est, pour vous, l'émission de télé la plus nulle ?
f) C'est le plus gros scandale de l'histoire du football.

37 b) le pire défaut c) le plus beau jour d) mes meilleurs professeurs e) la plus belle chose f) le moindre

38 Ondine, 6 ans
Abandonnée il y a deux ans, cette jolie petite chatte blanche avec de magnifiques yeux (marron) noisette ne s'est jamais habituée aux hommes.
Ondine (tatouée, vaccinée, stérilisée) est indépendante, excentrique et quelquefois un peu capricieuse. Elle est tendre quand elle veut, vive, intelligente et elle a besoin de personnes calmes, compréhensives et attentives.

39 J'aimerais connaître vos réactions :
Ma fille est en instance de divorce. Le pédiatre qui s'occupe de son fils est contre la garde alternée pour un enfant si jeune. Mon petit-fils a 2 ans et les visites de son père se passent très bien. Il ne semble pas vivre sa nouvelle situation comme un rejet de la part de ses parents. Ma fille et mon gendre aimeraient préserver le plus possible leur enfant. Avez-vous fait une expérience de ce genre ? J'aimerais connaître votre avis !

40 a) mon b) sa/leur c) Ta d) Son, sa e) votre f) vos, notre

41 a) leur b) vos c) notre d) votre e) nos f) leurs

42 toute sa vie, de sa femme, de ses enfants, son travail, tous ses ennuis, ses projets d'avenir, Ses gestes, sa voix, son regard, toutes ses coordonnées, sa carte de visite, son numéro, son adresse, ses lunettes, son parapluie, son psy

43
a) Meilleures salutations, Inge Bär.
b) C'est à moi / C'est mon tour.
c) J'ai agi de mon plein gré.
d) A sa place, j'aurais réagi autrement.
e) Qu'est-ce qui s'est passé en mon absence ?
f) A mon avis, il a raison.

44 Mesdemoiselles, cette situation devient intolérable. Arrêtez cette musique. C'est un bureau ici ! Et cet ordinateur est un outil de travail ! Alors, finis ces chats, ces blogues et tout le reste. Je pense que cette revue de mode n'a rien à faire ici. Vous pourriez peut-être vous occuper de ce dossier si « urgent » ?

45 a) ces b) ce c) cette d) cette e) cet f) cette g) ces

46 a) ci b) là c) ci d) ci e) là f) ci g) là

47 Après un hold-up : interrogatoire du premier témoin.
▪ Pouvez-vous nous donner quelques précisions ?
● Je pense que je ne vous serai d'aucune aide. Je n'ai presque rien vu. J'étais allongé tout le temps par terre.
▪ Combien y avait-il de clients dans la banque ?
● Euh … il y avait quelques personnes. Oui, c'est ça, il y avait plusieurs personnes, une dizaine environ.
▪ Et comment ont réagi ces « quelques » personnes ?
● Certains clients ont tout de suite compris la situation et se sont allongés sur le sol. D'autres clients ont continué à faire la queue au guichet.
▪ Et les gangsters ?
● Ils étaient deux. Le plus petit a crié à plusieurs reprises : « Que personne ne bouge. C'est un hold-up ! ». L'autre gangster, lui, n'a pas prononcé un seul mot.
▪ Quel âge avaient-ils, à votre avis ?
● Je dirais qu'ils avaient à peu près le même âge.
▪ Le même âge, c'est-à-dire ?
● Ben … un certain âge. Je ne sais pas, moi. Ils portaient une cagoule.
▪ D'accord, merci. Je crois que je vais interroger un autre témoin.

48 a) quelques b) quelque part c) toute d) maintes e) telle f) tous les g) toutes les h) tel i) la plupart des j) diverses

49 a) certain b) maints c) la même d) chaque e) plusieurs f) d'autres g) la plupart h) quelques

50 a) aucun b) aucune c) aucuns d) aucune e) aucun f) aucune

51 tous les journaux, toutes les salles ouvertes, toute la journée, toute la nuit, tous vos films préférés, tout public, toutes les séances, tous les films, toutes les grandes villes, tout le monde

52 a) une autre b) d'autres c) d'autres d) une autre e) un autre f) d'autres g) d'autres

53 a) les mêmes, la même b) la même, le même, la même c) la même d) la même, les mêmes e) la même, le même f) le même

54 a) certain b) certains c) certaine d) certaines

55 a) n'importe quelles b) n'importe quelle c) n'importe quelle d) n'importe quel e) n'importe quels f) n'importe quel

56 a) tel b) telles c) tels d) telle

57 Mon cher Pierre,
J'espère que tu vas bien. Nous sommes actuellement à Berlin pour le congrès annuel. Dommage que tu ne puisses pas y participer. Les Lebrun ne sont pas là non plus. Je ne les ai pas vus depuis longtemps. As-tu de leurs nouvelles ?
Je leur téléphonerai en rentrant. L'hôtel est très bien. Il est situé au centre ville et les organisatrices, elles, sont formidables. Elles nous gâtent vraiment. Malheureusement il pleut et il fait froid. On s'est réinscrit pour l'année prochaine. Peut-être seras-tu libre à cette époque ?
Comment va Elsa ? Elle m'avait parlé de quelques ennuis de santé. On pense bien à elle. Transmets-lui nos salutations.
Je me réjouis de te revoir très bientôt.
Amitiés
Claire

58 tu aimes, il voudrait, ils savent, je travaille, nous sommes
on part, j'aime, elles font, vous faites, nous regardons, tu es

59 a) ils b) il c) ils d) elles e) elle f) ils

60 a) prêts b) fatigué c) belges d) allemande e) stressée f) émus g) exigeant h) allés

61
a) Il pleut et il fait froid.
b) C'est trop dangereux.
c) C'est bon.
d) Ça va.
e) Je l'ai compris trop tard.
f) On prétend qu'il le savait.

62 a) le b) vous c) m' d) les e) te f) le

63 a) nous l'avons apprise b) on nous l'a présentée c) je le trouve d) je les ai prises e) il l'a réparée f) nous les informerons

64 a) lui b) leur c) te d) vous e) lui, m' f) nous g) lui

65 a) t' b) se c) m' d) vous e) nous f) se

66 a) réveillé(e)s b) adossées c) détestés d) demandé e) lus f) offert g) prises

67
a) Ne me parlez plus de ces histoires.
b) Adressez-vous au guichet Nr 13.
c) Quand te décideras-tu à quitter cet appartement ?
d) Nous les avons souvent invités à dîner.
e) Ne t'imagine pas que c'est facile.
f) Je me souviens très bien de cette violente tornade.
g) Téléphone-moi dès que tu seras rentré.

68 a) vous voir b) Arrête-toi c) le stresser d) se plaindre e) Regarde-moi f) nous surprendre g) la vois h) les entend

69 a) le leur b) me la c) le lui d) la lui e) la leur f) les lui

70
a) Oui, elle la lui a cédée.
b) Non, je ne le lui donnerai pas.
c) Non, je ne les lui ai pas rendus.
d) Oui, nous la lui avons laissée.
e) Oui, je les lui ai transmises.
f) Non, je nous ne les leur ai pas envoyées.

Lösungen

71
a) elle, lui b) eux c) toi, moi d) vous e) nous
f) moi g) elles h) nous

72
a) Il nous a présenté sa femme.
b) Il le lui a dit clairement.
c) Autour de lui, tout était calme.
d) Me permettez-vous de m'asseoir ?
e) Elle nous a trompés. Nous somme furieux contre elle.
f) Il lui a promis de réparer son vélo.
g) Tu leur as rendu l'argent ?
h) Cette décision dépend de toi.
i) Ça vous a coûté combien?

73
a) Il y va deux fois par mois.
b) Nous y habitons depuis peu.
c) Oui, j'y pense.
d) Non, elle n'y a pas renoncé.
e) Oui, nous y avons assisté.
f) Non, je ne m'y attendais pas.

74
a) On y prépare les repas. → Dans la cuisine.
b) On y dort. → Dans un lit.
c) On y pense souvent. → À l'argent.
d) On y colle des timbres. → Sur l'enveloppe.
e) On y achète des vêtements. → Dans une boutique.
f) On y va pour se faire opérer. → À l'hôpital.
g) On y va quand on veut prendre le train. → À la gare.
h) On peut y faire du sport. → Dans un gymnase.

75
a) Non, nous n'en avons pas.
b) Oui, il en a abusé.
c) Oui, je m'en réjouis.
d) Non, elle n'en a pas peur.
e) Non, je ne m'en souviens pas.
f) Oui, tout en dépend.
g) Oui, je m'en occupe.

76
a) Oui, j'en achète beaucoup.
b) Non, je n'y joue jamais.
c) Non, je n'en ai pas besoin.
d) Oui, j'y ai repensé.
e) Oui, j'en ai un.
f) Oui, je m'en souviens.
g) Non merci, je n'en veux pas.
h) Non, je n'y arrive pas.

77
a) je m'en occupe b) ils en rêvent c) il tient à elle d) j'ai parlé de lui e) elle s'occupe d'eux
f) j'y tiens

78
a) y en b) m'y c) te le d) lui en e) me l'
f) nous en g) nous y h) m'en

79
a) On y va si on veut prendre l'avion. → à l'aéroport
b) On s'en sert pour couper du papier. → des ciseaux
c) On en a besoin quand on (y) voit mal. → des lunettes
d) On y trouve des timbres et des cigarettes. → au bureau de tabac
e) On peut y faire des études. → à l'université
f) Il y fait toujours beau (temps). → en Californie
g) On en lit souvent dans les salles d'attente. → des revues
h) Tout le monde en a peur. → de la mort
i) Personne n'aime y aller. → chez le dentiste
j) On travaille pour en gagner. → de l'argent

80
a) le tien b) les siens c) les leurs d) les nôtres
e) les miennes f) les siens g) les miens
h) la tienne

81
a) des tiennes b) aux miens c) du nôtre d) à la vôtre e) les nôtres f) des leurs g) aux miens

82
a) Voici nos livres. Où sont les vôtres ?
b) J'ai oublié mon stylo. Peux-tu me prêter le tien ? / Tu peux me prêter le tien ?
c) Je me souviens de ton nom. Te souviens-tu du mien ? / Tu te souviens du mien ?
d) Dites-nous vos conditions et nous vous dirons les nôtres.
e) J'ai confondu mon manteau avec le sien.
f) Ta maison est plus grande que la sienne.
g) J'ai mon passeport et les enfants ont le leur.

83 A
a) Essayez celle-ci.
b) Essayez celles-ci.
c) Essayez celui-ci.
d) Essayez ceux-ci.
e) Essayez celui-ci.
f) Essayez celle-ci.

83 B
celui-ci, celui-là, ceux-là, celui-ci, celle-ci

84
b) Merci à tous ceux qui nous ont aidés.
c) Ces clés, ce sont celles des voisins.
d) Tu portes le nom de ton père ou celui de ta mère ?
e) Mon emploi du temps est mieux que celui de l'année dernière.
f) Nous paierons la tournée à ceux qui arriveront les premiers.

85 a) ceux b) ceux, ceux c) celui- d) celle e) celui f) ceux, ceux

86 a) ça b) C' c) Cela / Ça d) c' e) Ça, ça f) Ce, ça / cela

87
a) Ce n'est pas très important.
b) Ça m'énerve.
c) Ça va beaucoup mieux.
d) C'est une question de temps.
e) Prends ça, ça aide contre les maux de tête.

88
a) Celui qui rame dans le sens du courant fait rire les crocodiles.
b) C'est celui dont tu as soigné l'impuissance qui te prend ta femme.
c) On ne jette pas le poisson qu'on a dans la main pour attraper celui qu'on a sous le pied.
d) Ceux qui ont peu de larmes pleurent vite le défunt.

89 Un concours
Les étudiants sont tous inquiets, bien sûr. Quiconque passe un concours sait le stress que cela représente. Chacun connaît l'enjeu. Quelques-uns seulement seront reçus. Tous ont pris connaissance du sujet, le même pour tous dans toute la France. Les uns se mettent tout de suite au travail, les autres ont l'air de rêver encore. Certains rendront copie blanche au bout d'une heure. Mais la plupart resteront jusqu'au bout. A la sortie, chacun donnera ses impressions. On ne connaîtra les résultats que dans un mois. Il n'y a rien de plus inhumain que cette longue attente …

90 a) etwas b) niemanden c) keiner d) alles e) mehrere f) man g) gar keine h) einige i) nichts j) jemanden h) jeder

91 a) Tout b) Personne c) Aucun d) rien e) On f) Quelqu'un

92
a) Nous n'avons rien fait.
b) Personne ne lui résiste.
c) Rien ne pourra la convaincre.
d) Je ne suis là pour personne.
e) Il n'y a rien à manger dans le réfrigérateur.
f) Il n'y avait personne.
g) Nous n'avons rien reçu
h) Il ne veut voir personne.

93
a) Quelqu'un m'a aidé.
b) Nous avons écrit à tous les étudiants. Quelques-uns ont déjà répondu.
c) Des vieilles cartes postales ? J'en ai trouvé quelques-unes au marché aux puces.
d) Il y a quelqu'un ? / Y a-t-il quelqu'un ?
e) Tu as acheté des journaux ? – Oui, j'en ai acheté quelques-uns.
f) Vous avez des informations ? – Oui, j'en ai quelques-unes.

94 a) Tout b) toutes c) tout d) Tous e) tout f) tous

95
a) Elle l'a toute mangée.
b) Je les connais tous.
c) Elle les a toutes emportées.
d) Je ne les ai pas tous notés.
e) Je les ai tous envoyés.
f) Je ne les ai pas encore toutes reçues.
g) Tous sont venus. / Ils sont tous venus.
h) Je les aime tous.

96 a) Chacun b) aucune c) un seul d) certaines e) chacune f) aucun g) plusieurs h) certains

97 a) le même b) l'une, l'autre c) la même d) l'un, l'autre e) les mêmes f) des uns, des autres g) les uns, les autres h) l'un, l'autre

98 Je n'ai aucun projet. Rien ne m'intéresse. Je crois que je n'intéresse pas les autres. Aucun de mes amis ne me téléphone. Les uns sont pris par leur travail, les autres par leur famille. Je ne peux me confier à personne. Je passe mes journées seul(e), pendant que les autres s'amusent. J'ai passé plusieurs (petites) annonces. La plupart sont restées sans réponse. Est-ce que j'attends trop des autres ? Est-ce que quelqu'un peut me donner un conseil ?

99
a) Remets cet objet là où tu l'as pris.
b) Voici l'école que j'ai fréquentée pendant toutes ces années.
c) J'aime beaucoup la façon dont elle se maquille.
d) C'est moi qui vous enseignerai la musique.
e) J'ai rencontré l'amie dont elle parle si souvent.
f) La sortie que nous avions prévue a été annulée.
g) Savez-vous vraiment ce que vous voulez ?
h) C'est l'année où Neil Armstrong a posé le pied sur la lune.

Lösungen

100 a) qui sait beaucoup de choses b) à qui je dois tout c) contre qui vous n'avez aucune chance d) pour qui j'ai énormément de respect. e) avec qui on part souvent en vacances.

101 a) que b) qui c) qui d) que e) qu' f) que g) qui h) que

102 a) Voici le contrat dont vous devez prendre connaissance.
b) Ce sont les nouveaux modèles dont les clients raffolent.
c) Cet événement, dont toute la presse parle, est dramatique.
d) C'est une vieille histoire dont il ne se souvient plus.
e) Il vient d'épouser une chanteuse d'opéra dont la voix est magique.

103 a) que, à qui, avec qui, qui, dont b) qui, à qui, que, dont c) qui, où, dont, que d) qui, dont, où, que

104 a) où je suis né(e) et que j'ai quittée à six ans.
b) dont je t'ai parlé et que j'ai rencontré en vacances.
c) que je viens d'acheter et qui est captivant.
d) où je peux jouer de la batterie.
e) dont j'ai besoin pour mon exposé.
f) dont je ne sais pas me servir et qui est beaucoup trop cher.

105 a) dont b) de quoi c) de quoi d) dont e) à quoi f) à quoi g) dont h) à qui

106 a) ce que b) ce que, ce qui c) Ce qui d) ce qui e) ce qui f) ce que, ce qu'

107 a) Si tu n'as pas ce que tu aimes, il faut aimer ce que tu as.
b) Ici tout ce qui n'est pas permis est interdit.
c) Fais aux autres ce que tu voudrais que l'on te fasse.
d) Faites ce que vous voulez, mais pas ce qui est impossible.
e) Ce qui te dérange en ce moment n'est pas forcément ce que tu regretteras plus tard.

108 a) L'épidémie contre laquelle luttent les médecins est virulente.
b) L'entreprise pour laquelle je travaille a déposé son bilan.
c) C'est un sujet auquel je n'ai pas encore réfléchi.
d) C'est un homme pour lequel j'ai beaucoup d'admiration.
e) Les personnes auxquelles je me suis adressée ne savaient rien.
f) La liste sur laquelle figurait ce candidat, datait de quand ?
g) Ce sont des gens en lesquels je ne pourrais avoir confiance.

109 a, e, f

110 a) Le garçon dont je parle s'appelle Antoine.
b) Les gens parmi lesquels je me trouvais, m'étaient tous inconnus.
c) Le service dont je dépendais a été supprimé.
d) Au milieu de la pièce, il y avait une table sous laquelle était couché un gros chien.
e) C'est une expérience dont nous avons tous profité.
f) Voici l'article dont il est si fier.

111 a) qui est incroyable
b) qui est très bruyant
c) que je préfère
d) que l'on peut recycler / qui sont recyclables

112 a) 1 b) 2 c) 1 d) 2 e) 2

113 a) dont je parle, la ville dans laquelle, dont l'un, dans lequel, un métier qui, dont elle connaît
b) qu'elle voit, qui n'habite pas, dont elle est vraiment fière, après quoi
c) qui lui empoisonnent la vie, qui ne respectent pas, qui ne font que ce qu'ils veulent, ce qui crée, l'escalier où, ce que, qu'ils font, qui frappent, qu'ils écoutent, l'appartement dans lequel, ce dont

114 a) C'est le réalisateur qui apparaît dans chacun de ses films. → Hitchcock.
b) C'est le musée dans lequel est exposé (où est exposé) *La Joconde*. → Le Louvre.
c) C'est le film pendant le tournage duquel Grace Kelly a fait la connaissance de son prince charmant. → La main au collet.
d) C'est la voiture avec laquelle James Dean a eu son accident. → Une Porsche Spyder 550
e) C'est la ville dont le nom français est Ratisbonne. → Regensburg.
f) C'est le pays d'ou vient le groupe ABBA. → La Suède.
g) Le gâteau que mangent les Français à Noël s'appelle ainsi. → La bûche de Noël.

115 A comment, où, que, pourquoi, quand, combien, qui

115 B
a) Où a lieu le concert ?
b) Quand sont-ils partis ?
c) Combien coûte la chambre ?
d) Que dit-il ?
e) Comment a atterri l'avion ?
f) Pourquoi y vas-tu à pied ?
g) Qui est-ce sur le vélo ?

116 a) Quel b) Quel c) Quelles d) Quel e) Quels f) Quelle g) Quels h) Quelle i) Quelles j) Quelles

117 a) Laquelle b) lesquelles c) Lequel d) Lesquels e) lequel f) Lesquels

118 a) Auxquelles b) De laquelle c) À laquelle d) Auquel/Auxquels e) Duquel f) Desquels

119 a) Qu'est-ce qui b) Qui est-ce qui c) Qui est-ce qui d) Qu'est-ce qui e) Qui est-ce qui f) Qu'est-ce qui

120 a) ce que b) ce qui c) ce qu' d) ce qui e) ce qui f) ce que

121 a) rangeons, lavons, essuyons, essayons, nettoyons, nous trions, jetons, espérons
b) lève, commence, mange, essaie / essaye

122 a) appelle, appelons b) préfère, préférons c) paie / paye, payons d) déménage, déménageons e) achète, achetons f) appuies, appuyez

123 mentir, s'endormir, sortir, partir, sentir, souffrir

124 je dors, elle dort, nous dormons
on choisit, nous choisissons, vous choisissez
je vieillis, vous vieillissez, ils vieillissent
il part, vous partez, ils partent
j'ouvre, il ouvre, elles ouvrent
tu applaudis, on applaudit, nous applaudissons
je souffre, vous souffrez, ils souffrent

125 a) boire, je bois b) je vis, vous vivez c) voir, je vois d) je suis, vous suivez e) savoir, vous savez f) je mets, vous mettez g) je suis, vous êtes h) aller, vous allez i) faire, je fais j) recevoir, vous recevez

126 a) sont b) avons c) est d) ai e) sommes f) est g) êtes h) a i) as j) ont k) avez l) suis

127 A
-é : évalué, dépassé, progressé
-i : grandi, fini, parti
-u : attendu, répondu, reçu
-is : appris, mis, compris
-it : dit, conduit
-ert : souffert, offert, découvert

127 B a) progressé b) attendu c) appris d) découvert e) reçu f) grandi g) offert h) mis

128 a) pu b) assis (s'asseoir) c) ouvert (ouvrir) d) été (être) e) pris (prendre) f) eu (avoir) g) plu (pleuvoir) h) acquis (acquérir) i) lu (lire) j) plu (plaire) k) vécu (vivre)

129 a) n'est pas allée b) n'a pas vu c) n'a pas fait d) n'est pas partie e) n'a pas rencontré f) n'a pas bronzé

130
a) Les cambrioleurs ont tout emporté.
b) Je ne suis pas allé chez le dentiste.
c) Les pompiers ont rapidement éteint l'incendie/ont éteint l'incendie rapidement.
d) Ils m'ont raccompagné à la maison.
e) Nous n'avons pas mal mangé en Angleterre.
f) Il n'a pas tout dit à ses parents.
g) Je n'ai pas bien compris la question.
h) Nous n'avons pas beaucoup dormi.

131 arriver, revenir, mourir, rester, devenir, repartir, naître, aller, se laver, tomber, se souvenir

132 a) es b) est c) a d) sommes e) est f) es g) est h) avons i) est j) avons

133 a) partis b) promis c) passée d) allés e) installé f) nées g) ennuyée

134 a) prises b) faites c) marché d) choisie e) enfuie f) donné g) regardée h) ouvert

135 a) m'a envoyée hier. b) je les ai perdues. c) l'ai déjà vue trois fois. d) as-tu achetés pour notre repas ? e) l'ai vue dans la vitrine. f) j'ai invités

136 a) je me suis gravés b) se sont évadés c) s'est achetée d) s'est cassé une jambe e) elle s'est blessée f) nous sommes promenés g) s'est fait un café et s'est brûlée

137 a) Il est descendu du train, il s'est dirigé vers la sortie et il a appelé un taxi.
b) Elle est sortie de la maison, elle a perdu ses clés et elle a fait venir le serrurier.
c) Nous avons pris un apéritif, nous avons mangé le plat du jour et nous avons commandé un café.
d) J'ai inséré la carte, j'ai entré la numéro du code et j'ai validé.
e) Elles ont payé, elles ont laissé un pourboire et elles sont sorties du café.
f) Ils sont entrés dans la magasins, ils ont essayé trois pantalons et ils n'ont rien acheté.

138 sommes rentrés, s'est très bien passé, a dormi, a évité, a lu, dessiné, n'a pas eu, m'a surprise, sommes donc allés, a fait, avons eu, avons eu, avons visité, fait, a piqué, avons voulu, a promis, a fait, sommes restés, avons pu, avons fait, avons découvert, j'ai préférée, sommes allés, a plu, a adoré, a préféré, ont passé, j'ai oublié, t'ai écrite

139 a) Il m'a tout expliqué mais je n'ai rien compris.
b) J'ai fait de la confiture avec les cerises que tu m'a apportées.
c) Ils ont couru jusqu'à la plage.
d) Nous ne sommes encore jamais rencontrés, mais nous nous sommes souvent téléphoné.
e) J'ai retrouvé la veste que tu as oubliée hier.
f) La voiture qu'ils se sont achetée est très économique.
g) Est-ce que tu as descendu la poubelle ?
h) Elle s'est blessée ? – Non, elle s'est seulement égratigné le coude.

140 a) elle regardait, nous regardions
b) on mangeait, nous mangions, vous mangiez
c) je prenais, vous preniez, ils prenaient
d) il finissait, vous finissiez, ils finissaient
e) je criais, il criait, elles criaient
f) j'avais, vous aviez, ils avaient
g) tu essayais, nous essayions, vous essayiez
h) j'étais, nous étions, vous étiez

141 a) a b) a c) b d) b

142 A a) il avait du travail
b) étais malade
c) j'avais mal au dos
d) était myope
e) il faisait mauvais

142 B a) je me suis fait un sandwich
b) j'ai pris un taxi
c) elle s'est couchée tôt
d) je l'ai mis à la poubelle
e) j'ai ouvert la fenêtre

143 a) mais je n'ai rien trouvé
b) j'ai fait la connaissance
c) j'avais beaucoup d'amis
d) nous l'entendions partir au travail
e) un chat qui s'appelait Minou
f) Il est entré dans la pièce
g) J'étais en retard
h) Nous avons revu la maison de notre grand-mère, Tout était comme avant.

144 a) ont procédé, ont relevé, ont pu, essayait
b) a opposé, voulaient, a sorti, a blessé, a pu

145 était, se sont occupés, est allé, a appris, était, aimait, préférait, a pu, a quitté, est parti, s'est fait, était, apprenait, est devenu, l'a jamais vu, a travaillé, l'a jamais attrapé

146 a) Un jour (il avait 45 ans) Raymond a pensé qu'il était trop âgé pour son métier et il a pris sa retraite.
b) Il avait assez d'argent.
c) Peu de temps après il a épousé Jeanne, la patronne de son café habituel et il s'est lancé dans l'aventure de la vie bien rangée.
d) Il passait son temps au comptoir et discutait avec les clients. Tout le monde l'aimait.
e) Raymond et Jeanne ont eu deux filles qui ont reçu une éducation excellente : Elle ont toute les deux fait des études de droit.
f) La plus jeune est devenue avocate et l'aînée juge.

147 Le Renard se croyait malin. Il invita un soir la Cigogne à dîner, mais comme il était avare, il lui servit à manger dans une assiette plate. La Cigogne, avec son long bec, ne put attraper un seul morceau de viande. Elle rentra chez elle le ventre vide. Elle était furieuse et bien décidée à se venger.
Le Renard, lui, était fier d'avoir joué ce tour à la Cigogne. La Cigogne, peu de temps après, invita le Renard à venir manger chez elle. Elle prépara une soupe qu'elle servit dans un vase profond et étroit. Le Renard, avec son museau, ne parvint pas à manger la soupe. Il partit sans avoir mangé. Il était furieux et honteux et jura que la prochaine fois, il serait plus prudent.

148 a) je naquis b) il but c) il devint d) ils vécurent e) ils furent f) elle fit g) nous sûmes h) ils tinrent i) elle écrivit j) elle crut k) il plut l) ils eurent m) il lut n) ils purent

149 a) avait, arriva, avait, voulait, fit, ouvrit, lâcha, prit, était, avait, voulait, était
b) adorait, chantait, appréciait, travaillait, faisait, arriva, avait, alla, refusa, dit

150 a) Je n'avais rien vu.
b) Nous avions beaucoup voyagé.
c) Il avait pris 3 semaines de vacances.
d) Vous aviez couru trop vite.
e) Ils avaient eu de la chance.
f) Elles avaient été très contentes.

151 a) avait déjà vu
b) avait fini
c) avait sonné, n'avait pas ouvert
d) avait réservé, avait déjà mangé
e) avait offert, n'avait pas lu
f) l'avait demandé, avait dit

152 a) b b) c c) c d) a e) a f) b

153 a) Nous étions à la plage quand l'orage avait éclaté.
b) Il la cherchait, mais ne la trouvait pas : elle s'était bien cachée.
c) Je voulais rester, mais elle avait décidé de rentrer (à la maison).
d) Si tu avais fait attention, tu aurais vu la voiture qui venait de droite.
e) La veste que j'avais achetée ne me plaisait plus.
f) Quand nous sommes arrivés, la conférence avait déjà commencé.

154 a) tendit, furent entrées, prit b) se fut assise, vit c) fut rentrée, furent, raconta d) eut compris, renonça e) eurent sonné, se retrouva

155 a) partirons b) travaillerai c) dormira
d) Prendrez e) parleras, calmera f) arriveront

156 a) essaierai / essayerai b) lèverons c) appuierai d) emploierons e) promènerai f) ennuierez
g) jetterons h) gèlera

157 a) aura b) fera c) s'imposeront d) restera
e) dominera f) neigera g) gagneront

158 a) serez b) aurez c) saurez d) obtiendrez
e) feront f) viendrez g) pourrez h) faudra
i) verrez j) irez

159 b) Je vais passer demain.
c) Nous nous marierons bientôt.
d) Je vais lui dire ce que je pense.
e) Ce ne sera pas facile.
f) Elle ne va rien oublier.
g) Je vais avoir une augmentation.
h) Ils enverront le mail demain.

160 a) sera b) vais me faire c) vais lui téléphoner
d) va partir e) allez me dire f) commencera
g) prendrez h) va pleuvoir i) vais t'aider
j) je vais aller me coucher

161 a) Quand vous lui aurez parlé, vous en saurez plus.
b) Quand j'aurai fait mes bagages, j'appellerai un taxi.
c) Dès que j'aurai passé le permis mes parents m'achèteront une voiture.
d) Dès que nous aurons trouvé un nouvel appartement nous vendrons le nôtre.
e) Dès qu'il aura cessé de pleuvoir nous pourrons sortir.
f) Quand tu auras fini de manger tu rangeras la cuisine.

162 a) viendrai, j'aurai fini b) préviendrons, serons rentrés c) ira, aura retrouvé d) auras, auras rangé e) répondrai, aurai reçu f) vous sentirez, aurez pris

163 a) j'apprendrais, elle apprendrait, nous apprendrions
b) tu achèterais, il achèterait, ils achèteraient
c) elle oublierait, nous oublierions, elles oublieraient
d) je créerais, tu créerais, vous créeriez
e) elle finirait, vous finiriez, ils finiraient
f) tu essaierais / essayerais, on essaierait / essayerait, vous essaieriez / essayeriez
g) il jetterait, nous jetterions, ils jetteraient

164 a) devrait b) ferions c) devriez d) serait
e) verriez f) pourraient g) aurait h) faudrait
i) irait

165 a) Le SMIC augmenterait de 3 %.
b) Le chômage serait en régression.
c) L'obésité toucherait surtout les jeunes.
d) Ce médicament aurait des effets secondaires.
e) Les résultats paraîtraient demain.
f) Le premier ministre démissionnerait.

166 a) Auriez-vous des timbres ?
b) Pourrais-tu me remplacer demain ?
c) Tu devrais prendre des vacances.
d) Nous souhaiterions dîner tôt.
e) Il vaudrait mieux attendre.
f) Tu devrais rouler moins vite.

167 a) profiterait b) accorderait c) augmenterait
d) pourrions e) serait f) paierait / payerait
g) percevrait h) conserverait i) déciderait
j) toucheraient

168 b) on nous aurait accordé une augmentation de salaire.
c) aurait augmenté régulièrement.
d) aurions pu profiter de six semaines de vacances par an.
e) aurait été libre de travailler plus de 35 heures.
f) aurait payé les heures supplémentaires.
g) aurait perçu le treizième mois.
h) aurait conservé le droit de grève bien sûr.
i) aurait décidé de l'âge de son départ en retraite.
j) auraient touché le même salaire que les hommes.

169 a) J'aurais tant aimé visiter cette exposition !
b) Si vous nous aviez prévenus, nous ne serions pas venus pour rien.
c) Vous devriez mettre la ceinture.
d) Tu aurais dû y penser plus tôt.
e) Sans cet embouteillage ils seraient arrivés à l'heure.
f) Nous serions heureux de faire votre connaissance.
g) Je n'aurais jamais pensé qu'il réussirait.
h) Si j'étais toi, j'accepterais.

170 b) ils appellent, qu'ils appellent, que nous appelions
c) qu'ils achètent, nous achetons, que nous achetions
d) ils voient, nous voyons, que nous voyions
e) ils emploient, qu'ils emploient, que nous employions
f) ils s'ennuient, nous nous ennuyons, que nous nous ennuyions

171 a) travaille b) soyez c) ayons d) prennes
e) t'occupes f) fasse g) viennent h) puisse
i) aillent

172 a) ayez choisi b) n'aies rien compris c) ait pris
d) soit parti e) ait changé f) sois blessé(e)

173 a) ait échoué b) partiez c) écrives d) soit
e) ayez attendu f) ait gagné g) ait dit
h) arrivions

174 A douter que, souhaiter que, suggérer que, vouloir que, craindre que

174 B a) sait b) se soient c) a d) veuille e) soyons
f) peut g) veuille h) sorte

175 A pour que, avant que, à condition que, jusqu'à ce que, bien que

175 B a) jusqu'à ce que b) bien que c) à condition que d) pour qu' e) avant qu'

176 a) de vous déranger b) soit là c) de la voir ici
d) d'avoir compris votre question e) qu'elle aille en Angleterre f) que le journal ait publié de telles photos

177 a) va b) fasse c) a / ait d) soit / est e) faut
f) sache

178 a) vous répondiez b) n'ait pris c) viennes
d) ait retrouvé e) ayez trouvé f) soit pas passée

179 *Befehl / Aufforderung:* Sortez d'ici, Asseyez-vous.
Rat: Dormez bien, Faites plus de sport.
Verbot: Ne bougez plus, Ne regarde pas en arrière.

180 a) Ouvre b) Travaillez c) Découvrons
d) Complétez e) Jouons f) Coche
g) Conjuguons

181 a) Écris une lettre. Écrivez une lettre.
b) Ne bois pas trop. Ne buvez pas trop.
c) Attends un instant. Attendez un instant.
d) Ne ris pas si fort. Ne riez pas si fort.
e) Dis la vérité. Dites la vérité.
f) Prends place. Prenez place.

182 a) Sachez b) Sois c) Soyons d) Sachons
e) Veuillez f) Ayez

183 a) Écris-lui b) Mets-le c) Range-les d) Fais-les
e) Prends-la f) Couche-toi

184 a) Téléphone-moi.
b) Penses-y.
c) Ne me rapporte pas le journal.
d) Achètes-en.

    e) Ne nous pressons pas.
    f) Appelez-moi avant demain.

185
    a) Passez-moi le chef du personnel, s'il vous plaît.
    b) Faites-moi une photocopie du document et apportez-la moi.
    c) Si M. Monge téléphone, dites-lui de rappeler dans une heure.
    d) Ne me dérangez-pas si je suis en réunion.
    e) Terminez les lettres et postez-les avant midi.

186 A
    a) Tenez les chiens en laisse.
    b) Sois / Soyez prudent(e)(s).
    c) Prends des vacances.
    d) Pense à moi demain.

186 B
    a) Prière d'entrer sans frapper.
    b) Silence !
    c) Veuillez fermer la porte.
    d) Il est interdit de fumer.

187
    a) Écoutez et répétez.
    b) Ne perds pas tes clés.
    c) Payons et partons.
    d) Réfléchissez avant de répondre.
    e) N'ayez pas peur et ne soyez pas si nerveux.
    f) Du pain ? Oui, apportes-en.

188
    a) Si je refusais cette proposition, je pourrais le regretter.
    b) Si elle avait reconnu ses torts, nous aurions été indulgents.
    c) Si vous deviez changer d'avis, nous pourrions en discuter.
    d) Si tu m'avais prévenu, je serais venu te chercher.
    e) Si ça n'allait pas mieux demain, nous ferions venir le docteur.
    f) Si tu avais travaillé plus, tu n'aurais pas redoublé.

189
    a) je vous enverrais, je vous aurais envoyé
    b) il m'aiderait à repeindre ma chambre, il m'aurait aidé à repeindre ma chambre.
    c) vous pourriez travailler aux USA, vous auriez pu travailler aux USA
    d) nous n'insisterions pas, nous n'aurions pas insisté
    e) tu t'engagerais pour trois ans, tu te serais engagé pour trois ans
    f) tout serait réglé, tout aurait été réglé

190
    a) Ce serait bien d'habiter dans cet appartement. La grande pièce serait une salle de séjour parfaite. Ils auraient enfin une cheminée. Il y aurait aussi de la place pour un bureau, où on pourrait travailler sans être dérangé. Ils auraient même un jardin, dans lequel les enfants pourraient jouer. Oui, ce serait si bien si ça pouvait marcher.

    b) Fini de rêver !
    Ils auraient été si heureux s'ils avaient eu cet appartement. Ils auraient enfin pu quitter leur ancien appartement sombre. Ils auraient été plus près du centre ville et ils n'auraient plus eu besoin de deux voitures. Ils auraient même acheté un chien. Les enfants auraient été si contents.

191
    a) qu'ils sont fatigués
    b) qu'il va faire beau cet après-midi
    c) qu'elle adore cette musique
    d) de continuer sans lui
    e) que sa proposition est intéressante
    f) qu'ils n'ont pas pris le train
    g) qu'il regardera un peu la télé
    h) de prendre un comprimé par jour

192
    a) qu'il s'ennuyait là-bas sans moi
    b) qu'il avait plu pendant trois jour
    c) qu'il n'avait pas pu sortir
    d) qu'il allait rentrer plus tôt que prévu
    e) qu'il me recontacterait bientôt
    f) que je lui avais beaucoup manqué
    g) de prendre bien soin de moi

193 Monsieur Monge a téléphoné. Il a dit
    a) qu'il était désolé, mais qu'il ne pouvait pas venir demain après-midi.
    b) qu'il devait assister à une réunion qui durerait longtemps.
    c) qu'il vous téléphonerait ce soir.
    d) que vous pouviez le joindre sur son portable en cas d'urgence.
    e) qu'il trouvait votre idée très bonne et que vous pouviez commencer tout de suite.

194
    a) pourquoi tu ne m'as pas prévenu
    b) si Luc viendra demain
    c) combien nous avons d'inscrits
    d) à quelle heure tu arrives
    e) pourquoi tu as fait ça
    f) si ça te fait plaisir

195 a) si ça a sonné b) qui c'est c) ce qu'il veut d) d'où il vient e) quel âge il a f) si je lui ai donné de l'argent g) pourquoi il est reparti si vite. h) si j'ai cru à son histoire i) ce qui ne va pas.

196 ce que je faisais, ce qui m'avait poussé, si j'étais, si j'avais, quels étaient mes hobbies, quelles langues, si j'avais, pourquoi, quand, où, combien

197 A On voudrait savoir ...
a) où et avec qui vous étiez hier soir
b) combien de temps vous êtes resté
c) ce que vous avez fait toute la soirée
d) quand vous êtes rentré
e) si quelqu'un peut confirmer votre témoignage
f) pourquoi vous avez prévenu la police si tard
g) si vous soupçonnez quelqu'un

197 B Monsieur X a affirmé ...
a) qu'il était (allé) au bar « le crocodile » avec trois amis
b) qu'ils y étaient restés jusqu'à minuit
c) qu'ils avaient mangé, bu et fait un peu la fête
d) qu'il était à la maison vers une heure
e) que sa femme dormait déjà
f) qu'il était allé au lit tout de suite.

198 a) pleuvoir b) écrire, répondre c) faire d) dormir e) savoir f) partir g) pouvoir, aider h) repasser i) finir, rappeler
-er : aider, repasser, rappeler
-ir : dormir, partir, finir
-(d)re : écrire, répondre, faire
-oir : pleuvoir, savoir, pouvoir

199 a) avoir laissé b) être rentré c) réfléchir d) noter e) arrivée f) avoir dit g) avoir cambriolé h) avoir vu

200 a) faire b) sortir c) de fermer d) vous voir e) savoir f) de se pencher g) de rire h) ne plus y penser

201 d'être, de m'occuper, de croire, à faire, de prendre, à contrôler, d'être, à suivre

202 a) d', de b) à, de c) de, à d) –, de e) à, de f) de, à g) d', d' h) à, à

203 a) Laisse-moi b) fais c) Faites-moi d) laissent e) s'est fait f) Laissez-moi g) fait

204 a) Laissez-moi deviner !
b) Il ne voulait pas me laisser partir.
c) Ne laisse pas sortir le chat.
d) Ils font construire une maison.
e) Je vous fais envoyer notre catalogue.
f) Laisse-moi finir (d'écrire) cette lettre !
g) Il m'a fait parvenir un message.
h) Elle ne nous a pas laissé entrer.
i) Elle s'est fait faire un piercing.
j) Il se fait toujours prendre.

205 a) Je pense pouvoir venir demain.
d) Je suis sûre de l'avoir vu hier.
e) J'espère avoir fini à temps.
f) Il a dit de ne pas avoir été au courant.

206 a) avant de parler b) après qu'il a téléphoné c) pour faire plaisir à ses parents d) sans se retourner e) au lieu de regarder la télé f) sans jamais se plaindre.

207 a) Je préfère prendre le train.
b) Nous avons failli ne pas nous voir. / On a failli ne pas se voir.
c) M. Meier vient de partir.
d) On a / Nous avons fini par arriver.
e) Continuez à lire le texte jusqu'à la page 30.

208 a) prévoyante, fait, sachant b) faits, fait, obéi, commandant c) fait d) manqué, suivant e) décidé

209 a) aimant la nature et les animaux b) Ayant peu de temps c) Ne sachant où aller d) (Étant) fatiguée e) Après avoir préparé f) (Bien que) sachant

210 a) bouillante b) jouant c) Redoutant d) précédant e) provocantes f) repensant

211 a) La pluie diminuant,
b) La voyant partir,
c) il n'y avait pas l'eau courante.
d) Fouillant dans mes poches,
e) roulant en sens interdit.
f) Entendant un cri,
g) beaucoup d'histoires passionnantes.
h) La route étant glissante,

212 a) être b) écrire c) eu d) fait e) croire f) offert g) pris h) pleuvoir, plaire i) bu j) fallu k) appris l) vivre

213 entendu, réveillée, dormi, levée, couru, pris, précipitée, réalisé, oublié, dû, rendu, trompée, attendu, assise, commencé, descendue, filé, découvert, accrochée, fermée, commencé, pensé, repartie

214 a) invités, regretté b) visité, plu c) cueillies, fanées, mises d) fêté, entendue, dérangés e) téléphoné, partis f) recommandés, trouvé

215 a) cassé b) levé(e)s c) endormie d) procuré e) souvenue f) offert g) préparé, installée, mise h) rencontrés, aimés, disputés, séparés, retrouvés, acheté, quittés

216 passées, retenue, fait, obtenu, cassé, installée, acheté, ennuyés un peu, reposés

217 a) Agacé par tant d'objections
b) Déçu
c) Stupéfaite de sa réponse
d) Condamné à trois ans de prison ferme
e) Les animaux capturés
f) La loi votée par le gouvernement précédent

218 a) en s'inscrivant sur un chat
b) en essayant de lui changer les idées, en l'aimant plus fort
c) en limitant la vitesse, en installant des radars automatiques
d) en faisant des exercices de grammaire, en regardant des films en VO
e) en ne mettant pas ses appareils sur « veille », en utilisant des ampoules de faible consommation

219 a) Lisez ce texte en vous aidant du dictionnaire.
b) Réécrivez les phrases en faisant les accords nécessaires.
c) Il l'a beaucoup surprise en lui donnant tout cet argent.
d) Ils lui ont fait beaucoup de mal en ne lui disant pas la vérité.
e) En rangeant mes affaires, j'ai retrouvé un livre auquel je tiens beaucoup.
f) En te brossant les dents deux fois par jour, tu évites d'aller chez le dentiste.

220 a) Elle s'énervait et faisait de grands gestes en parlant.
b) En achetant nos produits, vous réalisez des économies considérables.
c) En jardinant, on se détend et on se muscle.
d) En y repensant, je ne trouve pas ça très grave, finalement.
e) En passant devant moi, il m'a fait un clin d'œil.

221 nicht korrekt: b, c, f

222 remontant, interpellés, commis, Travaillant, stationnés, prévenus, avoué, structurée, qualifiant, requis, demandant, condamné, jugeant, suivi

223 je me dépêche, tu te dépêches, il se dépêche, elle se dépêche, nous nous dépêchons, vous vous dépêchez, ils se dépêchent, elles se dépêchent

224 a) Ma fille passe son temps à se regarder dans la glace.
b) Elle se trouve moche et grosse.
c) Asseyez-vous et attendez-moi ici.
d) Dois-je m'inquiéter si mon enfant s'ennuie ?
e) Lave-toi les mains avant de t'asseoir à table.

225 a) Lisa s'est bien amusée en Angleterre.
b) Pierre s'est couché très tard cette nuit.
c) Anne et Adrien se sont séparés le mois dernier.
d) Julie et sa sœur se sont baignées pendant des heures.
e) Monsieur Lechat, vous vous êtes levé à quelle heure ?
f) Fanny et moi, on s'est connus à un stage de danse.

226 a) serons b) serais c) est d) étaient e) sont f) étions

227 a) Anne s'est acheté une <u>nouvelle voiture</u>.
b) Nous <u>nous</u> sommes bien amusés à cette soirée.
c) Voici les renseignements <u>que</u> nous nous sommes procurés.
d) Ils se sont offert <u>un week-end à New York</u>.
e) Ah ! toutes ces histoires <u>qu</u>'elles se sont racontées.
f) Ils se sont partagé <u>les profits</u>.
g) Elles se sont imposé <u>des règles de vie très strictes</u>.
h) Elle s'est souvent demandé <u>ce qu'il était devenu</u>.

228 a) Vous vous appelez comment? / Comment vous appelez-vous ?
b) Nous nous sommes baignés dans le lac.
c) Je refuse de venir.
d) Elle se marie la semaine prochaine.
e) Tout le monde se tait.
f) Elle n'a pas changé.
g) Ils ont divorcé.

229 a) A b) P c) A d) A e) A f) P

230 a) La date est fixée au 23 juin.
b) Les tables sont placées en rangs.
c) Un buffet de salades et de desserts est dressé.
d) La bière et les boissons sont commandées.
e) Des jeux ont été organisés pour les enfants.

231 a) Ihre Bilder waren über die Presse verbreitet worden.
b) Überall waren Straßensperren errichtet worden.
c) Die beiden Brüder wurden gestern Abend festgenommen.
d) Sie sind von der Kripo vernommen worden.
e) Der Ältere wurde im Gefängnis von Dax inhaftiert.
f) Der Jüngere, noch minderjährig, wurde wieder frei gelassen.

232 a) était commenté b) avait été tourné c) a été traduit d) est jouée e) serait censuré f) sera retransmis g) aura été reçu h) aurait été sifflée

233 a) Les Girondins ont été battus à domicile hier soir.
b) Les chances de qualification de l'équipe bordelaise sont compromises.
c) Les Girondins étaient sans doute paralysés par l'enjeu du match.
d) Aucun but n'a été marqué pendant la première partie du match.
e) Un but contre son camp a été marqué par un joueur bordelais.
f) L'entraîneur des Bordelais a été très déçu.

234 a) par b) de c) de d) par e) d' f) par

235 a) Ses poèmes n'ont été publiés qu'après sa mort.
b) Son appartement avait été fouillé.
c) Elle a été mordue par un chien.
d) Mon jardin est envahi par les mauvaises herbes.
e) Le conductaeur a été ébloui par le soleil.

236 a) vient de partir b) je viens de le prévenir c) va atterrir d) vient de les faire e) ils vont arriver f) va pleuvoir

237 a) Les clients viennent d'arriver et ils vont monter dans leur chambre.
b) Quand je suis arrivé à la poste, elle venait (juste) de fermer.
c) Le musée va ouvrir dans cinq minutes.
d) Les enfants viennent (juste) de s'endormir, je vais enfin pouvoir lire.
e) Nous venons de manger et nous allons faire une promenade maintenant.
f) Je viens de finir le premier tome. Je vais commencer le second.

238 a) sommes en train b) arrêté de c) suis en train de d) continuer à e) s'est mis à f) fini de

239 a) suis en train de travailler
b) vous allez faire demain
c) viens de téléphoner à Marine, allons faire les courses
d) est en train de se reposer
e) étais en train de me promener, s'est mis à pleuvoir
f) continuait à crier
g) arrêté de fumer

240 a) 7 b) 4 c) 5 d) 6 e) 2 f) 8 g) 3 h) 1

241 a) veulent b) dois, veux c) pouvons d) Savez e) peux f) sait g) peux, dois

242 a) devrais réfléchir b) devriez refuser c) doit être un peu compliqué d) doivent être arrivés maintenant e) voudrais f) doit être sympathique

243 a) pu b) voulu c) devait d) voulu e) dû f) devrais g) peux, dois

244 a) utiliser un ordinateur b) conduire une moto c) faire cet exercice d) poster ces lettres e) rester tranquille f) répéter, s'il vous plaît

245 a) peux b) sait c) peux d) doit e) sais f) sait g) peux h) devons / voulons

246 a) Je ne sais pas reconnaître la droite de la gauche.
b) Le feu est vert, nous pouvons repartir.
c) Il roulait trop vite et n'a pas pu freiner à temps.
d) Nous voulons aller au cinéma demain.
e) Nous devons sauver notre planète. Ensemble, nous pouvons réduire la pollution.
f) Je n'ai pas pu prendre le bus, j'ai dû prendre un taxi.

g) Avez-vous pu vous reposer pendant les vacances ? – Je crois que je ne sais pas me reposer.
h) Que dois-je faire pour arrêter de fumer ? – Tu devrais boire un verre d'eau dès que tu as envie de fumer.

247 a) ja b) ja c) ja d) nein e) nein f) nein g) ja h) ja

248 a) 2 b) 6 c) 4 d) 7 e) 1 f) 3 g) 5

249 a) Il s'agit de ton avenir.
b) Il y a quelques nuages dans le ciel.
c) Il faut avoir de la patience.
d) Il m'est arrivé une drôle d'histoire.
e) Il fait lourd.
f) Il serait dommage de rater ça.
g) Il y a trop de gens ici.
h) Il est interdit de stationner ici.

250 a) Le professeur explique la règle, mais les élèves ne l'écoutent pas.
b) Avez-vous félicité les jeunes mariés ?
c) Nous avons passé une excellente soirée.
d) J'ai attendu longtemps mon train.
e) Un employé ne contredit pas son chef.
f) Quand il parle, il n'a aucun accent.

251 a) à b) à c) lui d) tes e) l' f) au

252 a) Prends-en soin.
b) Je me souviens bien de lui.
c) J'y repense souvent.
d) Elle s'intéresse beaucoup à eux.
e) J'en ai entendu parler.
f) Il y a fait allusion.
g) La voisine s'occupe d'elle.
h) Tu lui as téléphoné?

253 à : contribuer, s'habituer, renoncer, s'abonner, s'intéresser
de : se souvenir, dépendre, se moquer, se débarrasser, s'occuper

254 a) au b) en c) sur d) du e) d' f) à g) sur h) à i) à j) en

255 a) dabei sein, assistieren b) Wache halten bei, aufpassen c) abnutzen, anwenden d) zu etw. dienen, benutzen f) fehlen an, verfehlen

256 a) de, d', de, de b) –, –, à c) sur, de, à d) –, de, à e) –, à, de, à, dans f) de, de, de

257 a) Ne renoncez pas à votre indépendance. Mais méfiez-vous de votre impulsivité qui pourrait nuire à votre entourage.
b) N'oubliez pas de remercier ceux qui vous ont aidé.
c) Vous vous réjouissez d'une visite prochaine. Vous avez envie de découvrir de nouveaux horizons.
d) Vous vous plaignez de la solitude. Mais vous savez bien que vous pouvez compter sur les autres si vous avez besoin d'aide.
e) On vous reproche de ne pas participer assez à la vie commune.
f) Vous avez besoin de changement. Vous ne manquez pas de courage. Débarrassez-vous de vos dernières chaînes.

258 a) Tu as l'air en forme.
b) Elle est toujours de bonne humeur.
c) Je voudrais le pull vert.
d) Je lui ai apporté le journal.
e) Elle commence à travailler demain.
f) Je reste à la maison ce soir.
g) Les papiers, je ne les ai pas encore reçus.
h) Nous vous les avons pourtant envoyés.

259 a) C'est le candidat socialiste qui va l'emporter.
b) C'est Pierre que j'ai vu en premier.
c) C'est ici que nous habitons depuis un an.
d) C'est souvent qu'il téléphone.
e) C'est demain qu'elle passe son examen.
f) C'est pour toi que je dis ça.
g) C'est à Toulouse qu'elle est née.
h) C'est le professeur de maths qui me l'a dit.

260 a) La lettre, vous l'avez photocopiée ?
b) Tu as aimé cette histoire ?
c) Les journaux, tu les as lus ?
d) Ce gâteau, comment tu le trouves ?
e) Des timbres, vous en avez ?
f) Tu n'es jamais allé à Paris ?

261 Une chose est sûre, je ne resterai pas longtemps dans cette ville. Je n'ai pas encore tout vu, mais j'en sais déjà assez. Il n'y a rien à faire ici, surtout le soir. Il n'y a personne dans les rues après 10 heures du soir. J'ai cherché un café sympa, je n'en ai trouvé aucun. Ici, on ne peut ni s'amuser (il n'y a pas de discothèque) ni s'instruire (il n'y a pas de bibliothèque non plus) ni rencontrer des gens. Je ne sais pas du tout comment les gens font pour vivre ici. Quand j'aurai quitté cette ville, je n'y reviendrai jamais.

262 a) on n'y voit rien du tout.
b) n'écoute pas et il ne répond jamais aux questions.
c) ne nous voyons plus.
d) ne se souvient plus de rien.
e) il n'y avait personne.
f) n'ai encore jamais gagné au loto.

263 a) Je n'ai rien mangé à midi.
b) Elle n'a pas accepté notre offre.
c) Je n'ai plus revu cet homme.
d) Il ne lui a jamais adressé la parole.
e) Ils n'ont eu aucune nouvelle de Léo.
f) Nous n'avons rien appris de nouveau.
g) Elle ne peut pas l'accompagner à la gare.
h) Nous ne l'avons trouvé nulle part.

264 a) elle ne part pas, elle n'est pas partie
b) ça ne marche pas, ça n'a pas marché
c) n'allons pas à Lyon, ne sommes pas allés à Lyon
d) ne sortent pas, ne sont pas sortis
e) je ne vois personne, je n'ai vu personne
f) il ne regarde pas beaucoup la télé, il n'a pas beaucoup regardé la télé.

265 a) Je n'ai pas le temps.
b) Nous n'avons pas fait de camping.
c) Je n'aime pas les plages du Sud-Ouest de la France.
d) Elle n'a pas de tonus.
e) Je n'ai pas appris l'anglais à l'école.
f) Nous n'avons pas regardé le match de foot ensemble.
g) Mon ami ne fait pas de ski.
h) Vous ne voulez pas un peu de sauce ?

266 a) Elle ne mange que des légumes.
b) Il n'y a qu'une chambre de libre.
c) Il n'aime que les hôtels de luxe.
d) Elle n'achète que des marques.
e) On ne trouve ce produit qu'ici.
f) Nous ne déménageons que dans un an.
g) On ne meurt qu'une fois.

267 Lisa n'est pas une personne facile. Elle n'aime ni le jour, ni la nuit. Elle n'aime rien ni personne, et elle ne s'aime pas non plus. Elle ne rit jamais, et ne dit presque jamais rien. Elle n'est aimable avec personne. Elle n'a pas d'amis et il n'y a rien qu'elle aime faire. Elle n'a pas de contacts avec sa famille. Elle n'aime pas son travail et la ville dans laquelle elle habite ne lui plaît pas non plus.

268 a) Quel beau temps !
b) Comme ce film est ennuyeux !
c) Qu'est-ce qu'il est pénible !
d) Comme c'est ennuyeux !
e) Qu'il est bête !

269 a) Est-ce qu'elle a les yeux bleus ?
b) Vous connaissez M. Léon ?
c) Vous allez où en vacances ?
d) Comment est-ce que tu y vas ?
e) Qu'est-ce qu'on fait demain ?
f) Pourquoi tu dis ça ?

270 a) Habitez-vous chez vos parents ?
b) Vos voisins ont-ils déménagé ?
c) Aimes-tu cet acteur ?
d) La presse en a-t-elle parlé ?
e) Vos amis sont-ils contents de leur nouvelle maison ?
f) Pourrons-nous le supporter ?
g) Les candidats connaissent-ils déjà les résultats ?
h) Avez-vous envoyé les mails ?

271 a) Comment tu trouves mes nouvelles chaussures ? / Comment trouves-tu mes nouvelles chaussures ?
b) M. Dujardin a-t-il réservé ? / Est-ce que M. Dujardin a réservé ?
c) Pourquoi as-tu fait ça ? / Pourquoi est-ce que tu as fait ça ?

272 Quand avez-vous acheté cette maison ? À votre femme ? À qui appartient-elle vraiment ? Pourrais-je parler à votre femme ? Et pourquoi pas ? Chez des amis ? Chez quels amis ? Quand revient-elle ? N'êtes-vous pas inquiet ? Parce que vous étiez déjà marié ? Avez-vous encore des contacts avec votre première femme ?

273 a) réellement b) fidèlement c) largement d) franchement e) vivement f) hardiment g) énormément h) naturellement i) légèrement j) affreusement k) fraîchement l) longuement

274 a) entièrement gratuite b) complètement paniqué c) gravement malade d) terriblement maladroits e) follement amoureux f) faussement enjouée

275 a) brillamment b) bruyant c) violemment d) patient e) courante f) méchamment

276 a) bien, bien, mauvais, mal, bon, bon
b) mal, mauvaise, bons, bien, bien, mal

277 a) Il a poliment refusé l'invitation.
b) Nous avons été très mal reçus.
c) Ce scandale politique a été abondamment médiatisé.
d) Nous avons énormément travaillé à ce projet.
e) Cette histoire est vraiment compliquée.
f) Ces fauteuils sont extrêmement confortables.

278 a) Nous avons beaucoup ri.
b) Il est trop tôt pour y penser.
c) Das ist wirklich sehr teuer.
d) Dieser Film hat mir sehr gefallen.
e) Ce travail est beaucoup trop difficile.
f) Ce produit est très dangereux.
g) Sie ist sehr ernst.
h) Cette rue est trop bruyante.

279 a) toute b) tout c) toutes d) tout e) tout
f) tout g) tout

280 a) aussi b) autant c) aussi d) autant e) autant
f) aussi g) aussi h) autant

281 a) Il vient de m'envoyer un SMS.
b) J'ai failli le rappeler sur son portable.
c) Espérons / J'espère qu'il me dit la vérité.
d) Je préfère fermer les yeux.
e) Son silence commence à m'inquiéter.
f) Il a fini par tout avouer.

282 a) Aujourd'hui, le spectacle commence plus tôt qu'hier.
b) Les jeunes s'engagent aussi facilement que les adultes.
c) Elle travaille moins consciencieusement que sa collègue.
d) Il prend généralement moins de risques que sa femme.
e) Je supporte mieux la chaleur que le froid.
f) Nous sommes restés aussi longtemps que l'année dernière.

283 a) le plus b) le plus c) le moins d) le mieux
e) le mieux f) le moins, le moins

284 a) Nous n'avons absolument rien à nous reprocher.
b) Nous avons parlé avec lui franchement.
c) Il venait régulièrement nous voir.
d) Il semblait (être) épuisé physiquement et moralement.
e) Sa femme a appelé tout de suite la police.
f) Toute sa famille le cherche désespérément.

285 Installation du nouveau bureau. On a mis le bureau dans le coin, ju... de la fenêtre, et devant le bureau ... chaises en cuir. Sur le bureau on a ... l'ordinateur et le téléphone. L'imp... fax sont sur une petite table roulante à côté du bureau. Derrière le bureau on a accroché un grand calendrier et au mur une reproduction de Modigliani. De l'autre côté de la pièce on a installé un petit salon pour recevoir les clients. Par terre un beau tapis d'Orient et sur le tapis une table et quatre fauteuils design. Contre le mur, en face de la porte on a fixé des étagères pour ranger dossiers, classeurs et livres. Et au-dessus de la porte, une pendule.

286 a) de la b) autour du c) au d) du e) du, au
f) jusqu'au g) au h) à côté de la

287 a) contre b) de c) de d) de e) à f) sur g) à
h) du i) à j) à k) avec l) par

288 a) un billet pour Dublin
b) un voyage autour du monde
c) un réunion entre amis
d) un vaccin contre la grippe
e) l'interdiction de fumer
f) un film en version originale
g) une promenade à bicyclette
h) une terrasse avec vue sur la mer
i) un livre sur la révolution
j) une vente aux enchères
k) une place au soleil

289 a) à b) dans c) à d) en e) dans f) au g) en
e) au

290 a) Dans les Alpes.
b) Du bureau.
c) Chez Leclerc.
d) Devant le cinéma.
e) En Crête.
f) Au XIXe siècle.

291 a) Il y a deux jours.
b) Une semaine.
c) À 19 heures.
d) Dans une semaine.
e) Vendredi.
f) Entre 8 heures et midi.
g) Pendant trois jours.
h) Il y a trois mois.

292 a) en b) Malgré c) sauf d) par e) sans f) de

3 a) au-dessous du b) le long du c) loin du d) au milieu du e) en face de la f) au bord de la g) jusqu'au h) à côté de la i) au coin de la j) au pied du

294 a) à 18 ans b) au soleil c) avant le repas d) à la pharmacie e) à la télévision f) à l'ombre g) dans la rue h) sous la pluie

295 a) rester dans le coup → 7
b) sauter aux yeux → 6
c) prendre ses jambes à son cou → 8
d) être cloué au lit → 3
e) être au courant → 9
f) faire pression sur quelqu'un → 5
g) avoir un verre dans le nez → 4
h) filer à l'anglaise → 1
i) vivre sur un grand pied → 2

296 *auf:* J'habite à la campagne.
Je suis allé(e) au marché aujourd'hui.
Je l'ai rencontré dans l'escalier.
Comment dit-on en français ?
De cette manière il peut économiser beaucoup d'argent.
bei: Il est encore au travail.
J'aimerais être près / auprès de toi.
Elle travaille chez Peugeot.
Je n'ai pas d'argent sur moi.
in: Il habite en France, à Lille précisément.
Je l'ai entendu à la radio.
Elle est assise dans le jardin.
Pour le moment tout semble calme.
Elle est née en 1989, en septembre.
J'arrêterai de travailler dans trois ans.

297 a) mais b) et c) car d) ou e) or f) donc g) ni

298 a) c'est pourquoi je n'ai pas pu te téléphoner.
b) puis peut-être et finalement oui.
c) par exemple, elle n'a jamais le droit de sortir le soir.
d) cependant je l'ai vu hier.
e) au contraire, je me réjouis de votre visite.
f) à savoir sept sœurs et quatre frères.

299 a) Je ferai la vaisselle si tu débarrasses la table.
b) Quand le chat n'est pas là, les souris dansent.
c) Je voudrais avoir fini avant qu'il n'arrive.
d) Pendant qu'il parlait, les étudiants prenaient des notes.
e) Il a fait comme s'il n'était pas au courant.
f) Bien que sa mère soit allemande, elle ne parle pas très bien allemand.
g) J'attendrai jusqu'à ce que tu aies fini.
h) Elle dit qu'elle n'a pas le temps.

300 quoique, bien que, jusqu'à ce que, pour que, à moins que, avant que, de sorte que, à condition que, de peur que

301 a) soit b) est c) l'ai d) ressorte e) viens f) réussisse g) connaissait h) parte i) sois j) avez

302 a) quand vous aurez fini
b) bien qu'elle souffre beaucoup
c) que vous (ne) partiez en vacances
d) pendant que tu étais sous la douche
e) Dès qu'il rentre de l'école
f) depuis qu'il est allé en Afrique
g) que personne ne le comprenait
h) au cas où je ne serais / si je ne suis pas à la gare.
i) Comme il ne s'était pas manifesté
j) Après qu'il a quitté la salle

303 a) quand tu auras fini de le lire
b) si les substantifs suivants sont masculins ou féminins.
c) si tu as envie
d) s'il est d'accord
e) si tu y penses
f) si ça marche / va

304 a) parce qu'elle avait froid
b) bien qu'il y ait du brouillard
c) avant que le film (ne) soit fini
d) Si elle échoue
e) dès qu'il est parti
f) quand il est arrivé
g) que tu viennes
h) quand la nuit tombe

305 a) arriver à temps c) À notre arrivée d) En disant ces mots h) En la voyant

306 depuis que, bien que, dès qu', parce qu', quand, tellement … que, comme si, si bien que, s', que, afin qu', s'

307 a) On ne la voit plus souvent depuis qu'elle a déménagé.
b) J'ai accepté tout de suite de peur qu'il ne change d'avis.
c) Quand il a eu 16 ans, il a été renvoyé de l'école.
d) Je t'aide à condition que tu me dises de quoi il s'agit vraiment.
e) Bien que je sache ce que tu en penses, je passerai un an en Angleterre.
f) Elle attendra jusqu'à ce qu'il se décide.

g) Je veux que tu me dises la vérité.
h) Dites-moi si vous êtes intéressé ou non.

308 a) deux b) huit c) quatre d) trois e) dix
f) sept g) neuf h) douze i) zéro zéro sept

309 a) – b) – c) zéros d) – e) une f) –

310 46: quarante-six
61: soixante et un / soixante-et-un
73: soixante-treize
80: quatre-vingts
36: trente-six
91: quatre-vingt-onze
21: vingt et un / vingt-et-un
69: soixante-neuf
88: quatre-vingt-huit
49: quarante-neuf
55: cinquante-cinq
31: trente et un / trente-et-un
81: quatre-vingt-un
71: soixante et onze / soixante-et-onze
77: soixante-dix-sept
22: vingt-deux
99: quatre-vingt-dix-neuf
70: soixante-dix

311 a) quatrième / 4^e
b) sixième / 6^e
c) premier / 1er
d) septième / 7^e
e) cinquième / 5^e
f) onzième / 11^e
g) neuvième / 9^e

312 a) vingt-huit b) Quatre c) premier d) seconde
e) treize f) onzième

313 a) Elle a une quarantaine d'années.
b) C'est à une soixantaine de km.
c) J'ai invité une trentaine de personnes.
d) Nous partons dans une huitaine de jours.
e) Les documents retrouvés datent d'une centaine d'années.
f) Ma valise pèse une quinzaine de kilos.
g) La tour mesure une dizaine de mètres.
h) Une trentaine de pays pourraient avoir la bombe atomique.

314 a) le mardi b) le dix-huit avril c) Le trente juin
d) à mercredi e) le vingt-six octobre f) Lundi
g) le premier août

315 a) incassable b) raffinement c) dépaysement
d) bienfaiteur e) international f) endettement
g) inflammable h) irrespectueux i) découragement j) insonorisation

316 *in- / im-* : infidèle, indépendant, impoli, inexact, (inconnu)
mal- : malsain, malheureux, maladroit, malchanceux
mé- / més- : méprisé, mécontent, méconnu

317 *-age* : le chauffage, l'essayage, l'atterrissage, le nettoyage
-ment : le remplacement, le stationnement, le changement, le rangement
-tion : la plantation, l'installation, la respiration, la présentation
-ure : la brûlure, la blessure, la piqûre, la signature

318 a) l'espionnage b) le licenciement
c) le destinataire d) le déménagement
e) le fleuriste f) l'informaticien g) un menteur
h) un campagnard

319 *-té* : la saleté, la propreté, la pauvreté, l'humidité
-esse : l'étroitesse, la souplesse, la faiblesse, la jeunesse
-eur : la grandeur, la largeur, la hauteur, la laideur
-itude : la solitude, l'aptitude, l'exactitude, l'inquiétude

320 lavage, laver
lire, lisible
habiter, habitable
grandeur, grandir
mensonge, mentir
crainte, craintif
éternité, éternel

REGISTER

Die Zahlen geben die Seite an, auf der die Behandlung des jeweiligen Grammatikthemas beginnt bzw. auf der der betreffende Begriff zum ersten Mal erscheint.

A
à 182, 187
accent 11
Adjektiv 23
Adverb 176
Adverbialpronomen 49
aller 154
article contracté 17
Artikel 16
aucun 37, 62, 170
Ausrufesatz 173
aussi 179
Aussprache 7
autant 179
autre 38, 63
avoir 82, 99, 139

B
beaucoup 178
Bedingungssatz 100, 122
Besonderheiten bei Verben 154
bien 177

C
c'est ... que 167
c'est ... qui 167
ça 42
ce que 69, 78
ce qui 69, 78
cela 42
certain 38, 62
conditionnel 107
conditionnel I 107
conditionnel II 109
conditionnel passé 109
conditionnel présent 107

D
dans 184
Datum 200
de 182, 187
Demonstrativbegleiter 33
Demonstrativpronomen 56
devoir 156
direkte Objektpronomen 42

direktes Objekt 86, 87, 139, 149, 162
dont 66

E
en 49, 184
es 42, 160
est-ce que-**Frage** 173
être 82, 99, 138, 148

F
Fragesatz 173
Futur 102
Futur I 102
Futur II 105
futur antérieur 105
futur composé 104
futur proche 104
futur simple 104

G
gérondif 143
Grundzahlen 197

H
Halbvokal 8
Hilfsverb 82, 138, 139, 148
Homophone 10

I
imparfait (Imperfekt) 91
imparfait – passé composé 92
Imperativ 117
Indefinitbegleiter 35
Indefinitpronomen 59
Indikativ Präsens 79
indirekte Frage 126
indirekte Objektpronomen 43
indirekte Rede 124
indirektes Objekt 87, 162
infinite Verbformen 129
Infinitiv 129
Interrogativa 75
Inversionsfrage 173
irrealer Bedingungssatz 122

K
Komparativ 28, 180
Konjunktionen 189
können 158
koordinierende Konjunktionen 189

L
lequel 70, 76

M
mal 177
même 38
Modalverben 156

N
n'importe quel 39
nahe Zukunft 104
Nasallaut 7
ne 169
ne ... pas 170
nicht notwendiger Relativsatz 72
notwendiger Relativsatz 72
nul 37, 170

O
Objektpronomen 42
Ordnungszahlen 198
où 68

P
Partizip Perfekt 82, 99, 138, 148
Partizip Präsens 135
pas un 37
passé antérieur 101
passé composé (Perfekt) 82
passé simple 96
Passiv 150
Personalpronomen 40
personne 60, 170
Pluralbildung 14
plusieurs 62

plus-que-parfait
 (Plusquamperfekt) 99
Possessivbegleiter 30
Possessivpronomen 54
pouvoir 156
Präfix 201
Präpositionalausdrücke 187
Präpositionalobjekt 162
Präpositionen 182

Q

qu'est-ce qui 77
que 66
quel 75
quelqu'un 61
quelques-uns 61
qui 66
qui est-ce qui 77
quoi 68

R

reflexive Verben 87, 147
Reflexivpronomen 44, 147
Relativpronomen 65
Relativsatz 71
rien 60

S

Sammelzahlen 199
Satzbau und Satzgefüge 167
savoir 156
Schreibung 10
si 122, 193
si-Satz 122
Stammerweiterung 80
Stellung der Satzglieder im Satz 167
Subjektpronomen 40
subjonctif 111, 192
subjonctif passé 112
subjonctif présent 111
subordinierende Konjunktionen 191
Substantiv 12
Suffix 201
Superlativ 28, 180

T

Teilungsartikel 19
tel 39
tout 37, 61, 179
très 178
trop 178

U

unpersönliche Verben und Ausdrücke 160

V

venir de 154
Verbalperiphrasen 154
Verbergänzungen 162
Vergleich 28, 180
Verneinung 169
Vorgangspassiv 151
vouloir 156

W

Wortbildung 201

Y

y 49

Z

Zahlen und Zeitangaben 197
Zeiten der Vergangenheit 82
Zeitenfolge 116, 122
Zustandspassiv 151

GRAMMATISCHE FACHBEGRIFFE

deutsche Begriffe	französische Begriffe
Adjektiv / Eigenschaftswort	*adjectif*
Adverb / Umstandswort	*adverbe*
Adverbialpronomen / Fürwort, das eine Umstandsbestimmung ersetzt	*pronom adverbial*
direktes Objekt / 4. Fall (Akkusativ)	*complément d'objet direct*
Aktiv / Tatform	*voix active*
Akzent	*accent (grave, aigu ou circonflexe)*
Artikel / Geschlechtswort	*article*
Aspekt / Verlaufsform der Handlung	*aspect*
Demonstrativbegleiter / hinweisender Begleiter	*déterminant démonstratif*
Demonstrativpronomen / hinweisendes Fürwort	*pronom démonstratif*
feminin / weiblich	*féminin*
Futur / Zukunft	*futur*
indirekte Frage	*interrogation indirecte*
indirekte Rede	*discours indirect*
Hilfsverb / Auxiliarverb	*auxiliaire*
indirektes Objekt / 3. Fall (Dativ)	*complément d'objet indirect*
Genus / grammatisches Geschlecht	*genre*
Gerundium / Verlaufsform	*gérondif*
Grundzahl	*nombre cardinal*
Imperativ / Befehlsform	*impératif*
Indefinitbegleiter	*adjectif indéfini*
Indefinitpronomen	*pronom indéfini*
Indikativ / Wirklichkeitsform	*indicatif*
infinite Verbfom	*mode / forme impersonnel/-le*
Infinitiv / Grundform des Verbs	*infinitif*
Interrogativum / Fragewort	*mot interrogatif*
Intonation / Satzmelodie	*intonation*
Inversion / Umstellung von Subjekt und Verb	*inversion*

deutsche Begriffe	französische Begriffe
Komparativ / 1. Steigerungsstufe	*comparatif*
Konditional / Bedingungsform / Konjunktiv II	*conditionnel*
Konditionalsatz / Bedingungssatz	*phrase conditionnelle*
Konjunktion / Bindewort	*conjonction*
maskulin / männlich	*masculin*
Modalverb	*verbe modal / auxiliaire de mode*
Modus / Aussageweise	*mode*
Negation / Verneinung	*négation*
Numerus / Zahl	*nombre*
Objektpronomen / persönliches Fürwort als Ergänzung eines Verbs	*pronom (personnel) objet*
Ordinalzahl / Ordnungszahl	*nombre ordinal*
Partitiv / Teilungsartikel	*article partitif*
Partizip Perfekt	*participe passé*
Partizip Präsens	*participe présent*
Passiv / Leideform	*voix passive*
Perfekt / vollendete Gegenwart	*passé composé*
Personalpronomen / persönliches Fürwort	*pronom personnel*
Plural / Mehrzahl	*pluriel*
Plusquamperfekt / Vorvergangenheit	*plus-que-parfait*
Possessivbegleiter	*déterminant possessif*
Possessivpronomen	*pronom possessif*
Präposition / Verhältniswort	*préposition*
Präsens / Gegenwart	*présent*
reflexives Verb / rückbezügliches Verb	*verbe pronominal / réfléchi*
Reflexivpronomen / rückbezügliches Fürwort	*pronom réfléchi*
Relativpronomen	*pronom relatif*
Subjektpronomen / persönliches Fürwort als Subjekt	*pronom personnel sujet*
Substantiv / Hauptwort	*substantif*
Superlativ / 2. Steigerungsform	*superlatif*
unpersönliches Verb	*verbe impersonnel*
Verb / Zeitwort	*verbe*
Verbalperiphrase / Umschreibung mit einem Zeitwort	*périphrase verbale*

Notizen

Notizen

Notizen

Notizen

Hueber

Jetzt im Flexcover!

Große Lerngrammatik Französisch
660 Seiten
ISBN 978–3–19–103273–9

Die perfekte Ergänzung!

Die *Große Lerngrammatik Französisch* ist mehr als eine Nachschlagegrammatik. Sie wurde speziell für Selbstlerner zum systematischen Lernen konzipiert und ist somit das optimale Arbeitsinstrument für Sprachinteressierte aller Kenntnisstufen.

- ▶ Kleinschrittige, lernerfreundliche und nach Wortarten gegliederte Darstellung der Grammatikstrukturen
- ▶ Leicht verständliche Erklärungen
- ▶ Besondere Hilfestellungen für Selbstlerner
- ▶ Eine Vielzahl von authentischen Anwendungsbeispielen
- ▶ Tests zur Überprüfung des Lernfortschritts
- ▶ Im Anhang: geschriebenes und gesprochenes Französisch, Präpositionen, Verbtabellen, Lösungen, Wort- und Sachregister und grammatische Fachausdrücke

Auch für Englisch, Italienisch und Spanisch erhältlich.

www.hueber.de/franzoesisch-lernen

Freude an Sprachen